本书系山东省社会科学规划重点项目“数字经济背景下平台型商业生态系统健康性及其实现机制研究”（项目编号：22BGLJ05）阶段性研究成果。

RESEARCH ON BUSINESS ECOSYSTEM OF INTERNET PLATFORM ENTERPRISES AND ITS OPTIMIZATION

互联网平台企业商业生态系统及其优化研究

毕　玮　著

经济管理出版社
ECONOMY & MANAGEMENT PUBLISHING HOUSE

图书在版编目（CIP）数据

互联网平台企业商业生态系统及其优化研究/毕玮著.—北京：经济管理出版社，2022.6
ISBN 978－7－5096－8435－1

Ⅰ.①互…　Ⅱ.①毕…　Ⅲ.①网络公司—商业模式—研究　Ⅳ.①F490.6

中国版本图书馆 CIP 数据核字(2022)第 090762 号

组稿编辑：任爱清
责任编辑：任爱清
责任印制：张馨予
责任校对：王淑卿

出版发行：经济管理出版社
（北京市海淀区北蜂窝 8 号中雅大厦 A 座 11 层　100038）
网　　址：www. E－mp. com. cn
电　　话：（010）51915602
印　　刷：唐山玺诚印务有限公司
经　　销：新华书店
开　　本：720mm×1000mm/16
印　　张：14.25
字　　数：272 千字
版　　次：2022 年 9 月第 1 版　　2022 年 9 月第 1 次印刷
书　　号：ISBN 978－7－5096－8435－1
定　　价：88.00 元

前　言

消费需求的迭代升级促使企业改变战略布局和价值创造方式，重塑利润来源；平台经济时代的到来迫使传统的互联网企业和传统的工业企业纷纷采用平台模式将“线下”与“线上”融合；竞合思想取代竞争模式，催生了互联网平台企业跨界与各类利益相关者连接，逐渐呈现从“平台”到“生态”的发展趋势。然而，它们以不同的扩张路径和战略布局使其商业生态系统呈现出错综复杂的情景，小米在创造竹林生态的同时，乐视的生态系统已经衰败。如何解释互联网平台企业构建和优化其商业生态系统的种种疑惑成为理论研究的重要方向。目前，平台主题的相关研究已聚焦于关注产业平台、平台包络与演化以及平台生态化等研究问题；而商业生态系统主题的相关研究则聚焦于关注以信息技术、战略和系统等视角探究其内部机理问题，以及将其理论应用拓展至平台情景。因此，平台主题和商业生态系统主题的相关研究均聚焦于互联网平台企业商业生态系统的选题，阐释互联网平台企业商业生态系统内部机理的理论框架亟待丰富。鉴于上述实践与理论背景的分析，本书立意于从战略等综合视角构建互联网平台企业商业生态系统的演化机制和优化机制。

为了探究从“互联网平台企业”到“平台型商业生态系统”的演化规律和优化方案，本书梳理了对互联网平台企业商业生态系统情景极具解释力的核心资源与能力理论、系统理论与网络理论以及商业生态系统理论，将研究问题确定为：基于互联网平台企业联结的利益相关者、构建的商业基础架构和其资源与能力，探究互联网平台企业商业生态系统的演化动力、演化路径和演化表现，从而构建其演化周期模型和演化机制模型；基于对互联网平台企业商业生态系统的静态机理和动态演化的理论构建，从系统层面探究互联网平台企业优化其商业生态系统的关键战略要素及其逻辑关系，从而构建互联网平台企业商业生态系统的优化机制。其中，前者采用了多案例研究方法和 SPS 案例研究方法，对成熟的互联网平台企业商业生态系统进行理论抽样与实地调研，并阐释其演化过程；后者采用德尔菲方法和 DEMATEL 方法，借助实践专家与理论专家的经验判断，对互联网平台企业商业生态系统的优化要素进行筛选和关系识别。

基于以上研究重点，本书的主要研究结论有以下四点：

（1）构建互联网平台企业及其商业生态系统的基本理论框架。首先，阐述了平台、互联网平台企业和平台型商业生态系统这三个层次概念的内涵与特征，构建了研究互联网平台企业商业生态系统的层次框架和维度区分。其次，阐释了互联网平台企业商业生态系统的静态机理。互联网平台企业商业生态系统的核心层包括需求子系统、支持子系统、供应链子系统、核心业务平台子系统、封包业务平台子系统和孵化业务平台子系统。其需求子系统中的用户分别隶属且交叉共享于不同的平台子系统；支持子系统和供应链子系统支撑各个平台子系统的发展和需求子系统的需求。各个子系统以平台界面为基础架构，呈现特殊的种群繁衍和生态占位模式；各个子系统的交错与种群的交互促使商业生态系统的能量流动与价值转移创新。

（2）构建从“互联网平台企业”到“平台型商业生态系统”的周期模型和演化机制。首先，互联网平台企业构建商业生态系统的过程呈现出初步形成期、成长扩张期和权威成熟期的周期性表现。本书构建其各周期阶段的系统模型以期明晰关键性战略要素。其次，互联网平台企业商业生态系统的演化机制，是在赋能力（组织赋能、平台赋能和生态赋能）升级和核心资源（用户、供应链和被孵化企业资源）丰富的驱动下，表现为平台界面升级和系统种群繁衍的交互关系。其中，平台界面从边界、功能和策略三个方面呈现升级规律，而系统种群从领导种群、关键种群、支持种群和寄生种群四个方面呈现数量和种类的繁衍规律。

（3）构建互联网平台企业商业生态系统的优化机制。首先，基于互联网平台企业商业系统的静态机理和演化机制，梳理了其在层次交互、能量流动、价值转移、演化路径、演化动力和演化表现等多方面存在的关键问题，即优化要素，并采用德尔菲方法对优化要素进行征集、合并和筛选后得到12个优化要素。其次，采用DEMATEL方法量化分析优化要素间的关系，识别出价值共创、赋能力升级、创新的服务、价值节点连接、治理机制和平台文化共6个结果要素，以及平台组织、资源模块化、多样化种群、交易平台和产品平台兼具、平台网络和大数据系统共6个原因要素。并识别出优化要素间的强弱因果关系，以及互联网平台企业商业生态系统优化的三大机制。最后，分别构建了系统动力优化机制、价值共创优化机制和保障治理优化机制的理论模型，勾勒出互联网平台企业商业生态系统优化机制的整体框架。

（4）设计互联网平台企业商业生态系统优化的总体方案。基于探索到的互联网平台企业商业生态系统的优化机制，设计了互联网平台企业商业生态系统优化的总体方案，即以保障治理优化为底层保障，以系统动力优化为核心驱动，实现价值共创优化的终极结果。

本书对互联网平台企业商业生态系统演化机制的研究，创新性地从战略、商业模式和组织模式视角出发，将三类互联网平台企业的生态化布局统一为互联网平台企业商业生态系统的战略布局；对其优化机制的研究，创新性地从系统和战略要素的视角，识别出互联网平台企业商业生态系统优化的关键点及其逻辑关系。这两个机制问题的探究均丰富了互联网平台企业商业生态系统的理论框架。

本书得到了山东青年政治学院第十一届学术专著出版基金的资助。同时，本书系山东省社会科学规划2022年度重点项目“数字经济背景下平台型商业生态系统健康性及其实现机制研究”（22BGLJ05）、山东省高等学校“青创科技计划”项目“电子商务供应链优化创新团队——线上快时尚产品需求预测与订货策略集成研究”（2020RWG001）的阶段性研究成果。

毕　玮

2022年8月

目　录

第一章　绪论

第一节　研究背景和意义

一、研究背景

在“互联网+”背景和“平台生态化”情境下，各类企业纷纷采用互联网思维和平台思维重新定位企业的用户、市场和战略，转型为互联网平台企业。原本只聚焦供给端资源整合的制造业企业，其业务领域开始从线下走到线上，以平台模式拓展自己与用户直接交互的渠道，整合渠道资源；而互联网行业中的原生企业更是在线下与线上融合的一片呼声中，为了稳固行业地位，不断以平台模式跨行业平台包络竞争对手，涉足产品平台业务，形成平台包络。因此，互联网平台企业出现了扩张战略的新布局：互联网平台企业商业生态系统的战略布局，也称平台生态化。区别于传统企业的商业生态系统，互联网平台企业商业生态系统中的企业角色和占位、战略选择和战略要素、商业架构和构建路径等诸多方面发生了颠覆性变化。在实践界追捧“平台生态化”这一热词的同时，理论界也展开了对互联网平台企业商业生态系统的热烈讨论。阐述互联网平台企业构建商业生态系统的路径，探究其构建和治理过程中的关键战略要素以及聚焦关键要素、寻找优化方案等相关研究问题，成为此研究领域中的重要研究方向，是实践界迫切需要解答的问题，也是战略管理理论研究的重要机遇和任务。

（一）现实研究背景

1. 互联网技术带动互联网模式和平台模式的跨产业边界融合，商业实践呈现产业互联的新趋势

互联网技术的迅速发展，催生了互联网经济、平台经济等经济形态。21 世

纪以来，互联网技术迅速在我国推广并普及开来。中国互联网络信息中心（CNNIC）发布的第41次《中国互联网络发展状况统计报告》显示，截至2017年12月，我国网民规模达7.72亿，居全球网民规模第一位。网络经济营收规模稳健增长，在消费生活、互联网金融及交通服务等模块高速增长的带动下，网络经济年增速已回归40%以上。互联网技术在政府政务、企业运营管理、居民日常生活中的应用范围和频率都呈明显上升趋势，以互联网技术为依托的互联网经济呈现较为明显的特征。在互联网经济中，经济主体的生产、交换、分配、消费等活动过程越来越多地依赖信息网络，海量信息、即时信息和互动信息改变了企业和消费者的经济行为方式，数据挖掘、数据分析、数据处理成为企业经济活动的重要组成部分。互联网经济作为信息网络化时代产生的独有经济活动和经济现象，正在逐步取代产品经济，成为中国经济增长的核心驱动力，并催生了平台模式。以淘宝为代表的交易平台的迅速和强劲发展，彰显了互联网经济对平台经济的催生作用。平台经济的发展，使经济呈现由实向虚的态势，即传统工业企业纷纷转型互联网化和平台化的发展模式。平台的诸多属性有利于企业跨产业边界地连接各方利益相关者，甚至跨越时空地进行资源碎片的整合，从而促使了产业边界的模糊化。第39次《中国互联网络发展状况统计报告》的统计分析显示：各类互联网应用使用率的增长情况、使用范围和使用频率的增加，反映互联网技术和平台模式在各产业间的融入，互联网与传统产业的融合速度正在加快。当下商业实践中的电子商务与移动互联、搜索引擎与数据服务等都是互联网经济时代的典型产物。而当下的工业企业转型升级，也是顺应互联网经济和平台经济的发展，借助平台工具与互联网技术升级运营模式。像海尔这样的工业企业，从其对供应链资源的整合纵向延伸至流通资源的整合，横向拓展至跨行业边界的被孵化企业的资源整合，实现了跨越企业和产业边界、立体满足用户需求，进而实现从消费互联网向产业互联网的延伸以及实现产业结构服务化。未来覆盖各行各业的互联网应用会逐渐将各个行业与产业进行连接，实现跨产业的融合发展。在产业互联的趋势下，商业实践中各类企业的发展模式、扩张路径和战略布局，都呈现颠覆性的创新和纷繁的态势。如何从纷繁的商业实践中提炼产业互联的路径是实践界对理论界的发问。

2. “互联网+”战略布局促使产业平台的出现与升级，互联网平台企业依托产业平台打造价值共创模式

在互联网经济的蓬勃发展进程中，BAT这类最先发展的互联网平台企业，呈现强劲的竞争力和市场占有率。2016年度，阿里巴巴集团通过平台实现成交额突破3万亿元，同比增长27%，年度营业收入突破千亿元。互联网平台对流通领域的资源整合和价值创造，实现了效益放大化。与此同时，在全球经济波动和中

国经济下行的趋势下，尤其是2015年以来，由于中国劳动力成本居高不下，部分世界一流制造企业陆续撤离中国，工业企业的生存与发展面临新的挑战。面对经济结构转型和产业结构调整，中国政府提出“互联网+”战略布局，着力促进供给侧改革和消耗过剩产能，鼓励传统产业在转型升级中采用“互联网+”方式，以互联网思维考虑企业的定位和未来的发展。事实上，无论是传统产业中的企业还是互联网产业中的原生企业，都响应“互联网+”战略的号召，开始了转型升级。而“互联网+”战略的实施载体正是互联网平台，即产业平台，包括交易平台和产品平台两种形式，并基于这两种形式进行融合升级，形成创新性的产业平台。首先，工业企业以互联网平台为框架，纵向对下游流通端的用户资源进行精准与交互连接，也就是大众口中的线下企业开始利用互联网技术打造自己的线上业务。同时纵向对上游供应端的供应链资源进行整合与并行连接，形成业务并联和实时共享模式，共同面对用户的精准需求。并横向跨行业、跨产业边界整合合作企业资源，在对外市场化辐射自有核心资源和能力的同时，也通过跨产业边界的数据资源整合，深入挖掘用户需求，打造立体化场景的用户需求满足模式。其次，互联网产业中的部分原生企业，也在“互联网+”战略布局的号召下，以优势的交易平台界面为基础，横向实施跨产业边界的平台封包战略，最大范围地凝聚和保持用户资源和流量，纵向向互联网产业的上游布局，以优势的互联网技术模块打造产品平台及其开放端口。例如，阿里巴巴集团为了融入产业互联的新趋势，从超级入口转型超级接口，从超级APP转型超级API。最后，传统的农业、金融业等服务行业的企业，也开始探索借力互联网平台模式拓展自己的用户市场，以产品平台和交易平台的二元发展铸造产业平台的资源整合模式。以农产品电商平台和农村电商生态系统为例，以产品平台整合农产品在农村供应端的资源，包括种植、加工生产和物流等环节，以交易平台整合农产品在城市流通端的资源，主要是通过直接连接和社群交互的模式整合消费者需求。建立在交易平台和产品平台基础上的农产品产业平台，能够跨界整合旅游和文化产业的相关资源，形成横向的资源聚集。综上所述，如此的商业实践，呈现了融合供应链网络和流通网络的商业生态场景，而商业生态中的核心构建企业搭建的产业平台，则有效地促进了要素在产业层级的流动。在互联网信息技术革命背景下，平台成为继工厂、公司之后的主导组织形式，而互联网平台企业正在成为经济转型和商业逻辑重构的重要支撑。平台生态化的进程，更是将最大范围的利益相关者整合到产业平台的界面上，随着参与价值创造的价值节点丰富，价值创造节点之间的连接升级，使基于产业平台的要素流动更加有效以及创造的新价值空间扩大化。所以说，企业主体响应国家“互联网+”政策布局平台型商业生态系统战略的创新性变革，催生了产业平台对价值创造逻辑的颠覆，助推产业要素流动，重新配置产业资源，在提高全要素生产率的同时，实现了跨产业边界的价值共创。对互联网平台企业来说，如何在价值共创的战略目标下，实现高效的价值节点连接、塑造多条价值流转路径和实现价值增值最大化与价值空间扩大化，是互联网平台企业生存与发展的根本需要，也是其构建平台型商业生态系统的根本初衷，更是其对理论探索的殷切期望。

3. 消费需求升级迫使市场格局呈现竞合态势，用户迭代促使平台型商业生态系统提供整体解决方案

中国人口结构的变化，使以人口红利为消费增长点的时代已经过去；阶层结构的变化，使以追求性价比为用户期望的消费观也已经逐渐淡化；技术的不断升级，使信息传播的不对称性不复存在；人均收入的大幅提高，使主流消费群体的消费需求量增加，也更加关注消费体验。这些变化都引起了消费者的消费观念、消费方式和消费能力发生变化，形成了消费能力升级快、消费方式个性化和消费需求迭代频繁的态势。鉴于消费整体升级的态势，对于企业来说，遵循传统商业思维中的价值创造方式已不能为消费者提供所期望的使用价值形态。因为消费者所需要的，不再仅仅是物化的使用价值，而是服务化的使用价值，甚至是服务化的网络价值。传统的产品经济时代，企业提供的价值形态俨然已不能满足日新月异的用户需求。价值形态的空间和价值创造的过程需要寻找新的构建路径，这在平台型商业生态系统的情景中将得到解答。商业生态系统作为一个经济联合群体，以价值共创的方式突破了传统模式下价值创造的窘境。另外，在产品经济时代，商家是通过依托性价比的过度竞争来实现市场占有率的提高，而在平台经济时代，同业间通过质量与价值相互竞争的同时，或许消费者对产品的需求已发生了变化，也或许跨产业的平台竞争者已经通过平台封包实现了对竞争对手的超越和对用户需求的替代满足。同业间质量与价格的竞争拼杀方式已追赶不上消费者变化的速度，同时也已追赶不上跨行业间竞争对手的替代程度和对用户资源的抢夺程度。谁能以最快的速度满足快消产品需求，谁才是赢家。

另外，在产业互联的背景下，互联网平台企业作为产业平台的运营主，逐渐从产业平台上独立出来。而互联网平台企业的业务团队、供应商、消费者等传统的利益相关者都搭载在产业平台架构上，成为了产业平台的用户，即互联网平台企业的用户。并且，用户范围从传统的几类主要利益相关者进一步扩大到合作企业、被孵化企业等多类利益相关者。面对不同的用户，互联网平台企业商业生态系统要为其提供不同的产品或服务。对消费者用户，其产品或服务已经升级为基于立体空间场景的体验服务。在万物互联的时代，互联网平台企业通过打造平台型商业生态系统，对用户的需求进行立体化构建和满足。例如，海尔、小米这类互联网平台企业打造的智能家居生态系统，将用户对智能家居用品的各类需求进

行终端连接，从而围绕用户的家居用品需求打造立体场景式的满足，同步捕捉的用户生活数据，作为其自身商业生态系统内搭载者的价值创新源泉；对被孵化企业用户，互联网平台企业将自己的核心能力和核心资源以市场化的方式积聚在产业平台上，供被孵化企业交换或交易，为其解决业务问题；除此之外，供应商、业务团队和支持合作企业都作为产业平台的用户，进行资源与能力的交易和交换。因此，以产业平台为依托，互联网平台企业商业生态系统为各类用户提供的产品或服务，已升级为整体解决方案的层面。综上所述，基于产品创新和用户迭代的要求，对互联网平台企业来说，迫切需要探索如何通过业务系统创新、组织模式创新、商业模式创新实现为多方用户提供整体解决方案。

综合对现实研究背景的分析可见：消费需求升级促使企业改变价值创造方式，重塑利润来源。从产品经济时代到互联网经济时代，再到平台经济时代。消费者需求从物化的产品需求到被感知的服务需求，再到立体场景的体验需求，需求不断升级，企业创造和提供的价值也从使用价值到被感知的使用价值，再到网络价值，价值存在形态不断升级。相应地，企业的利润来源不再简单地依附产品销售量，而是依赖于用户流量和商业网络。在商业实践中，海尔、阿里巴巴、乐视、小米等不同类型的互联网平台企业将自身的核心业务平台化，并横向或纵向建立平台商业网络，呈现从平台到商业生态的发展态势。然而他们以不同的扩张路径和战略布局，使其商业生态系统呈现错综复杂的情景，小米在创造生态竹林的同时，乐视的生态已经衰败。所以，本书立意于探索互联网平台企业商业生态系统构建和治理的路径，以期指导实践发展。

（二）理论研究背景

本书的理论研究背景总结，是基于对国内外相关研究文献梳理的基础上进行的分条总结与陈述。主要是基于平台主题和商业生态系统主题的相关研究，探寻理论发展现状中亟待深入解决的研究聚焦点。

1. 平台发展呈现界面升级和多元化趋势，需要整合多元化认识框架

第一，理论界对平台的相关研究需要整合多元化认识，体现在对平台多元属性的认识有待整合。对平台属性的认识，存在交易属性、产品属性和创新属性三个观点。平台最早被应用于传统互联网行业，包括应用端的互联网企业和基础硬件端的互联网企业，随着“互联网 +”战略的发展，传统实体行业的企业也开始推广平台。相应地，过去理论界对平台的研究多数集中于平台的交易性质，描述的是像阿里巴巴那样的流通型平台，或是集中于平台的产品属性，研究的是像 Windows 操作系统对外开放接口而形成的产品平台。然而，平台除了具有交易属性或产品属性之外，还具有聚合交易与产品二元属性，形成产业层面聚集资源的创新属性，即基于多元资源的整合，实现价值创新的属性。例如，海尔的 COS-

MOPlat 平台，就是凝结了产品与交易属性的产业平台，体现的是创新属性。所以，在相关理论研究中应该突破或对接实践的发展，需要对平台的属性统一认识，形成产业平台的认识框架。

第二，还体现在对平台多元具化形式的认识有待整合以及对平台的多元化复制需要统一认识框架。其中，理论界对平台的具化形式的认识，也就是说关于“平台到底是什么”的问题缺乏多元的辩证统一。研究者们见仁见智，将平台界定为商业模式、组织结构或战略布局。有鉴于此，众说纷纭的平台观点需要在不同的平台具化形式之间建立一个完整的逻辑框架进行认识整合，即构建平台商业模式、平台组织模式和平台战略布局之间的逻辑关系；另外，平台界面的扩张呈现纷繁现象，有纵向沿着产业链条的上下游扩张，也有横向跨产业边界的扩张。在相关理论研究中，都将其界定为平台封包或平台包络。在交易平台的研究中，学者们对平台包络基础的认识集中于用户资源；而在产品平台的研究中，学者们对平台包络基础的认识集中于技术接口。在产业平台的研究中，需要从理论层面探索平台包络的基础，理论界对平台多元化复制基础的认识有待进一步统一。

2. *互联网平台企业的战略布局呈现出生态化趋势，需不断丰富理论框架*

从竞争到竞合，从单体组织到聚合体平台网络，从交易互联向产业互联过渡的商业实践发展趋势，使管理实践发生了创新性的变革。对于理论界来说，探究产业互联的运营模式、机理，揭开平台生态化的面纱已成为研究热点。然而在理论研究层面，大量研究从平台视角切入平台发展的情景，或以单平台界面为主体关注交易平台的多边效应、网络外部性、交易价格与价值、竞争战略等问题；关注产品平台的创新性、核心能力、共享基础等问题，并据此展开对产品平台战略的讨论。仅在近期的研究中，产业平台的研究呈现井喷趋势，理论界逐渐认可产业平台是产业升级和商业生态系统构建的基础。仍然鲜有研究能将交易平台、产品平台和产业平台纳入一个研究框架，寻找综合的理论框架阐释平台生态化的实践发展。目前对平台模式走向生态化过程的探索，理论界也处在初步探索阶段，一部分研究重点聚焦平台型商业生态系统，采用生态学、系统学的研究范式及理论基础来支撑平台型商业生态系统的研究，逐渐呈现纳入战略管理理论中资源和能力视角的趋势；另一部分研究尝试以互联网平台企业为出发点研究其平台业务发展的周期性，提出了诸如平台封包这类的构想，但也未能完整描述平台的生态化全过程，并且其研究对象多集中于交易平台的封包研究，这与交易互联网平台的强劲发展有关。然而，随着海尔等工业企业的转型升级，产品平台的封包现象也逐渐纷繁，交易平台封包的理论阐释需要向产品封包平台的研究迁移。所以，在互联网平台企业的平台业务走向生态化的过程中，缺乏综合的理论支撑体系，与实践的发展对接并深入阐释实践发展。对平台生态化的研究，其理论框架需要不断丰富，亟待出现百花齐放、百家争鸣的态势。尤其需要从战略管理理论的相关视角切入“平台生态化”的实践情景，探究传统战略管理理论中的竞争理论：市场地位理论、动态能力理论、资源基础观等是否依然能够解释新的管理实践，这成了当下理论界迫切需要解决的问题。

3. *互联网平台企业商业生态系统的内部机理，需要综合理论框架的阐释*

虽然商业生态系统理论发展已有20多年，但仍处于探索阶段。这一战略管理领域中的话题，尚未从战略管理核心理论的视角揭开其内部面纱。目前国内的大量研究，其成果还集中在以生态理论和系统理论为主的层面，尚停留在将生态学概念加以修订后应用于企业研究，以及分析商业生态系统演化的基本机理和表象等方面，而对商业生态系统深层次的内部运行机理及相关模型研究仍然较少。商业生态系统理论的应用研究也主要集中在分析成功案例上，缺乏具体的、严谨逻辑的分析，对具体企业的指导意义不强。随着商业生态系统的核心构建企业的战略布局变化，对商业生态的探讨有待将多元且分散的视角统一到平台情境下，融合经济学理论与战略管理理论阐释其内部机理。只有将经济发展阶段同企业史和产业史结合起来才能发现企业成长的逻辑和战略逻辑。在平台情境和生态情境下，理论界需要重新思考企业的竞争优势来源、企业所处的外部环境、企业的扩张发展路径、核心企业与合作伙伴的关系等，需要探究平台型商业生态系统内部机理的诸多新问题的答案。目前，学者们关注大数据驱动、自组织、平台和网络效应等对商业生态系统演化的作用，关注互联网平台企业商业生态系统演化的动力和特征、演化的路径和周期以及演化机制等问题。在已有研究中，学者们基于不同类型的互联网平台企业，以不同的视角切入案例情景，试图打开特定情境下商业生态系统演化的暗箱。然而，部分学者并未从理论视角区分平台经济背景下与产品经济、互联网经济背景下的商业生态系统演化机制的区别。自组织理论和协同演化理论可以解释多数商业生态系统的演化，但聚焦于“平台型商业生态系统”的情景，还需突破两者的框架，探寻阐释平台型商业生态系统演化的综合理论框架，融合平台理论和商业生态系统理论，做更多的探索和构建。与此同时，虽然有的学者研究已从平台理论视角审视平台型商业生态系统的演化，但对其演化机制的探究仍需继续丰富相关研究，并且基于演化机制的理论框架，还需继续深挖其内部机理，拓宽对其内部机理的研究选题。例如，基于对平台型商业生态系统内部静态和动态机理的探究，构建平台型商业生态系统的评价要素体系和评价模型。

综合对理论研究背景的分析，可见：随着理论研究中对产品平台和交易平台的研究，平台研究的趋势呈现向产业平台和平台包络相关的研究问题聚焦的趋势。而产业平台和平台包络形成的平台网络正是商业生态系统的构建基础，平台研究的聚焦点发展到了在商业生态系统情境下，统一对平台属性、具化形式和多元化扩张方式的认识。与此同时，对商业生态系统理论的研究，也进入了探究其内部机理的程度，需要突破网络视角、系统视角和生态视角，尝试以战略管理理论的基础理论视角、制度经济学理论、社会网络理论以及平台理论等多种理论框架探究其内部机理。因此，综合平台研究的进程和商业生态系统研究的进程，已呈现了探究平台型商业生态系统内部机理的迫切研究需要。然后，对平台型商业生态系统内部机理的探究，其静态机理和动态机理是基础，还可以尝试基于其全景战略要素，探索其评价模型、治理机理等系统性的理论问题。所以，本书旨在基于平台型商业生态系统的静态机理和动态演化研究，探索其构建和治理过程中的重要战略要素，以战略画布的形式呈现其关键优化要素，从而识别和构建优化机制，为探究平台型商业生态系统的内部机理做出理论贡献。

二、研究意义

（一）现实研究意义

在平台情境和商业生态情境下，商业环境中的技术、经济、政策、市场等诸多维度发生变化，促使企业的商业逻辑发生颠覆。面对用户需求的迭代升级，企业要重塑满足用户需求的产品、渠道和服务；替代品会跨产业出现，企业要随时警惕被颠覆性的替代；面对竞争者的“各路包抄”，企业要凝聚更多的资源形成竞合态势；渠道端对供需的阻隔，企业要自主连接到用户需求，形成深度交互；供应端对个性化生产更加重要，企业要通过全链数据化实施全链资源的整合；科层组织对运行效率的桎梏，企业要通过平台组织结构重塑组织模式；面对盈利方式的快速迭代，企业要以平台商业模式连接多方利益相关者；面对商业利润来源的变化，企业要重构价值共创体系。可见，太多商业逻辑的变化，倒逼企业的战略布局、管理模式和商业模式创新。尤其是在传统的BAT这类互联网企业和传统的制造业企业都纷纷转型互联网平台企业之时，它们作为平台运营主，如何搭建可以承载产业资源积聚和流动的平台，如何连接多类价值创造节点形成价值共创的新模式，如何通过“赋能”机制给予其商业生态系统内的种群企业能力和资源的给养；如何通过“使能”机制激励利益相关者与其共创商业生态系统的自组织驱动态势等，诸多问题都在新管理情境下迫切需要理论的解释框架和建设性策略指导。本书通过理论研究与案例研究的方法，立意于解决这些互联网平台企业迫切关注的战略决策点，对互联网平台企业未来的战略布局与战略选择具有指导性意义。本书对互联网平台企业、平台和平台型商业生态系统三者概念框架的梳理，指导实践界的企业厘清相关概念和自身定位，从而明确兼具平台商业模式和平台组织结构的平台生态化发展方向；对平台型商业生态系统内各个构成要素和层次的机理分析，指导平台型商业生态系统内各个成员企业、团队或个人明确其生态位置和层次归属，为其协作、协同创新提供理论指导和借鉴参考；对互联网平台企业商业生态系统的演化周期和演化机制的模型构建，为互联网平台企业构建平台型商业生态系统提供实施路径的指导；对互联网平台企业商业生态系统关键优化要素的识别和优化机制的构建，指导互联网平台企业持续关注产业架构建设、价值共创和保障治理模式，为其构建起优化平台型商业生态系统的策略体系和自组织驱动机制。同时，本书也为政府引导和促进互联网经济可持续发展、产业结构优化以及经济增长模式转型等提供决策参考，对于促进互联网平台企业的蓬勃发展、工业互联网平台企业的转型升级，以及我国产业竞争力的强劲提升具有十分重要的现实指导意义。

（二）理论研究意义

商业生态系统的概念来自自然生态系统的隐喻，自从 1993 年摩尔将这一概念引入管理学领域以来，20 多年来，学者们的研究大部分还是停留在将生态学概念灵活迁移转化运用于企业环境分析，对商业生态系统内部运行机制的研究缺少管理学理论的支撑。本书将对商业生态系统的理论探究置于平台情景中，全面展开综合理论视角的研究探索，试图构建互联网平台企业商业生态系统的全景模型。其中，对其静态机理的探索，试图呈现互联网平台企业商业生态系统的层次框架和维度区分。明晰互联网平台企业、平台和平台型商业生态系统的理论框架，引入商业架构子系统、价值创造子系统、资源池子系统等多维度、多层次的分析框架和理论模型。以期从理论的广度和深度两个层面突破以往研究中对互联网平台企业商业生态系统内部机理探究的局限；对其动态演化的探究，试图探究互联网平台企业商业生态系统的演化过程，构建包括演化驱动力、演化表现和演化结果的演化机制模型，以及构建其分周期阶段的周期模型。探究互联网平台企业生态系统的演化机制是此领域研究中理论创新的制高点，百花齐放、百家争鸣的理论框架亟待丰富，并且有利于推动理论界对互联网平台企业商业生态系统内部机理的深度和广度探究；对其优化机制的探究，试图基于互联网平台企业商业生态系统静态机理和动态演化的理论框架，从系统层面阐释平台生态化战略布局的战略画布。尤其是对其关键战略要素（优化要素）的识别和关键优化机制的构建，为互联网平台企业构建和治理其商业生态系统提供理论框架，也为后续开展互联网平台企业商业生态系统的评价研究奠定理论基础。另外，从研究方法来看，对商业生态系统的相关问题研究所采用的研究方法多集中于质性研究，这与成熟的互联网平台企业商业生态系统案例情景的数量有关，也与相关研究中对其内部机理的探究深度有关。在本书的研究中，试图突破质性研究方法，尝试采用定性与定量相结合的方法，借助专家意见征集的方法收集数据，开展定量研究。

第二节 国内外研究现状

一、国内外平台研究现状

Platform 一词最早出现在 16 世纪的《牛津英语词典》中，其意思是“支撑个体或事务活动的凸出平面，通常采用比较松散的结构以满足各种不同的运营活动”。正是基于平台的“承载性”和“松散缔结性”等内涵，理论界展开了将其应用于各个学科的讨论，仅在经济管理领域的相关文献就汗牛充栋。目前，国外研究中对平台研究的关注主要集中在麻省理工学院、哈佛大学、波士顿大学和伦敦商学院等著名高校，形成了以 Cusumano、Gawer 和 Boudreau 等著名学者为代表的研究阵地。2009 年，Gawer 在出版的论文集 *Platforms, Markets and Innovation* 中指出，“平台的出现，无论是在企业内部使用，跨供应链，还是作为重新定义行业架构的创新引擎的重要组成部分，都是影响当今从产品到服务的大多数行业新颖现象”。Gawer 提出的企业内部平台、跨供应链平台与重构行业架构的创新平台分别对应着平台的产品属性、交易属性和创新属性。国内对于平台研究的文献脉络，基本与国外研究一致，但框架上还未呈现足够清晰的聚类，尤其是在双边平台的交易属性研究和多边平台的创新属性研究上，没有足够清晰的区分。统筹来看，产品研发平台的研究主要集中在浙江大学的学术阵地；而上海交通大学陈宏民团队是国内较早开展双边市场研究后又开展平台研究的。对于平台封包、多边产业平台或产业平台的创新属性的研究，国内的学者还在探索阶段，没有形成统一的研究范式，越来越多的学者从不同的切入点进入这一研究领域。随着学者们对平台内涵的认识与深入探究，平台研究开始呈现多种研究方向。本书在梳理国外经济管理类优秀期刊所刊登的平台文献时，通过关键词聚类和文献的精细阅读，发现平台研究呈现聚焦平台功能属性演化和平台界面多元化演化的趋势。

（一）平台功能属性演化趋势的相关研究

平台功能属性演化趋势的相关研究始于产品开发主体，围绕产品创新展开对平台的技术结构、能力转化和资源整合的讨论；随后，以经济学视角切入平台研究后，理论界对单平台界面的研究聚焦于双边性交易平台，以网络经济学理论、双边市场理论、制度经济学理论等诸多经济学视角研究交易平台的网络效应、价格机制、竞争机制等问题；随着平台边界的扩张和平台功能的升级，基于双边平台延伸的多边平台出现。学者们对多边平台的讨论，聚焦于产品平台和交易平台基础上的战略属性和创新属性，从理论层面阐释了融合交易平台和产品平台的产业平台，明确了其对产业升级和商业生态系统构建的基础性作用。

1. 产品研发平台研究

学者们对产品平台的认识，最初始于认为其是一种能够促进多系列产品创新设计的技术结构（McGrath，1995；Meyer & Lehnerd，1997；Robertson & Ulrich，1998；Krishnan & Gupta，2001；Iansiti & Levien，2004）。以共享的技术结构和零部件为基础的产品平台致力于形成一系列紧密相关的产品族和满足不同用户的需求（Meyer & Utterback，1993），其背后的主要原则是平衡产品系列中的共性潜力和差异化需求。Wheelwright 和 Clark（1992）定义了产品平台的底层逻辑的三个方面：模块化体系结构、接口（模块交互和通信的方案）、标准（模块符合的设计规则），并提出了基于产品平台构建产品系列的主要要求：一定程度的模块化，以允许元素分离；产品体系结构（即子系统和接口、子系统或接口）的一部分标准化。Baldwin 和 Clark（2000）认为，模块化创新是产品创新平台的主要方式。产品开发平台主要应用于产品架构上，也就是模块和接口上，能够反映产品家族和市场结构的各种组合。Iansiti 和 Levien（2004）认为，一个平台被确定为一个接口，以方便与外部公司和技术所有者合作。国内外学者对产品平台的研究，还着重关注其核心能力问题，并据此展开对产品平台战略的讨论（雷小清，2000；王毅和袁宇航，2003；王毅和范宝群，2004）。在后续的研究中，学者们还关注了产品平台管理模型的体系结构（林森和但斌，2005）、以 Linux 操作系统软件双边平台为例的交叉网络效应（卢强，2008）、产品平台风险评价（武春友和丁振华，2009）和产品平台的演化过程机制、影响因素（王浩伦、侯亮和邹毅，2011；王浩伦、侯亮和王其亮，2011）等方面的研究。

学者们对产品平台提供的共享基础的认识逐渐宽泛。Robertson D 和 Ulrich K（1998）认为，产品平台是一个产品系列的共享资产集合，包括零部件、工艺、知识、人员与联系；何山（2003）指出，产品平台是一组产品共享的技术、管理和信息资源的集合，以产品平台为基础进行有效的资源整合，可以开发出具有不同特征与功能的满足不同细分市场需要的一系列产品；卢强（2008）以 Linux 操作系统软件平台为例研究了交叉网络效应，产品平台的概念被进一步从有形的物质产品拓展到计算机软件产品中。

2. 双边性交易平台研究

交易平台被概念化为一边是增值服务商，另一边是用户的双边市场（Rochet & Tirole，2003；Parker & Van Alstyne，2005；Adner & Kapoor，2010；Zhu & Iansiti，2012），通过实现双边用户的交互价值来获取利润，平台起着“中枢”作用（Caillaud & Jullien，2003；刘启和李明志，2008）。

国外学者们对交易平台的研究，关注竞争、价格和网络外部性等问题。Rochet 和 Tirole（2003）从价格结构的角度把双边市场定义为“价格总水平不变，价格结构变动就会影响平台交易量的具有双边（或多边）结构的市场”；Armstrong（2006）将交叉网络外部性（Cross – group Externalities）引入双边市场的定义中：双边市场中一边市场用户获得的网络外部性收益会随着另一边用户数量的增加而增加。Weyl（2010）建立了一个网络垄断定价的一般理论，借助平台使用绝缘关税避免协调失败，实现任何期望的分配。可见，对双边性交易平台研究的方法主要以数理建模为主，这较产品平台研究中的描述性研究和案例研究是一大进步。国内学者对交易平台的研究具有浓厚的经济学视角，主要聚焦于双边市场的定价策略、垄断福利效应、竞争规则等问题。以上海交通大学陈宏民的研究团队为主要代表。其团队自 2005 年起先后关注了双边平台市场中的定价、竞争与垄断、政府规制问题（程贵孙、陈宏民和孙武军，2005；胥莉和陈宏民，2006；程贵孙，2006；程贵孙和陈宏民，2008；尚秀芬和陈宏民，2009；陆晓菁和陈宏民，2014），双边平台的自网络外部性强度问题（曹俊浩和陈宏民，2010），以及平台间竞争与合并问题（谢运博和陈宏民，2016；谢运博和陈宏民，2017）。

3. 多边性产业平台研究

产业平台的多边性包括双边平台但又不限于双边平台，是在平台交易属性和产品属性的基础上，增加了平台的战略属性和创新属性，体现出借助平台的连接作用实现价值创新活动和战略性布局的特征。I Nonaka、P Byosiere、C C Borucki 和 N Konno（1994）认为，平台在迅速组织资源和迅速创新方面具有强大的功能，尤其强调了企业间网络在创新能力上的优势；D S Evans 和 M D Noel（2008）认为，多边平台作为一个中介服务于两个或更多的通过间接网络效应连接的顾客群。多边平台向在某种程度上需要彼此并且依赖平台协调交易的不同顾客群提供产品和服务，它们通常减少了交易成本并且因此允许价值的交易以其他方式进行；Gawer 和 Cusumano（2014）认为，平台能通过挖掘外部活动者先天无约束的创新能力，从而促进大量潜在的互补性创新的产生，平台为创新提供核心技术基础，并提供创新者共享创新利益的基础。Andrei Hagiu 和 Julian Wright（2011）指出，对多边平台的界定最常用的途径就是诸如此类的侧重跨边或间接网络效应的重要作用（Armstrong，2006；Caillaud & Jullien，2003）。Andrei Hagiu 和 Julian Wright（2011）分析多边平台设计和发展时指出，多边平台最核心的经济规律是不断降低交易多方的搜寻成本和共享交易成本，在设计多边平台规则时，相关参与方、平台基础功能及其深度和广度的权衡是需要考虑的关键因素。Scholten S 和 Scholten U（2012）指出，平台创新方面的研究逐渐向纵深发展，如平台商业模式创新（Lyons，2009；Wirtz et al.，2010；Hagiu，2013；Giessmann & Stanoevaka，2012）、平台创新生态系统（Moore，1996；Gawer & Cusumano，2002，2008；Scholten S & Scholten U，2012）。

另外，学者们指出产业平台是产业升级和商业生态系统构建的基础。王节祥（2017）通过对“航天云网”工业互联网平台的案例研究，指出产业赋能平台能够促进模块创新和提升集成管理效率，从而在产业层面优化资源配置。吴义爽（2014）认为，在产业平台中，系统的成员可以利用公共技术平台、工具平台或服务平台提升自身的创新绩效水平，平台企业能够领导生产性服务业积聚与产业升级。借助平台架构之所以能实现产业的升级，在于平台架构能够突破组织边界，从内部的产品研发平台升级到外部的连接供应链上下游的平台，进而升级到产业创新平台，平台甚至兼具了政府治理的某些特定功能（汪旭晖和张其林，2015）。Gawer 和 Cusumano（2008）将产业平台定义为商业生态系统中的基本技术、产品或服务，其不仅提供了商业生态系统的核心功能，而且也确定了生态系统中各方互动的规则（Tiwana，Konsynski & Bush，2010），并包含界面标准和协调系统模块（余东华和芮明杰，2006）；Wan X、Xuan Y 和 Kui L（2011）认为，产业平台与一般的平台不同，其具有多方面的功能，使平台能够为多方提供有价值的服务，从而构建以自身为中心的商业生态系统。此时，作为产业平台的企业能够通过实体与虚拟的融合，超越企业甚至原有产业的边界，实现产业融合。

（二）平台界面多元化演化趋势的相关研究

1. 平台单界面研究

从战略视角分析，相对于多平台界面的聚合扩张研究而言，平台的单界面研究关注竞争性扩张问题，主要聚焦于平台的竞争优势来源研究、平台的成长战略研究和平台间的竞争战略研究等。关于平台的竞争优势来源，Feng Zhu 和 Marco Iansiti（2012）探讨了平台质量、间接网络效应和消费者对进入平台市场成功性的预期之间的相关重要性。发明了一个理论模型并且发现进入的成功性取决于间接网络效应的强度和消费者对未来应用的贴现因素。崔晓明等（2014）研究了平台的创新问题，认为网络价值是平台创新的核心但不是其利润来源，真正的利润来源也即竞争优势来源是基于网络价值的服务。关于平台的成长战略问题研究，张小宁（2014）认为，平台战略不是简单地围绕产品开发，而是应该作为企业层面的成长战略。刘江鹏（2015）研究了平台企业成长的内在机理，从打造商业生态系统、建设大数据分析能力、提升价值专属特性、培育动态能力四个方面提出了企业如何实现平台增长的对策建议。关于平台间竞争战略的研究，研究者认为平台成功的原因多归结于内部力量，例如，West 和 Wood（2013）认为，平台的管理者通过推动平台上企业间的协同并协调竞合关系来实现平台的成功，或者通过对平台中的专业技术控制来实现平台成功；而平台失败的原因多归结于外部力量，例如，Suarez 和 Kirtley（2012）指出，因为存在全新的消费者和新的需求，所以平台罢黜者的出现是可能的。Evans（2010）提出了关于平台竞争的三种理论模型，并对双边市场的定价战略、进入战略、规模化战略等进行了较为系统的研究。刘林青等（2015）研究了如何在平台生态圈的形成过程中，赢得平台领导权的问题。值得注意的是，以单平台界面的竞争视角展开的对平台封包的研究，认为其是一种有效的平台市场进入路径和策略（Eisenmann，2011），区别于多平台界面聚合的竞合扩张视角。关于单平台界面的战略视角研究，多采取经济学的研究视角和分析方法解释已有平台市场的竞争优势来源、平台的竞争战略发展方向等问题。

2. 平台界面演化与生态化研究

平台界面演化与生态化研究主要是从战略视角研究平台的扩张与可持续发展问题，包括平台功能升级、平台包络、平台聚合、平台型商业生态系统等问题。平台本身就是连接组织内部与外部的架构载体，内部的扩张性和外部的依附性都会驱动平台界面的发展，单平台界面的演化和生态化表现为平台功能的升级和平台界面体系的形成，平台通过封包或其他聚合方式形成商业生态系统。朱良杰、何佳讯和黄海洋（2018）认为，平台演化的路径分为三个阶段：基于快速迭代能力驱动的产品价值创造阶段、基于平台整合能力驱动的平台体系形成阶段、基于生态圈建构能力驱动的平台价值创造阶段。万兴和杨晶（2015）通过对视频的案例研究提出了从多边市场到产业平台的演化阶段，是通过纵向扩展、嵌套策略和平台包络发展成为平台生态系统。Eisenmann（2011）指出，服务于不同市场的平台提供商有时具有重叠的用户群，并采用类似的组件。平台封包，即通过将自己平台的功能与目标的功能捆绑在一起，使一个平台提供商进入另一个市场，以便利用共享的用户关系和共同的组件。蔡宁等（2015）以浙江传媒为案例研究了平台包络现象，阐释了在产业融合背景下，平台包络战略实践往往以横向平台包络为“撒手锏”，辅以纵向平台包络，最终完成平台商业生态系统的构建。

国外学者在对平台发展的认识中，很早就将平台与生态系统联系在一起，提出了“平台 + 生态”的研究框架。摩尔（1996）认为，平台开发是在商业生态系统中组织合作伙伴以应对市场不确定性的关键方法。Cusumano（2010）认为，“谁赢谁输，不仅仅是谁拥有最好的技术或第一产品的问题。通常是谁拥有最好的平台战略和最好的生态系统来支持它”。Pierce（2009）认为，平台型商业生态系统是以平台为媒介的商业生态系统，其建立的基础是核心企业所建构的技术架构。国内研究学者对平台生态化问题的关注还处于起步阶段，其研究视角中与传统战略管理理论的融合不够，未能以战略管理理论中的扩张理论阐释平台生态化的实践现象。胡岚岚（2010）以阿里巴巴电子商务交易平台为案例研究了电子商务交易平台的生态系统，提出了单一平台成长为多物种平台是受内生性和外生性的多重因素影响的。陈威如等（2013）认为，成功的平台是那些能够建立成长潜能强大的“生态圈”企业，而并非是简单的渠道或中介企业；平台如果能够引发网络成员加入，在其规模达到引爆点后，平台生态圈将以倍数的规模膨胀。Tiwana（2013）将平台的作用范围从具有某一功能的系统扩展到商业生态系统，在此生态系统中平台所有者扮演了中心角色，平台作用范围的扩展使平台从单纯的产品或服务平台提升为产业平台。

（三）文献述评

在产品平台研究时代，学者们使用模块化理论阐释产品平台的技术结构，并不断拓宽对产品平台提供的共享基础的认识；在交易平台时代，学者们使用网络理论阐释交易平台的价格机制、竞争机制等问题。此时期，国外学者提出了平台封包的概念，这个为平台企业提供竞争路径的概念，后来演化出了“平台包络”的含义，即平台企业通过横向或纵向一体化形成平台界面体系。平台界面的多元化，引发了理论界基于单平台界面讨论平台聚合问题的趋势，包括讨论产业平台、平台演化和平台生态化等问题。值得注意的是，对平台问题的研究呈现两大趋势：一是对平台功能属性研究间的融合趋势；二是对平台界面层次研究的聚合趋势。在实践界，平台的属性基于产品开发性和交易性两个层次，已整合为兼具两个属性的创新属性。因而在理论界，双边市场平台与创新平台的整合考察以及产品开发平台和创新平台的交叉研究均是最新研究的重要切入点。平台层次研究的变化体现在从单界面平台的竞争研究上升到多平台界面的聚合体系研究，学者们开始意识到平台战略的生态化、多元化扩张需求。总体而言，从平台功能属性的融合趋势和平台界面层次的聚合趋势来看，平台研究的最新制高点是产业平台的研究，以及围绕产业平台产生的生态化问题的研究。目前，国内外的平台研究，理论体系尚需完善和深化，大量研究处于对平台竞争进行定性描述与静态建模阶段，对平台生态化扩张问题的理论解释亟待丰富，缺乏对现实平台发展现象刻画更为准确的动态建模。

二、国内外商业生态系统研究现状

20 世纪 90 年代以前，战略管理领域的讨论大多集中于认为竞争优势来源于组织自身及其边界之内，基于资源基础观和核心能力观的竞争战略研究的目的都是为了实现企业获得对抗性、垄断性的竞争优势。后来，随着产业环境与全球竞争的变化、顾客需求与技术创新的变化，企业逐渐认识到跨产业联合创造消费者感兴趣的新价值的重要性（Barney，1991；Teece，1997）。在这样的时代背景下，传统的研究组织边界之内的竞争优势来源理论无法解释跨产业无边界合作的组织管理实践，商业生态系统的理念应运而生。摩尔受启发于 Hannan 等提出的组织生态和企业种群的概念，沿用生态观视角来描述企业从对抗性竞争到协同竞合的变革，于 1993 年正式提出了商业生态系统的概念。此后，商业生态系统的基本理论研究受到学术界越来越多的关注。

（一）从内涵研究发展到构成与评价研究

国内外学者对商业生态系统的认识始于概念界定，进而关注其内部构成；始于特征描述，进而关注其整体评价问题。首先，学者们从生态视角和网络视角展开对商业生态系统的界定描述：一种是生态视角拟合生态系统的界定，主要代表研究学者有摩尔（1993，1996）、陆玲（1996）、韩福荣（2002）、Iansiti 和 Levin（2004）、Kim 等（2010）。另一种是以网络视角，拟合组织关系结构的界定，主要代表学者有 Peltoniemi（2006）、Den Hartigh 和 Van Asseldonk（2006）、Zahra 和 Nambisan（2012）等。其次，学者们基于对“商业生态系统是什么”的认识进一步发展商业生态系统理论，研究商业生态系统的特性，并引入商业生态系统健康性的概念。许亮等（1998）、Iansiti 和 Levien（2006）、Peltoniemi（2006）、Kim（2010）均阐释了商业生态系统的关键特征。

基于对商业生态系统概念的研究，摩尔、Iansiti 和 Levin 等众多学者展开了对其静态构成机理的探究。摩尔（1999）、Iansiti 和 Levin（2006）、肖慧玲等（2017）从生态学视角阐释了其内部构成层次和物种角色的理论框架；赵道致和李广（2005）从网络视角阐释了其内部网络结构的不同类型；梁运文和谭力文（2005）、钟宏志（2008）基于价值创造视角构建了其内部的价值结构模型；Iansiti 和 Levin（2002，2004）、Gawer（2000）、Kim 等（2010）、Zahra 等（2012）均探讨了商业生态系统内部的成员角色及其不同的战略选择。

基于对商业生态系统特性的研究，Iansiti、Levien、Kim 等众多学者展开了对商业生态系统评价的研究，聚焦于讨论其健康性、健壮性、自组织性和创新性等方面，建立了不同的评价维度、评价指标体系来衡量商业生态系统发展的优劣。Iansiti 和 Levien（2004）从生产率、强健性和缝隙市场创造力三个维度提出反映商业生态系统的健康性的指标体系。Den Hartigh 等（2006）从系统和企业两个维度提出系统内伙伴健康和网络健康评价的跨层次评价模型。胡斌（2006）基于结构属性、持续力、生产力、环境要求和协调管理机制要求，建构了包含目标层、准则层和指标层的商业生态系统健康评价体系。杜国柱（2008）结合商业生态系统健壮性的影响因素（被考察企业竞争力、被考察企业创新能力、企业生态位的多样性、商业生态系统活力等 12 个因素），综合使用模糊综合评价法和层次分析法确定了50个二级指标，构建了商业生态系统整体状况的评价模型。Kim（2010）扩展了Iansiti和Levien（2004）的研究，提出了“生态系统不等式”，即三个评价维度对单个企业的影响程度不等式为：扩张性>强健性>生产率。

学者们对商业生态系统构成和评价的研究是进一步研究其演化和治理问题的理论框架基础，基于构成和评价的分析框架，深入探究框架中不同维度的动态演化规律与治理模式（钟宏志，2008；Peltoniemi，2006）。

（二）从静态机理研究发展到演化与治理研究

1. 商业生态系统的演化研究

在商业生态系统演化的相关研究中，鼻祖摩尔聚焦其生命周期问题，于1996年开发了S曲线生命周期。此后，Peltoniemi（2004）描述了商业生态系统的生命周期轮回，认为其演化过程是一个逐步成熟和不断更新的生命历程，并提出了采用系统复杂性和演化理论的关键治理框架（Peltoniemi，2006）。我国学者胡岗岚等（2009）研究了电子商务生态系统的演化过程，归纳了开拓期、扩张期、协调期、进化期四个主要阶段。王举颖和赵全超（2014），朱锐鹏（2015），吴建才和谢永平（2017），刘玉敏、郑敏娜和任广乾（2017）共同关注了商业生态系统的演化驱动力，基于不同的驱动力分别构建了商业生态系统的演化路径、机制和模型。王举颖和赵全超（2014）认为其商业生态系统的演化是大数据驱动的过程：从“构建信任机制，搭建信息共享平台，实现共创”到“整合资源网络，开放式协同创新，实现共生”；从“利益均衡共同发展，跨界融合异业经营，实现共赢”到“重塑商业生态，打造平台战略，实现共享”。朱锐鹏（2015）认为，平台视角下商业生态系统演化的动力是网络效应，演化机制是平台创建者的战略选择。吴建才和谢永平（2017）以美国苹果公司的商业生态系统为例，认为演化动力来自系统内部各子系统间的竞争和协同，具体机制是商业生态系统内部各成员通过竞争实现协同并产生序参量，序参量反过来支配和推动系统的演化发展，实现协同进化。刘玉敏、郑敏娜和任广乾（2017）选取商业生态系统内部的核心企业和与之合作的关联企业，以两者的价值创造形式为博弈行为，构造了演化博弈模型。

2. 商业生态系统的治理研究

Vos于2006年首次提出了商业生态系统治理的概念，指出有效的商业生态系统治理行为可为生态系统的网络成员提供远景和激励，帮助网络成员自由地、不受任何阻碍地使用专项机制以确保它们实现共同目标，提高商业生态系统对外部变化和内部创新步伐的应对能力。学者们最初对商业生态系统治理问题的认识倡导以提供激励和远景来实施治理，与协调企业内部员工共同实现组织目标一样，也认为商业生态系统目标需要通过内部成员协同一致来实现。但随着商业生态系统治理研究的不断发展，学者们注意到核心企业有效平衡系统内部利益相关者间的紧张关系才是治理的关键。国内学者崔淼和李万玲（2017）通过对181篇文献进行整理，提炼出了商业生态系统治理的五个视角，分别是资源、能力、创新、价值以及混搭组织。其中，资源视角关注商业生态系统对资源的聚集、分配、平衡问题，从而提高资源的使用效率以实现对商业生态系统的治理；能力视角强调提升平衡控制能力和自治能力，优化能力结构从而实现能力互补以适应商业生态系统外部的环境变化，实现对系统的治理；创新视角认为知识分享与系统开放能使商业生态系统通过互补创新实现治理；价值视角关注商业生态系统的价值来源、创造与分配，以此来优化商业生态系统；混搭组织关注商业生态系统的自治性。

（三）理论应用情境的变化与研究趋势

随着商业实践的发展，商业生态系统的理论应用研究也经历了三个阶段：第一阶段，学者们关注传统的集团企业、传统行业、传统产业和产品平台的商业生态系统研究；第二阶段，商业生态系统理论被广泛应用于电子商务、移动平台、供应链领域，展开了对交易平台和供应链支撑的商业生态系统的讨论；第三阶段，学者们将产业平台、新兴行业与产业和价值共创情景与商业生态系统融合研究。

1. 第一阶段的理论应用研究

李怀政（2000）、熊炜烨（2004）、张蓓（2007）分别研究了我国连锁超市业、宽带产业和零售业的商业生态系统，主要关注其构建路径与发展、创新模式的相关问题。李金津和李春好（2014）、张露嘉（2014）、Ke Rong等（2017）分别研究了汽车产业中的吉林省汽车商业生态系统、中国电动汽车商业生态系统以及中国和欧盟（德国、法国和丹麦）电动汽车制造商的商业生态系统。尹波等（2015）研究了泸州老窖集团的商业生态系统的构建、治理与创新问题。

2. 第二阶段的理论应用研究

此阶段的商业生态系统理论应用研究，多数集中于电子商务平台情景。胡岗岚（2009，2010）、付媛（2014）、李春发等（2015）、肖慧玲等（2017）均关注了电子商务平台的商业生态系统研究，并分别关注了其自组织机理、演化机理与模型、影响稳定演化的主要因素、演化周期与战略选择等问题。另外，丁琼瑶（2017）、李坤洋和李新怡（2018）分别关注了移动医疗平台和以Facebook为例的网络社交型移动互联网平台的商业生态系统，研究了移动互联网平台商业生态系统的演化历程和演化机理问题。

3. 第三阶段的理论应用研究

此阶段的商业生态系统理论应用研究，一方面关注新业态的商业生态系统，另一方面关注商业生态系统与价值创造视角的融合。宋湘宁（2011）关注文化产业的商业生态系统，构建出我国文化产业的蜂窝立体网络成长模型。刘曦子等（2017）关注了互联网金融行业的商业生态系统，详细阐释了其内涵和评价指标体系。钟耕深等（2011）、赵梅（2017）、夏清华和李轩（2018）分别关注了奇虎360公司和腾讯公司、阿里巴巴集团和苹果公司、乐视和小米公司的商业生态系统的演进问题、构建过程的战略要点、构建逻辑等问题。王千（2014）以价值共创的视角研究了互联网企业平台生态圈与金融生态圈，分析了其基本内涵和构建机制。王玉瑶（2017）以海尔集团为例研究了互联网时代平台企业的价值生态系统的构建与治理机制。陈杨森（2018）则基于柔性价值网视角研究了小米的商业生态系统的发展路径，提出了价值共创是商业生态系统发展的关键。

（四）文献述评

自商业生态系统概念提出20多年以来，学者们对商业生态系统理论的探究呈现：从整体性表象特征与评价研究到内部的构成机理和演化机制研究的趋势；从关注核心业务系统扩展到关注价值创造系统和创新系统的趋势。学者们对商业生态系统的研究，其理论视角起源于生态学理论视角，后引入了网络理论和系统理论视角，并逐渐丰富为更加综合的理论视角，包括资源与能力理论视角价值理论视角和商业模式理论视角等。而商业生态系统理论的应用情境，也从传统业态发展到聚焦于平台情境下的新兴业态。随着学者们对商业生态系统面纱的揭开，未来的相关研究将继续深入其内部的知识共享系统、技术信息系统等子系统。并将呈现多视角、多理论的趋势，例如，从信息技术理论的视角切入对商业生态系统中的技术赋能等问题进行探讨。然而，需要进行理论突破之处在于融合多元理论视角探究新兴商业情境下的商业生态系统，尤其需要关注产业平台的商业生态系统构建问题。

另外，目前对商业生态系统的研究多结合案例进行探索，研究方法多参考Eisenhardt和Yin的案例研究方法，具体的案例选择多集中于商业实践中有代表性的TOP企业，如苹果公司、海尔、阿里巴巴这类企业。商业生态系统的研究以质性研究为主，与目前商业生态系统的发展现状有关，其研究对象的数量有限导致开展定量研究的样本数量受限。然而，随着研究方法的进步与商业实践的发展，相关研究可以更多地尝试像QCA、DEMATEL这类介于定性与定量之间的研究方法，以组态思维和系统方法解决商业生态系统研究中的部分问题。

第三节 研究内容和结构框架

一、研究内容

本书遵循“提出问题—分析问题—解决问题”的一般思路，沿着论证研究问题的存在性、分析研究主体、分析主体静动态机理、解决主体优化问题和拓展研究问题几个环节展开推理研究，形成四个模块重点研究内容：

（1）探究互联网平台企业商业生态系统的静态机理。厘清互联网平台企业、平台和平台型商业生态系统的概念区别和关系层次；以生态和平台视角探究平台型商业生态系统的构成要素及其间关系，构成层次及其间关系。从而构建出互联网平台企业商业生态系统的静态机理模型。

（2）探究互联网平台企业商业生态系统的演化机制。以战略视角、生态系统视角、平台商业模式和组织模式的视角探究互联网平台企业商业生态系统演化的全景过程。即基于互联网平台企业联结的利益相关者，互联网平台企业的平台界面演化和互联网平台企业的能力和资源变化，探究互联网平台企业商业生态系统的演化动力、演化路径和演化表现，构建其演化的机制模型和周期模型。

（3）探究互联网平台企业商业生态系统的优化机制。基于前述研究中互联网平台企业商业生态系统静态机理和动态演化的研究框架，采用德尔菲方法和DEMATEL方法，识别互联网平台企业商业生态系统的关键问题也即优化要素，并构建要素间关系形成优化机制。

（4）设计互联网平台企业商业生态系统的优化方案。基于探究到的互联网平台企业商业生态系统的总体优化机制和各子系统的优化机制，结合明确的优化思路、目标和原则，设计互联网平台企业优化其商业生态系统的总体优化方案。

基于上述重点研究内容，全书以绪论、相关理论、互联网平台企业及其发展现状、互联网平台企业商业生态系统的静态分析、互联网平台企业商业生态系统的动态演化、互联网平台企业商业生态系统关键问题和优化机制识别、互联网平台企业商业生态系统的优化方案设计、结论与展望八个章节展开阐述。

二、结构框架

本书的研究框架分为两部分内容：第一部分是互联网平台企业商业生态系统的理论框架构建，是优化研究的先导研究；第二部分是互联网平台企业商业生态系统的优化问题研究，分为四个子研究问题。具体内容的结构框架见图1－1。

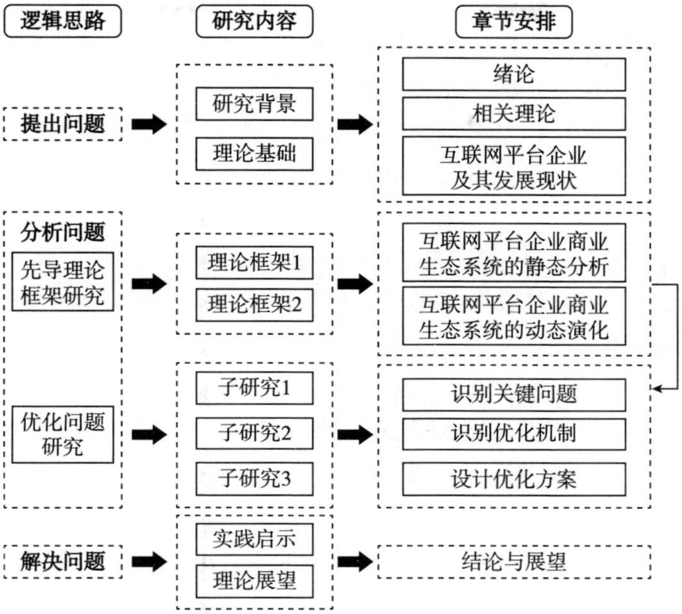

图1－1　本书的基本框架

第四节　研究方法和技术路线

一、研究方法

研究方法的选择取决于研究问题和研究目的，要选择合适的方法解决特定的研究问题。为了分析和解决本书的研究问题，实现研究目的，采用了文献研究法、多案例研究方法、SPS案例研究方法、德尔菲方法和DEMATEL方法展开对各个子研究问题的论证和讨论。研究方法整体偏向质性研究，原因有两个：一方面，对互联网平台企业商业生态系统内部机理的探索，属于探索性理论构建研究，适合选用案例研究方法，深入案例情景和案例的纵向发展过程，构建多理论视角的整体框架；另一方面，在商业实践中，互联网平台企业商业生态系统已构建成熟的为数不多，也限于研究者能够获得的资源有限，不适合采用随机抽样的方式获得数据。而通过理论抽样和专家选择的方式获得的数据更加可靠，更有利于解决本书对互联网平台企业商业生态系统演化机制和优化机制的构建问题。然而，质性研究并不劣于定量研究，其关键取决于研究问题和解决问题的思路，以及其适用性。近年来，管理学界对开展质性研究的鼓励与呼声也越来越强烈，尤其是针对新的商业情景，探索新的理论框架，质性研究可能更有利于研究问题的解决。本书选用的各个研究方法的具体使用情况有以下五种：

1. 文献研究法

本书对国外文献的查阅，通过 Google 学术搜索和 Web of Science 数据库进行，以“Platform”和“Ecosystem”为关键词详细查阅了代表性学者的代表性文献；对国内文献的查阅，通过知网数据库进行，以“平台”“商业生态系统”“生态系统”“平台商业模式”“平台组织”等多个关键词进行广泛搜索和深入阅读。另外，为了更好地积累案例企业的相关情况，研究中查阅了多本专著和书籍，例如，《小米战地笔记》《重塑海尔：可复制的组织进化路径》等。

2. 多案例研究方法

研究基于三种类型的互联网平台企业的分类，分别选取了一个有代表性的案例情景，即采用理论抽样的方式进行案例选择，以此展开一手数据的调研和二手数据的整理。从多个案例情景中提取理论构念，结合相关的基础理论对构念进行反复锤炼并进行交叉验证，提炼出了互联网平台企业商业生态系统的演化周期和演化机制模型。

3. SPS 案例研究方法

本书采用了 SPS 案例研究方法，以结构化的方式和布局，通过有效的系统操作流程与基于理论的模型构建方法，实现根据具体情景来发现创新点，通过构思结构化与写作结构化展开案例研究。鉴于对互联网平台企业商业生态系统演化机制的探究属于对新兴商业情景的探索性理论构建，因此适合采用 SPS 案例研究方法。

4. 德尔菲方法

德尔菲方法（Delphi Method）是选取一组有相关专业知识或实践经验的专家进行背对背通信方式的问题征询的决策技术。在解决本书中互联网平台企业商业生态系统优化问题时，需基于前述研究发现的互联网平台企业商业生态系统的静态机理和动态演化机制，探赜其关键优化要素。因此，本书借助专家经验判断的集体决策技术，对互联网平台企业商业生态系统存在的关键优化要素进行筛选。

5. DEMATEL 方法

DEMATEL（Decision Making Trial and Evaluation Laboratory，决策试验与评价实验室）方法是一种基于图论和矩阵分析进行复杂社会系统因素分析的方法，它对分析那些要素关系不确定的系统尤为有效。在本书研究中将选用此方法来识别互联网平台企业商业生态系统存在问题清单中的关键问题。并能够识别出问题清单中的原因与结果因素，从而分析互联网平台企业商业生态系统关键优化要素间的逻辑关系，并提炼出优化机制。

二、技术路线

本书的技术路线是基于研究思路、研究内容和研究方法所形成的。首先，从文献研究出发，聚焦理论研究问题，并明确研究问题的理论基础；其次，在文献研究的基础上，分别采用理论推理、多案例研究法和 SPS 案例研究法，构建互联网平台企业商业生态系统的理论框架，作为后续研究的基础理论框架；再次，采用德尔菲方法和 DEMATEL 方法解决互联网平台企业商业生态系统的优化问题，包括筛选关键问题、识别优化要素、识别优化机制，并构建优化机制内部的要素间关系；复次，进一步拓展研究问题，通过理论推理和归纳总结，形成优化问题的解决方案，即互联网平台企业商业生态系统优化的总体方案；最后，梳理全书进行结论总结，提出本书的理论贡献和实践启示，并分析未来的研究方向。综上所述，技术路线如图 1－2 所示。

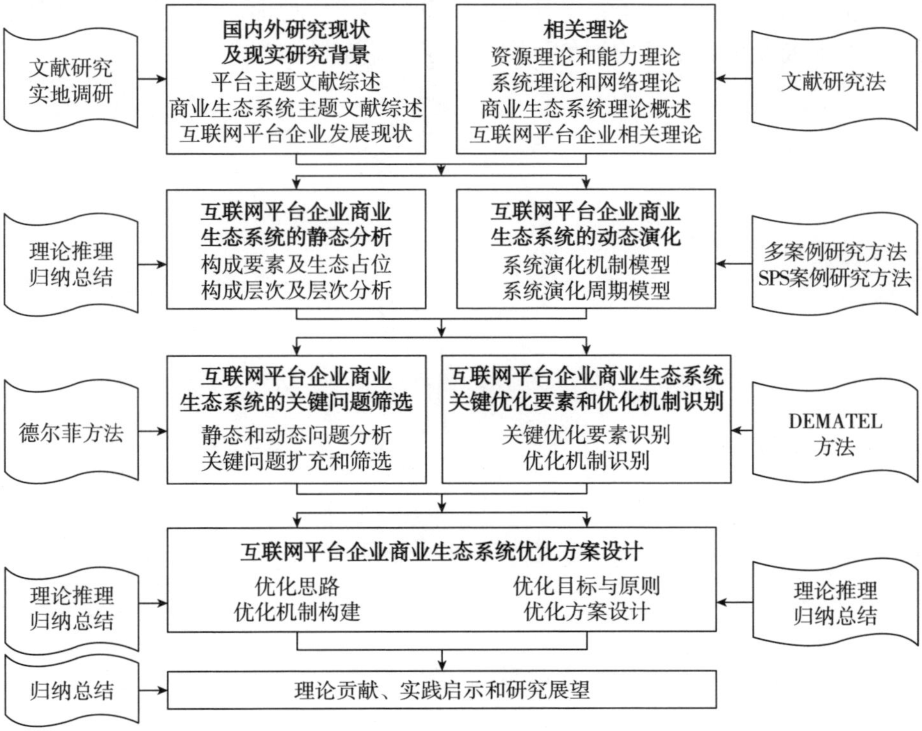

图 1－2 本书的技术路线

第五节 研究的创新点

（1）基于多案例研究法和SPS案例研究法，构建互联网平台企业商业生态系统的演化机制。将交易互联网平台企业、工业互联网平台企业和应用服务互联网平台企业的生态化布局，以战略视角、平台视角、商业模式和组织模式视角统一成较为一致的平台型商业生态系统战略布局。从理论高度构建互联网平台企业商业生态系统演化机制，聚焦于演化驱动力、演化表现和演化路径的交互关系，丰富了商业生态系统的演化理论，以及完善了互联网平台企业商业生态系统的理论框架。

（2）基于德尔菲方法和DEMATEL方法，筛选和识别出互联网平台企业商业生态系统的优化要素及其相互间的因果关系，从而构建和阐释了互联网平台企业商业生态系统优化机制的理论框架。围绕系统动力优化、价值共创优化和保障治理优化构建的优化机制，丰富了商业生态系统的治理理论，以及为后续开展互联网平台企业商业生态系统的评价研究奠定了理论基础。

第二章　相关理论

第一节　战略管理理论

近30年来，企业资源理论和企业能力理论是战略管理的核心理论。随着企业外部环境的变迁与内部行为的复杂化，出现了许多新的管理情景与主题，战略管理学者对待每一次变革，都试图用资源理论、能力理论与实践对话。因此，以这两个理论为主线衍生出诸多分支理论。其中，企业资源理论强调资源禀赋所带来的企业间差异，从“资源—绩效”的关系角度解释竞争优势的来源；企业能力理论则强调企业内部因知识与经验积累转化成的能够有效整合利用资源的能力，以此来应对环境变化并获得竞争优势。而资源理论与能力理论所不能解释的，为新的战略管理理论留出了空间。跨学科的理论视角延伸至战略管理领域，与其进行交叉融合，形成了新的理论方向，即战略管理的制度主义观理论和进化主义观理论。

一、主流战略管理理论

（一）企业资源理论

继罗宾逊和张伯伦最早认识到企业专有资产重要性并重点研究了企业的异质性后，资源基础理论真正的鼻祖彭罗斯（1959）指出，企业可以看作是异质性资源分布的集合，这些异质性资源会影响企业的最终绩效。沃纳菲尔特明确提出了“资源基础观”，跳出了人们习惯的基于“产品”的企业战略思考角度，将企业看作是一个有形与无形资源的独特组合。此后，巴尼（1991）提出，只有具备稀缺性、价值性、不完全模仿性和不可替代性四个属性的资源才能够为企业打造竞争优势的来源。以巴尼为例，学者们围绕资源是什么展开了激烈讨论：沃纳菲尔特（1984）从资源与资产的关系角度进行了阐释，认为资源是能给企业带来优势或者劣势的资产。格兰特（1991）、阿米特和休梅克（1993）从资源与组织系统的关系视角进行了界定，认为资源只有与其他组织机制或系统进行互动才能产生价值。提斯和皮萨诺（1991）、科格特和詹德（1992）等将资源进行了细化，强调知识在资源总体中的重要作用。彭罗斯（1959）研究企业资源与成长的关系，以资源基础观来探讨企业成长战略。他认为，当企业内部资源相对组织边界产生组织剩余时，企业自然会成长；相应地，由于资源的异质性也必然导致企业边界扩张的制约，只有当企业获得了战略性资源时才能突破进入障碍。

在企业资源理论的框架下，延伸出了企业社会资本理论、非市场战略理论、企业社会责任理论、知识管理理论、企业高管团队高阶理论等重要理论。其中，多数学者都认同资源、动态能力和知识是紧密相互联系的，三者之间的逻辑保持一致性。尤其是资源与能力的作用逻辑是相通的，资源基础观和核心能力观中的诸多理论都不能割裂两者对问题的解释性。企业资源理论的进展主要表现为人们对资源种类及其对企业绩效贡献率的认识越来越深刻。理论界对资源与企业的认识，逐渐从资源垄断与独占的逻辑，进化到资源链接与编排的逻辑，并进一步呈现出内部资源共享于市场化的趋势。

（二）企业能力理论

企业能力理论从企业内部出发，基于对企业获得长期竞争优势的探索，试图分析企业与环境变量之间的适应方式。其中，普拉哈拉德和哈默（1990）的观点是企业核心能力理论的典型流派代表。他们认为，企业核心能力来源于组织中的群体学习，特别是协调各种不同的生产技能和整合不同的技术流（技术、管理过程和群体学习）的过程，主要来自那些体现企业异质性特性的、不易被外界所获取和模仿的知识体系。巴顿（1992）提出了针对核心能力的知识载体观，认为核心能力是辨识与提供竞争优势的知识集合。相对于静态的核心能力观，学者们对能力的认识趋于发现能力的整合与获得过程，直至提斯（1997）发表的《动态能力与战略管理》一文中，正式提出了动态能力的概念。以提斯为先创的动态能力学派，还包括皮萨诺和舒恩、苏巴和纳拉辛哈、格里菲斯和哈维、卓特、巴尼等。他们认为动态能力是基于各种资源与能力的整合、构建和重新配置而形成的能力，是企业动态地适应内外部环境进行演进、整合资源并创造新的竞争优势的基础。研究者分别从静态、动态和知识角度理解投入要素，并形成了四个企业能力理论流派：资源基础理论、核心能力理论、知识基础论和动态能力论。

在企业能力理论框架下，战略管理始终关注的焦点是企业内部的组织结构安排以及不同组成部分之间的协调机制与效率。在核心能力理论和动态能力理论的支持下，战略管理的主要研究问题聚焦在企业系统、企业创新、企业网络等若干领域。企业能力理论能够很好地阐释企业的性质和边界问题，以及企业竞争优势的来源、保持和提升等问题。企业能力理论弥补了交易成本理论，强调了企业内部能力差异以及外部环境对企业的影响。企业能力理论还有效支撑了企业的演化情景，纳尔逊和温特（Nelson & Winter，1982）受生物进化论的影响，立足于将创新看作是一个系统，创立了与企业能力密切相关的企业演化理论。以企业能力理论为依托，企业网络理论则试图揭示企业与其他关联企业之间的相互关系及其对企业绩效的影响。

二、衍生战略管理理论

（一）战略管理的制度主义观理论

战略管理的制度基础观兴起于20世纪90年代，鲍威尔和迪马乔（1983）开启了制度主义在战略管理中的应用，彭维刚（1997）正式提出制度基础观的概念和理论框架。与传统的战略管理外部环境分析不同，制度主义不再将外部环境中的各主体分别看待，而是利用正式制度和非正式制度框架将所有主体以及主体之间的互动关系整合起来分析，这为更好地研究企业与环境之间的关系提供了必要基础。制度主义观为企业资源理论开拓了新的空间，随着研究的深入，资源的范围逐渐扩展到制度层面，这不仅包括以往理解的企业内部制度因素，还需充分考虑企业与外部制度环境之间的联系。在波特的国家竞争优势“钻石模型”中，企业与政府之间的良好关系、企业的社会责任声誉等可以被视为企业所拥有的特殊资源与能力。在复杂的企业网络环境中，按照社会构建学派的观点，一个企业要想嵌入到全球企业网络中就必须获得在位企业的认可，这就需要合法性机制。为了获得必要的合法性，新加入成员要对自身进行调整以达到现有企业网络的要求，这就形成了组织同构机制。从制度主义观视角来解释，可以把企业与之进行交换的外部环境看作是包括投资者、外部规则制定者、消费者、供应商、行业协会、社区等利益相关者以及制度环境构成的一个复杂环境。这些利益主体表现出来的多元化和动态性，使研究者在考虑企业生存的外部环境时，要综合环境中的惯例、习俗等“软”制度要素，否则就可能因不符合某个“软”制度导致企业丧失竞争优势。

（二）战略管理的进化主义观理论

战略管理的进化主义观是进化论的思想和原理在战略领域的交叉应用。进化论，又称演化论（Theory of Evolution），是关于生物由低级到高级，由简单到复杂逐步演化过程的学说。该理论认为，突变、选择与隔离是物种进化的基本环节，并且构成了进化论的重要分析工具。其思想在其他学术领域广泛应用，如组织生态学、演化经济学、演化金融学、演化证券学等。由进化主义观点发展而来的演化经济学引入了类似生物进化的三种机制，即多样性、遗传性和自然选择性。基于假设企业与生物具有相似性，构建了类比生物进化的企业演化研究模型。模型强调了知识遗传和继承的“惯例”、企业适应和惯例变异的“搜寻”和“市场选择”在企业演化中的重要性，构成了战略管理框架下进化主义观点中三个重要的分析工具。进化主义观点具有明显的时间维度特征，该观点认为，任何企业的资源、能力以及行为都与此前的自身发展在时间上的先后延展有较强的关联度。因而，进化主义观与战略管理学科的交叉产生的第一个理论方向就是企业进化论。采用进化论观点的另一个战略管理理论是组织生态学。组织以种群形态出现并表现出明显的进化特征，其变化过程可以划分为三个阶段：变种、选择和保留。相对于组织进化，种群进化的层次不同，其过程可以被分解为四个阶段：组织内进化、组织进化、种群进化和群落进化。

三、理论述评

自 1970 年安索夫最早提出战略管理的概念之后，学者们围绕与战略管理相关的一系列命题展开研究。纵观 50 多年来的战略管理研究领域，无论学者的观点如何交错复杂，其重点始终聚焦在企业获取竞争优势的动因、方法和渠道以及如何发挥竞争优势来实现可持续发展的问题上。战略管理学者们从管理学、经济学和生态学的视角，不断加深对企业运行的认识。学者们对竞争优势来源的解释，从企业内部扩展到企业外部，从企业主体本身扩展到各个利益相关者，企业竞争战略也因此被重新诠释为竞合战略。在互联网经济时代和平台经济时代呼啸而来时，随着宏观环境、产业环境和微观环境的变迁，企业面对的市场与消费者不断发生变化，企业战略行为变得越来越复杂。战略是企业适应时代要求的路径，为了适应新经济时代的商业情境，探索新情景下企业的发展路径，理论的探索应回归战略管理理论中的核心逻辑。资源理论、能力理论、制度观理论和进化观理论在平台生态化的情景中仍具有解释性，只是解释逻辑要根据新情景重构框架。本书在核心章节的研究中，将使用资源观、能力观、制度观和进化观的基础理论对平台生态化的情景进行深入分析。与此同时，还涉及与战略理论相关的组织模式和商业模式的解释逻辑。在组织的运行中，组织模式是配合组织战略的，而组织战略又凌驾于商业模式之上，在相同的战略选择下，可以采用不同的商业模式演绎战略目标。在战略变革的道路上，组织模式与商业模式也在不断与其交错影响，互为促进。仅就组织模式而言，为了提高组织运行的效率和适应性，实践界与理论界都在试图冲破“科层组织”的制约，从流程再造、KPI 管理、文化管理、“中国式”管理、阿米巴管理等多个努力方向改变科层组织的基因，但都未颠覆科层组织的“底层逻辑”即“以领导为中心”的逻辑。然而，开放性组织结构能以颠覆性的逻辑彻底改变企业对资源的调动和协调方式。因此，战略管理理论受命于时代，并在时代中进行延伸。其网络理论和系统理论的出现，阐释了“商业生态系统”这一情景出现的必然性。梳理战略管理理论向网络理论和系统理论的延伸，能进一步帮助我们筛选出对新生情景仍具解释性的核心逻辑，以此来揭开“互联网平台企业商业生态系统”这一实践情景的理论面纱。

第二节 商业生态系统相关理论

一、网络理论

随着信息技术的快速发展、经济增长的模式变化、企业生产的方式变革、社会制度的不断进步以及经济全球化的趋势，分包制、卡特尔、特许经营、战略联盟、合资研发、企业集群等网络组织形式逐渐出现在经济活动中。20 世纪 80 年代以来，对企业网络的研究，从社会学和经济学两个领域展开。企业网络的社会学研究主要集中于经济嵌入性、企业网络社会资本和结构洞几个方面。而从经济学领域对企业网络的研究主要集中于交易费用以及治理结构、博弈论以及产权理论等方面。在后续研究中，学者们还融入了产业组织理论中组织间协同视角、资源与能力理论中资源与能力依赖视角、竞争理论中竞合视角等多个理论视角或发展网络理论，阐释了企业网络存在的必要性与作用。尽管企业网络理论在很大程度上运用了制度主义工具，但同时它也在进化论方面给出了解释。网络是随时间推移而进行组织交易的一种手段，它处于不断的演进过程。在这个过程中，那些无法达到网络内部要求的企业就会被淘汰出局，而整个网络也会通过自身的演化来提升整体的竞争实力，从而在与其他企业网络的竞争中占据优势地位。无论从网络内部还是网络外部来看，都可以清楚地看到进化主义发挥着明显的作用。这表明网络进化的观点是制度主义与进化主义共同作用的结果。

（一）企业网络的形成动因

1. 交易成本降低和规模经济效益增加

新制度经济学从节约交易成本的角度分析了企业间网络的形成过程。威廉姆森（Oliver Williamson，1971）在科斯（Coase，1937）提出的交易成本的概念基础上，引入了资产专用性、交易频率和不确定性来量化交易维度，认为市场和企业是两种不同的治理结构，采取何种治理结构取决于交易费用的大小。专用性资产的投资方基于市场交易中存在的信息不对称情形和机会主义行为，会寻求资源的内部一体化。但当完全内部一体化产生较高的成本或受到限制时，企业会选择跨越组织边界的活动来减少总的交易费用。因此，企业间的复杂关系便出现了独立并且相互依赖的形式。威廉姆森（1985）将这种普遍存在的介于市场和企业之间的中间组织形式称为混合组织（Hybrid Organization）。交易成本理论从节约交易费用的角度分析了网络组织存在的经济学基础，然而，网络组织的产生，远远不止是交易形式选择的结果，还涉及企业间相互作用因素的影响。

企业通过网络组织内部的相互联结，大大增加了经济交换与社会交换的质量与数量。其中的个体组织能够突破组织间边界，使组织间的联系超越组织内的联结关系，从而突破组织规模经济的局限性，实现“联结经济”的规模经济效益（King & Kraemer，1995），这为组织间联结创造了极大动力。这种动力来源于内部效益和外部效益的共同作用，就内部效益而言，个体组织通过专业化分工积累的资源、知识、能力以及通过资源配置和共享实现的效益最大化，实现了自身运营的效益提高；就外部效益而言，马歇尔提出的外部经济性于整个网络组织形成后产生，通过网络节点之间的有效配置，实现整体利益要大于单个组织利益之和的效果，即“1+1>2”的效益。

2. 资源异质性组合与战略网络获取

组织间协调理论为网络理论的产生与发展奠定了基础。协调的出现源于分工的盛行，马歇尔（Marshall，1964）的组织分工理论对于研究企业间关系提供了重要思路。马歇尔在观察到大量专业化中小企业在特定地区集中的现象时，发现了外部规模经济与企业集群之间的密切关系。罗珉（2012）也指出，协作企业为了追求共同的经济利益和组织目标，结合各自的资源异质性和互补性，自发地将个体组织的知识、能力、资源有机结合起来，通过组织间的沟通协作实现知识的交换与信息的共享，从而进行资源与能力的整合创新。如此大量的重复沟通协作，能够实现组织间的分工高度专业化，实现从无序和混沌中自发地为实现组织目标与共同经济利益而进行的自组织，从而创造出新的价值，产生单个组织无法独立运作实现的经济利润。

加里洛于1988年在《战略管理杂志》上发表的《战略管理》一文，首次从战略高度提出战略网络的概念，并提出了一个将客观存在的现实网络整合到企业竞争战略主导模式中的研究框架。加里洛指出，如果企业将组织间网络作为获得竞争优势的行为安排时，这种超越科层的卓越组织模式就出现了，被界定为战略网络。战略网络是一种有目的的长期组织安排，其目的是获取或保持相对于网络外部竞争对手的竞争优势。“中心企业”（Hub Firm）在整个战略网络中起到至关重要的作用，战略网络是围绕中心企业而构建的，中心企业可以对网络中的其他企业进行控制。

（二）企业网络的外部性

网络外部性是指随着购买相同或兼容商品总人数的增加，则单个消费者从商品中获得的效用会相应提高。卡茨和夏皮罗（Katz & Shapiro，1985）将网络外部性进一步分为直接外部性和间接外部性。前者是指增加使用某种产品的消费者数量对增加该产品价值或同样使用该产品的消费者获得的效用带来的直接影响；而后者是指随着使用某种产品的消费者数量的增加，则该产品的兼容品与互补品的数量增多，并且该产品的价值或者消费者获得的效用会相应地增加。随着双边市场的出现，根据在双边市场中产生作用的方向，网络外部性可以分为同边网络外部性和跨边网络外部性。帕克和范·阿尔斯泰因（Parker & Van Alstyne，2000）根据平台一边用户数量的增加对同边用户效用影响和对另一边用户效用影响的区别，提出了跨边网络效应的概念和同边网络效应的概念。在双边市场上，跨边网络外部性与同边网络外部性通常是相伴而生、相互影响的，甚至在网络效应机制的作用下，还能产生换边网络外部性。随着双边市场的发展和平台模式的出现，网络外部性的存在产生正负两种效应，正的效应是产生网络价值的核心，负的效应是科斯发展出交易费用理论的基础。在产品经济时代，学者们主要关注企业网络外部性产生的负效应，此时，企业与外部利益相关者缔结成的网络外部性正效应，仅仅通过合作的形式降低了外部交易费用，而不能以价值的形式传递给消费者。然而，在平台经济时代，以平台为架构的企业间联结，重构了产业链的价值创造方式，重构了企业网络中利益相关者的角色和职能，网络外部性中的正效应突显。

（三）企业网络的治理

当企业网络内的单个组织无法独自完成各自使命时，需设计有效的制度来进行治理，即网络治理。梅斯纳（Messner，2000）等认为，在一定程度上组织的网络治理意味着自治行为主体之间的相互作用与谈判。李维安（2005）认为，治理问题不是权力控制的问题，而是通过治理对象之间的合作性协调以实现组织目标的过程，治理过程的核心属性是合作、协调和相互联系。彭正银（2002）认为，网络治理包括三个方面：社会网络、企业间网络和有形网络，是通过对社会网络中的社会关系，企业间网络中的经济结构以及有形网络的技术要素和制度安排进行整合，形成的一种广义的关系安排过程。

因为网络治理形成了一个有别于科层治理的治理框架，其治理环境和治理机制都发生了很大变化。琼斯等（1997）基于需求的不确定性、人力资产的专用性、任务的复杂性和组织间交易的频繁性，以社会治理机制为基础提出了网络治理机制的理论模型。后经彭正银（2002）的修正，提出了基于互动机制与整合机制的治理机制模型，并强调了结构嵌入的必要性。互动机制是个体组织与其他参与者间的正式或非正式关系作用，体现在个体组织对其他参与者施加影响和对环境做出反应这两个方面。网络中的个体组织间的互动是竞合互动，其中，合作性互动是以信任为基础的互补过程，激励利益相关者之间共同利益的形成，减少其间的协调成本，并扩张企业的资源与能力的边界；而竞争性互动是囚徒困境中的博弈，彼此之间的理性竞争实现了新价值的创造，在彼此间的交易中减少了潜在的机会主义。另外，结构嵌入对网络治理中交易的协调与维护这一目标的理解具有关键作用，其所包含的四个主要因素：限制性进入、宏观文化、集体许可与声誉，对网络治理机制具有综合的作用。刘力钢（2014）等认为，网络治理机制包括契约治理机制、层级治理机制和社会治理机制。契约治理机制主要用于交易层面的网络治理，通过正式契约来约束企业之间彼此的合作行为，促进企业间的长期合作，更大限度地增加网络企业的协同效益；层级治理机制是当企业预期在联盟中出现机会主义行为时，为了减少不确定因素，控制潜在道德风险和机会主义行为而构建的。

二、系统理论

（一）一般系统理论

一般系统理论（General System Theory）由美籍奥地利人、理论生物学家冯·贝塔朗菲（Von Bertalanffy）创立。他通过提出有机体系统的概念和开放系统的概念，初步确立了系统理论的思想。冯·贝塔朗菲认为，面对越来越复杂而难以捉摸的环境变化，需要在一切知识领域应用“整体”和“系统”的观点来认识复杂性问题。任何系统都是一个有机的整体，整体并不是所有构成元素的一般相加，而是元素之间的有机结合，从而形成构成元素所不能表现出来的整体性质。一般系统理论的逻辑以整体的概念为假设，认为整体性、开放性、稳定性、层次性是系统的特征。这四大特征的观点已经潜移默化地成为学者研究企业战略管理问题的基本思想和研究方法。在一般系统理论的基础上，该研究领域逐渐发展出自组织理论和复杂适应系统理论，逐渐加强系统理论对社会经济现象的解释力度，在战略管理领域产生了新的研究成果。

（二）自组织理论

以耗散结构理论（Dissipative Structure Theory）、协同学（Synergetics）以及超循环论（Hypercycle）为基础的自组织理论诞生于20世纪七八十年代。自组织的概念，很好地解释了系统复杂性的本质和来源，因为系统理论认为复杂性是客观物质世界自组织的产物，因为“组织”是指系统内的有序结构或有序结构的形成过程，而“自组织”是指一个混沌系统在随机识别时形成耗散结构的过程。类似自然界那般从简单到复杂、从无序到有序、从非生命到生命体的演化过程，自组织的演化过程，也是从无序的非平衡状态到有序的平衡状态的过程。自组织系统达到有序状态需要具备四个条件：①系统的开放性；②远离平衡态；③系统内部必须有要素之间自催化的非线性相互作用；④系统内部必须存在元素的随机运动（即涨落现象）。

（三）复杂适应系统理论

20 世纪 80 年代至今，系统理论的发展进入复杂自适应系统阶段，在此阶段，一大批从事物理学、经济学、理论生物学、计算机等学科的研究人员共同成立了圣塔菲研究所（Santa Fe Institute，SFI），试图通过学科间交叉融合来解决复杂问题。他们认为，社会、经济、生物、神经以及计算机网络等系统在进化过程中存在一般性的规律控制和演化行为，并称具有这种特质的系统为复杂适应系统。形成的核心思想是：强调系统中个体的主动性、自身所具备的目标和价值取向能够使个体在与环境的交换和互动中有目的、有方向地改变自身行为方式和相互之间的结构，从而达到适应环境的目的。这个主动的个体就是自适应主体，在复杂适应系统中，所有自适应主体处于同一大环境中，同时在其所处的局部小环境中独立自主地做出适应性决策；处于系统底层的自适应主体之间相互作用、相互交流，能够在上一层次或在整体层次上分化出新的结构和系统整体所没有的功能；自适应主体的演化路径和行为决策受到周围环境的约束和限制，同时也在对环境不断施加着影响。因此，自适应主体的行为模式和演化过程并不像自组织系统中非线性随机运动的元素和子系统那样形成系统涨落过程，而是主动适应环境进化的结果。由此可见，复杂适应系统理论中体现了进化论的观点。

三、理论述评

网络理论的研究主要聚焦于企业网络的形成机制、网络效应机制和治理机制。学者们对网络形成机制的视角可以分为四个流派：资源基础学派、组织学习学派、制度经济学派、经济社会学派。资源基础学派认为资源与能力互补是动因，组织学习学派认为知识共享、价值共创是动因，制度经济学派认为节约交易成本是动因，经济社会学派认为建立网络关系是动因。这些动因都是阐释企业网络构建的一般性动因，而在思考本书的研究问题“互联网平台企业如何构建平台型商业生态系统”时，这几类动因中哪些是针对性的、有解释性的，是本书要探究的主要问题之一。另外，网络效应机制是本书中分析平台问题的重要理论基础，而网络治理机制为本书研究互联网平台企业如何优化其平台型商业生态系统提供了理论依据。因此，网络理论为指导本书发现问题、解决问题奠定了理论基础。

在系统理论的发展过程中，学者们先是将有机体抽象类比为系统，探究有机体的内部构成，以此分析系统的内部结构；而后，又将自然界抽象类比为系统，以自然界中物质的动态变化和演化视角探究系统的演化条件、机制等问题；进而，学者们又综合更多的交叉学科视角，发现了更多可以类比的具化系统，将多个具化情景中抽象出来的规律应用于对系统的研究，构建了更全面的、更适合的复杂自适应系统系统机制。在理论界，对复杂自适应系统的认知已经迁移到商业世界中，学者们多数使用了复杂自适应系统理论并融入了进化主义的观点，这是阐释商业生态化的需要。本书在分析互联网平台企业商业生态系统的构成和演化时，以系统理论为理论基础审视新型的互联网平台企业商业生态系统。

至此，对互联网平台企业商业生态系统情景的分析，已从战略管理理论中提炼出了资源基础观和动态能力观，并在战略管理理论的制度主义观和进化主义观的延伸中梳理出了网络理论和系统理论，建立了网络理论中的形成机制、网络效应机制和治理机制的理论视角，以及系统理论中的复杂自适应系统的理论视角。可以说，网络理论和系统理论对商业生态系统情景的探讨，是从两个维度展开的有交互融合性的逻辑框架。网络理论是从商业系统的内核向外审视，而系统理论是从商业生态系统的外层向内探究，两者的认知逻辑是具有一致性的。

第三节　商业生态系统理论概述

一、商业生态系统的概念

美国管理学家詹姆斯·摩尔（1986）在《哈佛商业管理评论》上发表了《竞争生态学》一文，以企业发展战略和市场运作的视角，首次提出了商业生态系统的概念。自摩尔第一个系统而科学地阐释了商业生态系统概念后，学者们纷纷从系统视角和企业网络视角界定什么是商业生态系统，表 2－1 将这两个视角的主要代表观点进行了梳理汇总。

表 2－1　商业生态系统的概念汇总

学者（年份）	代表观点	研究视角
摩尔（1993）	首次提出商业生态系统的概念，借用生态学的隐喻描述商业社会中公司之间相互协作、共同演化产生经济价值的构想	系统
陆玲（1995）	企业生态系统是企业及其存在的环境组成的联合统一体	系统

续表

学者（年份）	代表观点	研究视角
摩尔（1996）	将生态系统定义为以组织和个人的相互作用为基础的经济联合体，包括供应商、生产者、竞争者和其他利益相关者等在内	系统
Lewin（1999）	商业生态系统主要由在不同生态位、利益相互关联的企业组成	系统
Iansiti 和 Levin（2006）	提出运用生态学中的生态位概念来阐述商业生态系统的结构特征，他们认为，“商业生态系统由占据不同但彼此相关的生态位的企业所组成，一旦其中的一个生态位发生变化，其他生态位相应也会发生变化”	系统
Kim（2010）	商业生态系统是一种由众多具有共生关系的企业构成的经济共同体，强调在这个系统内部成员企业可以通过合作来创造单个企业无法独立创造的价值	系统
Peltoniemi 和 Vouri（2004）	把商业生态系统定义为一种由具有一定关系的组织组成的动态结构，同时指出这些组织可能是一些小企业，也可能是大企业、高校、研究中心、公共机构以及其他可能影响这个系统的组织	企业网络
Den Hartigh 和 Van Asseldonk（2004，2006）	从企业和企业网络的关系出发对商业生态系统进行了理论界定。认为“商业生态系统应该是一种由围绕在某项核心技术周围、相互依赖的供应商和客户组成的网络”	企业网络
Zahra 和 Nambisan（2012）	把生态系统看作是为企业提供资源、合作伙伴以及重要市场信息的网络，认为“这种网络是基于网络内部成员企业之间长期的互动关系形成的，构建并发展商业生态系统需要创业洞察力和战略思维的相互匹配”	企业网络

二、商业生态系统的特征

商业生态系统的特征可以从复杂适应系统理论和生态理论中找到理论基础。不同时代的学者，根据对现实商业生态系统的观察，提炼出了具有不同维度的商业生态系统特征体系。潘剑英和王重鸣（2012）将学者们对商业生态系统的特征描述进行汇总整理，反映了基于不同视角的商业生态系统特征。其侧重点各有不同，主要聚焦于整体性特征、内部的关联特征以及绩效特征三个方面。在潘剑英和王重鸣（2012）的基础上，本章又汇总了其他学者的其他观点，汇总整理的详细内容见表 2－2。

表 2-2 商业生态系统特征要素汇总

学者（年份）	特征要素
摩尔（1996）	“4P3S”七维度分析框架，即人员（People）、场所（Place）、产品（Product）、过程（Process）、结构（Structure）、股东（Shareowner）和社会环境（Society）
Power 和 Jerjian（2001）	商业生态系统的 12 条基本准则：学习、计划、系统化、网络化、安全化、关注网络支付、关注购买、关注供应商、关注物流、关注销售、关注消费者和个性化
Eve Mitleton - Kelly（2003）	复杂适应系统具有十个基本特征：协同进化（Co - evolution）、探索可能性空间（Exploration - of - the - space - of - possibilities）、历史性（Historicity）、远离平衡状态（Far from Equilibrium）、反馈（Feedback）、路径依赖性（Path - dependency）、关联性（Connectivity）、互相依赖性（Interdependence）、涌现性（Emergence）和自组织（Self - organisation）
Iansiti 和 Levin（2004）	衡量商业生态系统健康状况的三个维度：生产率、稳健性和利基创造
潘军和黄听（2004）	研究了商业生态系统与自然生态系统的区别，指出商业生态系统的特征相互适应——既竞争又合作、共同进化、系统开放、集成化
Peltoniemi（2005）	商业生态系统的特征：以创新和商业成功为目的、有意识的选择、动态性、受环境变化的影响、参与者众多、相互依存、交互作用、既竞争又合作和共命运
Peltoniemi（2006）	探讨了生物生态系统、工业生态系统、经济生态系统、数字商业生态系统和社会生态系统，认为商业生态系统是复杂系统，具有四个关键特征：复杂性、自组织、涌现、共同进化和适应性
Anggraen 等（2007）	从六个方面来研究商业生态系统的特征：企业特征、企业角色、网络结构、网络动态性、网络绩效和网络治理
Tian 等（2008）	一个商业生态系统模型主要包括以下七个特征要素：资源、活动、决策、标准、角色、商业实体和商业模式

资料来源：依据潘剑英和王重鸣（2012）对商业生态系统特性的整理补充而得。

三、商业生态系统的层次与物种

（一）商业生态系统的层次结构

有关一般性商业生态系统结构模型的研究主要有两个代表性模型：一个是摩尔根据商业生态系统内部的要素和层次，划分了内部的不同种群和子系统而形成的结构模型（见图 2-1）；另一个是加恩西和梁根据资源基础观和演化的视角，按照资源交换的逻辑关系，将与企业价值链活动有关的直接和间接交易伙伴进行关联而形成的结构模型（见图 2-2）。在平台型商业生态系统的结构研究中，钟宏志和刘振溪（2008）提出的观点和结构模型较为典型，是对摩尔与加恩西和梁提出的一般性商业生态系统构成模型的思路扩展。其模型如图 2－3 所示。

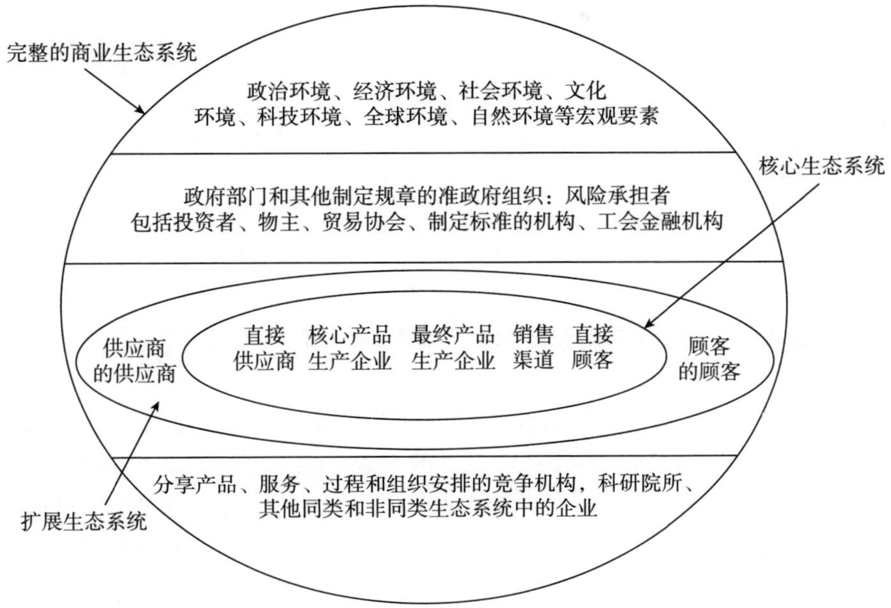

图 2－1　摩尔的商业生态系统组成结构

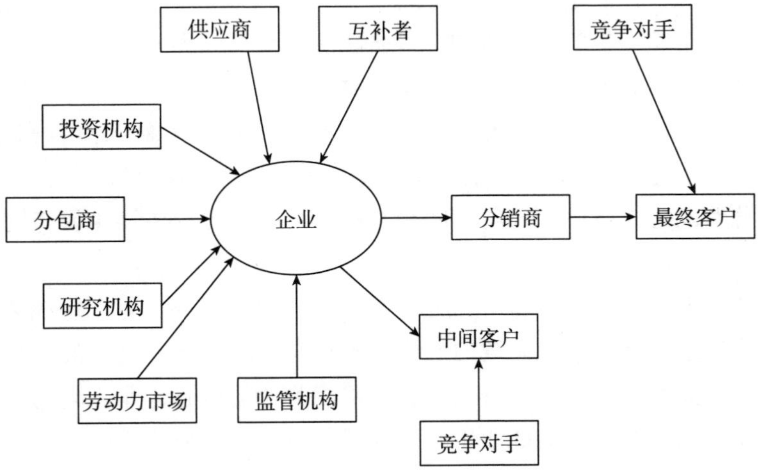

图 2－2　加恩西和梁的商业生态系统内部模型

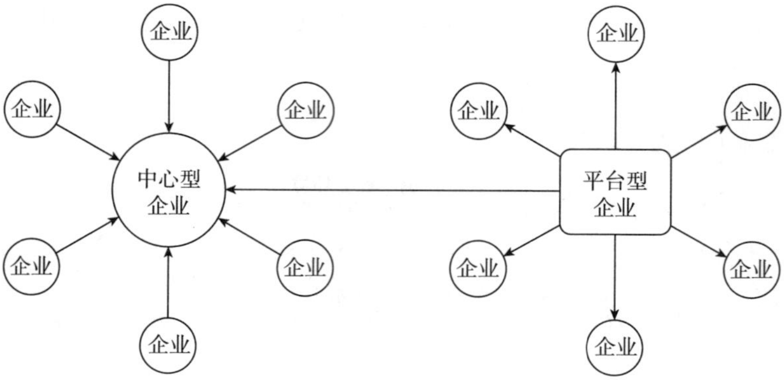

图2－3　钟宏志和刘振溪提出的价值链价值网型商业生态系统的模型

摩尔提出“4P3S”七维度分析框架，认为商业生态系统包括三个层次的架构：核心生态系统、扩展生态系统和完整的商业生态系统。核心生态系统层是由供应链上的企业组成的，其中，核心企业构成的主要职责是为市场生产制造有使用价值的产品，领导商业生态健康发展。以核心企业为中心的供应链上的供应商、中间商、配套企业（如物流企业）、分销商、消费者是重要的参与者及受益者；扩展生态系统层是由供应商的供应商和顾客的顾客组成的；完整的商业生态系统层是由另外两类利益相关者和宏观环境中的要素组成的，其中一类利益相关者是政府部门和其他制定规章的准政府组织，另一类利益相关者包括分享产品、服务、过程和组织安排的竞争机构、科研院所、其他同类或非同类生态系统中的企业。梳理商业生态系统内的诸多要素，摩尔界定了一般商业生态系统的主要组成要素为：顾客、市场面、产品和服务、过程、结构、风险承担者和社会环境。摩尔对商业生态系统层次的划分，符合复杂适应系统的特点，系统内存在明显的、界限分明的层次性，层与层之间相对独立，每层内的要素主要与同层内的要素进行交互，跨层的交互关联较少。

加恩西和梁（2008）对商业生态系统构成模型的描述，是围绕核心企业展开的，将商业生态系统构造成系统内的所有利益相关者与核心企业的关系，用模块化表示利益相关者，用箭线的方式表示利益相关者与核心企业之间的关系。可以看出，加恩西和梁所描述的商业生态系统只涵盖了摩尔描述的商业生态系统的核心层和扩展层，并未涉及宏观环境层面的要素。所以，加恩西和梁提出的商业生态系统模型主要是围绕供应链上的利益相关者展开的，体现了核心企业与上下游之间的关系，突出的是利益相关者之间的关系以及利益相关者与核心企业关系的远近程度。加恩西和梁对商业生态系统构造的描述，主要是借鉴了企业网络的思想，并没有对系统内要素进行层次划分，没有清晰的层次界限，而是按照要素之间形成的网络状关系分列要素。

钟宏志和刘振溪（2008）对商业生态系统构成层次的分析，是基于商业生态系统内的业务层次扩展出价值网络层次。他们提出了价值链网络型和市场联结型两类商业生态系统，价值链价值网络型生态系统是以企业之间在价值链和价值网中的价值共创为基础，这样的缔结方式更稳固、联系性与互补性强；而市场联结型生态系统内的企业在运作过程中，在资源共享和经营活动上的联系较少或相对较少，在市场上通过协同互补构成联结。价值链价值网络型的生态系统内部，根据企业间关系的不同存在两种类型的企业："中心型企业"和"平台型企业"。区别在于，前者是系统中存在众多企业为一个或少数企业提供不同产品或服务；后者是系统中存在一个企业为众多大小企业提供相同或类似服务。

（二）商业生态系统的物种角色

研究者对商业生态系统内部构成的分析，还聚焦于对企业与企业之间的关系和企业与系统之间的关系分析。企业在商业生态系统内部所处的位置角色、企业之间的相互影响关系、企业对整体系统的影响程度都存在不同程度的差异，因而系统内的不同企业会根据自身资源与定位选择战略发展方向，相应地系统内部形成了不同的企业角色。Iansiti 和 Levin（2004）、Kim（2010）以及胡岗岚（2009）等分别给出了依据不同视角的企业内部角色模型，并对其匹配战略进行了详细分析。

Iansiti 和 Levin（2004）从创新动态性和网络关系复杂性两个维度构建的商业生态系统内部角色及其战略匹配模型，划分出了四种企业角色及运营战略：利基型、骨干型、商品型和支配型（见图 2－4）。

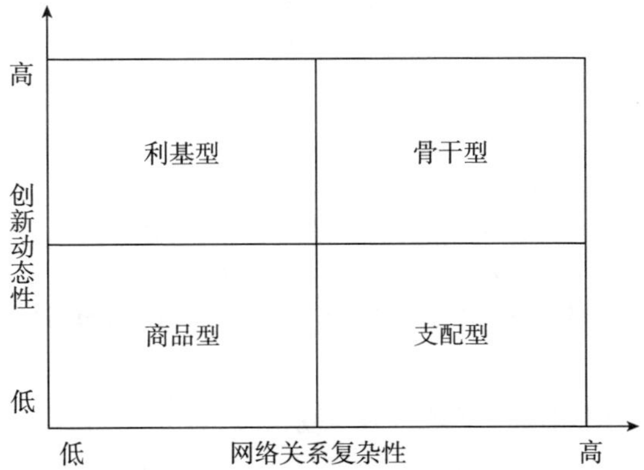

图 2－4　Iansiti 和 Levin 提出的商业生态系统内企业角色与战略匹配模型

其中，骨干型企业的界定来源于生物学中的关键物种（Keystone Species），它处于系统内的核心位置，为系统内其他成员的生存搭建了稳定平台，其战略要点是价值创造和价值共享。骨干企业要找到有效的价值创造途径，吸引其他企业加入生态系统并保留成员企业，通过调动参与企业一起分享价值来实现其生态系统的健康与可持续发展；利基者是在系统内谋求价值分配控制力的角色，虽然占据较少的网络节点，但自私地占有绝大部分价值，它没有给其他企业留足空间和资源，削弱了系统创造缝隙市场的能力；支配型企业或称为资产独霸者，通过纵向或者横向一体化以占据网络的大部分节点，自己负责绝大多数的价值创造活动并自身占有大部分价值，没有留下机会让更多的企业参与到网络中来；商品型企业是系统内的众多缝隙型物种，虽然单位存在的体量不明显，但其整体构成了商业生态系统的大部分空间。它们着眼于专业化能力，在差异化中寻找竞合优势，利用系统内的强有力的平台谋求发展，有助于增进整个系统的健康。

Kim（2010）提出，商业生态系统中的核心企业应基于知识密集度和环境动荡性这两个维度进行战略选择，根据知识密集度和环境动荡性的高低组合共构建出四个象限：稳健型战略、创造型战略、协作型战略和生产型战略。其中，选择稳健型战略的核心企业，要构建风险管理系统以增强应对外部变化的能力；选择协作型战略的核心企业，要注重内部信息共享以加强与合作伙伴之间稳定而持续的信息交流；选择创造型战略的核心企业，应扩大信息的来源渠道，以实现基于信息整合生产新产品或服务；选择生产型战略的核心企业，应注重采集市场需求，以提高企业的市场占有率。具体的战略选择模型见图 2 -5。

		知识密集度	
		基础设施导向型 BES	知识密集型 BES
环境动荡性	动态 BES	稳健型战略	创造型战略
	稳定 BES	协作型战略	生产型战略

图 2 -5　Kim 提出的商业生态系统核心企业战略选择模型

胡岗岚（2009）根据对电子商业生态系统的研究，将其内部不同定位的成员企业划分为不同的种群：领导种群、关键种群、支持种群和寄生种群。其中，核心电子商务企业被界定为领导种群，它们是电子商务生态系统中的资源整合和协调者，负责搭建和监管平台；电子商务业务环节上的各个交易主体被界定为关键种群，主要包括消费者、零售商、生产者和供应商等；电子商务业务活动中必不可少的依附组织：物流公司、金融机构、电信服务商以及相关政府机构等被界定为支持种群，它们存在于商业生态系统中的平台架构上，支持平台上核心业务活动的完成，并能获得相应的利益；为电子商务业务活动提供各类增值服务的相关者被界定为寄生种群，包括网络营销服务商、技术外包商和电子咨询服务商等，它们同支持种群一样存在于平台架构上，不同的是，其与平台上的核心业务活动共存亡。胡岗岚基于电子商务生态系统对成员企业角色的划分模型在其他类型商业生态系统中具有可借鉴性。也就是说，其依据各利益相关者与核心业务活动的关系划分成员角色的逻辑，在某种程度上适用于阐释其他类型的商业生态系统构成问题。

四、商业生态系统的演化与周期

（一）商业生态系统的演化机制

商业生态系统的演化机制存在内部机制和外部机制两个维度，其中，内部机制是内部成员的自组织，这是商业生态系统进化的根本动力。相对应的外部机制是环境选择，但这种环境选择并不是最适者生存，而是“最劣必汰、差别保存”。内部成员企业的自组织是基于企业之间自发建立的各种业务关系和经济关系，形成新系统结构的过程。成员企业能够自发建立业务关系和经济关系，是基于某种连接方式，可能是价值链的连接方式，也可能是价值网络的连接方式。在平台经济时代，这种方式是基于平台架构的网络连接方式。通过以平台架构为支撑的连接，商业生态系统内的成员企业或个人等有机体，能够协同进化。协同进化是商业生态协同的核心思想，协同进化并不是一起进化。在商业生态系统演化过程中，一些成员可能因为其自身的资源与能力不足则不足以应对环境变化而被淘汰，而另一些成员可能因为自身的资源或能力优势足以应对环境变化，会一直处于有利的生态位置。所以，在商业生态系统演化过程中，各个成员企业所处的位置并不是平等的，多数进化网络（Evolved Networks）是在关键成员（Keystones）或中心成员等各种形式的集中控制（Centralized or Shares Control）下获得稳定发展的。以上分析中提及的：外部环境的优胜劣汰、成员企业的自组织过程、成员企业的连接载体以及处于领导地位的成员企业等要素，能够促使商业生态系统有序进行演化。在商业生态系统的演化机制中，还存在几个重要的“流”、竞合机制的促进作用和循环机制的保障作用。

首先，商业生态系统中的重要的“流”有价值流、产品或服务流、信息流。其中，协同进化的核心流就是价值流。企业成长的方向和商业生态系统进化的方向，都是在寻找更大的利润空间和满足更多的社会需求。所以，要通过价值创造来实现利润来源和满足需求。商业生态系统内的价值创造过程，是更多的主体参与、更多的价值链条组合而实现的价值网络系统；而产品或服务流是价值流的物化表现形式。基于产品的生产和服务的提供，商业生态系统不断升级，为满足用户需求，提供有更多效用的产品或服务；在大数据时代，商业生态系统内的“信息流”格外重要，它是精准捕捉用户需求的重要工具，是实现多参与主体连接的重要方式，是商业生态系统的重要资源和能力，与其他要素一样为价值共创发挥作用。基于信息技术的商业生态系统内成员企业的合作，通过监测、分析、预测和共享多方数据的实时互动，实现了联合库存和敏捷制造，从而促进商业生态系统内部进一步协同合作与竞争力的提升。

其次，协同进化强调相互合作，但并不排斥竞争。在商业生态系统中，各个成员企业具有保持整个商业生态系统持续发展的一致性目标，因此，成员企业间通过资源整合、优势互补和战略配合等措施来实现成员企业之间以及整体系统与环境之间的协同演化。正如企业的成长一般，管理者通过协调和组织资源共同实现组织目标。在商业生态系统内，领导企业也是协调和组织各个参与者合作实现系统目标，实现共赢，使参与者在系统内的获利要超过独自经营的获利。然而，根据哈肯（1969）的协同论，竞争是系统演化最活跃的动力。在商业生态系统内的价值分配过程中，由于各个参与企业寻求各自的利益最大化，所以，参与企业会在技术、信息和资源上进行竞争。商业生态系统内的合作，是基于竞争的合作。成员企业间的竞争能够活化系统资源及提高其配置效率，成员企业间的适度竞争有利于商业生态系统的整体演化与健康。不同于自然生态系统中的演化动力来源，商业生态系统的演化动力来源于内部的自组织机制多于外部的环境选择机制。在成员企业的“物种”丰富、技术平台的构建、市场选择和成员企业之间的竞合关系等因素的推动作用下，商业生态系统的演化具有主动性。

最后，循环保障机制促使商业生态系统演化。生物圈中的物质和能量是有限的，各类资源、产品和废弃物的多重利用及循环再生是商业生态系统持续生存并不断发展的自组织机制。商业生态系统内部类似自然生态系统一样，存在有生产者、消费者和分解者，并构建起三者之间的关系，而物质和能量会在三者构建的循环中往复和增生。核心企业要基于系统的运行规律，在系统内部建立和完善循环再生机制，使物质和能量在其中循环流动和往复利用，并能够从外部汲取负熵流，为自组织过程补充所需要的物质、能量等，以维持和蓬勃自身的生命力。从非平衡自组织理论角度来看，维持系统自身进化的亏缺物质和能量需要不断从系统外部吸入，而自身的盈余物质和能量需要代谢输出到系统之外。只有这样，商业生态系统才能保障自身有效的催化循环和自我更新，也才能在更大区域开放系统的优化组合和机制协同中使其从低序发展演化到一个又一个高序的耗散结构。

（二）商业生态系统的演化周期划分

摩尔（1996）提出商业系统发展可分为四个阶段：开拓、扩展、领导和重构，认为在重构阶段商业生态系统会出现分化，要么“重生”，要么“消亡”。摩尔针对商业生态系统演化的各个阶段分析了各自的战略要点和关键因素（见图2－6）。

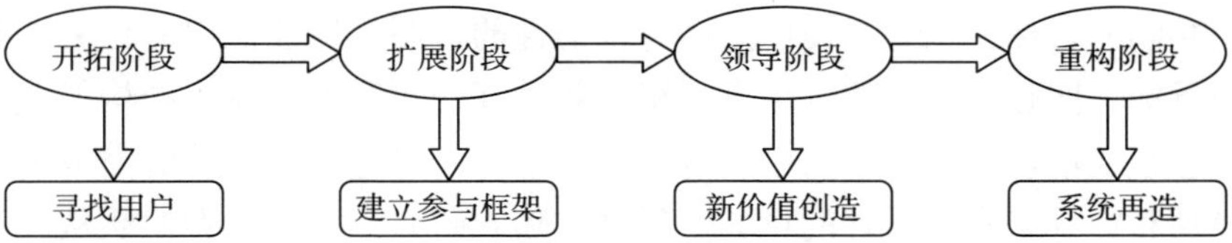

图2－6 摩尔提出的商业生态系统演化各个阶段的战略要点

摩尔进一步将各个周期阶段的战略要点做了详细阐释，提出了各个周期阶段的战略目标与定位，以及明确了实现相应战略目标的具体途径（见表2－3）。

表2－3 摩尔提出的商业生态系统演化各个阶段的战略要点汇总

商业生态系统的不同发展阶段	战略要点
开拓期	寻找早期接受型顾客，学习其价值诉求和实现方式，不断完善产品和服务； 从其他商业生态系统的经验中汲取养分； 选择隐蔽的缝隙市场，避免与强大的对手正面交锋，以赢得成长的时间； 建立进入壁垒，尽量吸收缝隙市场中的购买力，不给竞争对手留下空间
扩展期	建立参与框架，吸引参与者，协调其行为，领导共同体成长； 把资源和需求以创造性的方式结合起来，寻求实现规模效益的途径； 与生态系统中的客户、供应商和渠道建立紧密联系，巩固市场势力
领导期	强化顾客的价值认同，在系统中的产品、过程和组织内部建立嵌入； 引领创新； 对来自内部的领导权挑战进行阻击，收购提供影响生态系统生命力的新技术、新产品的企业
重生或消亡	实行企业再造，在产品和服务中注入新的观念，持续不断改进； 组织革新者建立替代性的生态系统

五、商业生态系统的治理

摩尔（1996）认为，最重要的网络治理关系合同是社区（群落）治理系统和半民主治理。摩尔提出的包含市场和等级制度的商业生态系统，是通过社区领导（群落首领）的指引下将企业系统和市场连接起来。Vos（2006）首次提出了商业生态系统治理的概念，将商业生态系统的治理阐述成四点问题：一是基于共同的目的为网络成员提供一个激励和前景；二是基于成员自由，并主动使成员达到他们共同的目标；三是当使用某些有指向性的机制，保证他们的行为达到当时的共同目标；四是致力于改善生态系统应对外部变化和内在改革结构的能力。在商业生态系统治理概念提出后的一段时间，学者们对这个问题的研究集中于倡导提供激励和远景来实现治理的目的。后来，随着研究深入，学者们还从网络治理的视角进行了研究。Kohtamaki（2006）提到网络治理视角的研究包括四个方面：一是市场与等级制。这是基于交易成本理论定义价格与命令（权威），是治理的主要机制；二是网络是一种介于市场和等级的中间形式。在这种解释中，合作关系是一种比市场更完整的形式但是又比等级制差一些；三是网络是市场和等级制相互独立的一种形式。这种观点认为网络的治理机制是一种社会型的，强调利益共享和相互信任的含义；四是三种不同治理机制可以同时被使用，分别是价格、等级和社会治理。此时，学者们注意到对商业生态系统进行治理的关键，是核心企业能够平衡系统内各个利益相关者的关系。Iansiti 和 Levien 指出，商业生态系统的演化和治理都应该优先考虑由核心企业主导。核心企业将作为商业生态系统的治理主体，构建健康的商业生态系统，引导系统内的企业共创价值。然而，从系统理论的视角出发，商业生态系统作为一个复杂的自组织系统，系统内的成员应该具有自发地建立新秩序、推翻旧秩序的能力。我们认为，自组织是商业生态系统的高级阶段，是商业生态系统治理的最终目标。高级阶段是以前序阶段为基础的，是基于核心企业主导的商业生态系统治理来优化商业生态系统秩序且基于优化机制的建立和反复优化的过程使商业生态系统最终具有自组织的能力。

商业生态系统的治理问题，重点在于如何开展治理，即治理的过程和策略问题，其前提是探究影响商业生态系统健康性的关键问题并对症下药。然而，本书对互联网平台企业商业生态系统优化问题的研究，也是基于探究出关乎互联网平台企业商业生态系统健康性的关键问题，即探究其在静态机理和动态演化中关键战略要素，以此针对性地提出优化方案。在本书第六章的撰写中将展开详细阐释。

第三章　互联网平台企业及其发展现状

第一节　平台的概述

一、平台的内涵

（一）典型的平台

我们常常在生活和报刊文献中接触到“平台”这个词语，例如，广大毕业生寻找工作的“就业平台”、搜索信息使用的各类“信息平台”、作为高新技术发展“平台”的技术开发区、作为支付手段的“电子支付平台”、手机和PC中使用的“操作系统平台”、方便未婚男女觅偶的“婚恋交友平台”等。除了这些我们耳熟能详的带有“平台”两字的平台之外，还有许多产品或服务带有平台的属性，扮演平台的功能，例如，我们日常生活中使用的银行卡、手机通信系统、社交媒介、中介机构、网络游戏、报纸等媒体和购物中心等。梳理生活中以及经济运行中出现的各类平台，能识别出各类平台的业务内容、市场连接性和所属行业的区别。Zhu和Iansiti（2012）整理了部分国外的典型平台和所连接的市场，本书在此基础上进行了补充（见表3－1）。

表3－1　重要平台实例的平台业务内容、市场连接、所属行业汇总

平台实例	业务内容	市场一方	市场另一方	所属行业
PC操作系统：Windows、Linux	是直接运行在“裸机”上的最基本的系统软件，任何其他软件都必须在操作系统的支持下才能运行	计算机用户	应用开发者	操作系统平台

续表

平台实例	业务内容	市场一方	市场另一方	所属行业
手机操作系统：iOS、Android	是叠加在硬件上的第一层软件，为其他软硬件提供接口	手机用户	应用开发者	操作系统平台
银行卡：银联卡、信用卡	是信用支付工具媒介，实现连接资金融通的供需双方	银行卡用户	消费市场的商家	支付、信贷平台
在线支付：支付宝、百度钱包	第三方支付平台，致力于提供“简单、安全、快速”的支付解决方案	在线支付的手机端用户	消费市场的商家	支付、信贷平台
搜索引擎：Google、百度	海量信息资源的提供平台，满足用户的信息搜索需求	网民	插件开发者	信息搜索平台
相亲俱乐部：世纪佳缘	通过互联网平台和线下会员见面活动为单身人士提供婚恋交友服务	女士	男士	婚恋交友平台
在线购物：淘宝、京东	为零售业的买卖双方提供线上交易媒介及其他相关配套服务	消费者	零售商	网络购物平台
购物中心：沃尔玛	为零售业的买卖双方提供的涉及消费、文化、娱乐、金融、会展、服务的商业聚集体	消费者	供货商	实体购物平台
创新创业基地：产业园	为产业的聚集或技术的产业化提供服务支持的孵化平台	创新创业者	技术需求企业	产业孵化平台
媒体：报纸	实现信息从信息源传递到受信者的一切技术手段	读者	广告商、内容提供者	信息传播平台

资料来源：依据 Zhu 和 Iansiti（2012）对国外典型平台及其连接市场的整理补充而得。

通过以上纷繁的平台现象，可以发现：无论是虚拟平台还是实体平台，它们都是连接市场供需双方的媒介，不同的是，市场双方的群体不同：或是不同类型的消费者群体，或是不同类型的企业群体。然而，平台不仅是市场媒介的存在形态，还是创新的商业模式，也是突破科层桎梏的组织结构以及获得竞争优势的战略布局，这些都是商业世界中对平台的理解视角。下文将从平台的具化形式、平台的概念、平台属性、平台功能以及平台演化等几个方面，展开对平台的全面阐释。

（二）平台的概念

虽然“平台”一词被广泛使用，甚至在研究文献中屡屡提及。但到底什么是平台，目前研究界尚未形成广泛共识。根据牛津高阶英汉双解词典的解释，平台有如下三种意思：

（1）［Platform］：通常高于附近区域的平面；楼房的阳台。

（2）［Plate］：机器的金属表面，工件可固定其上。

（3）［Flat Roof Building］［方］：平房。

虽然国外的平台往往采用“platform”这个词语，但从国内汉语词典的解释及通常情况下的使用情景来分析，“平台”一词是上面第二条定义的引申。我们可以将其理解为一种架构，具有能够被搭载的功能和可被共享的属性。对平台的理解，最直观最简洁的描述应该是鲍德温（2008）给出的比喻，“平台就像是一张可以用来拼装各种东西的桌面”。综观国内外研究者对平台概念和内涵的认识，经过长时间的探讨其呈现出多种表述形式，本书梳理了国内外研究平台问题主要学者的观点，将他们对平台的界定汇总，见表3-2。

表3-2　关于平台本质表述的代表性观点汇总

代表人物	代表观点	平台功能	理论归属
Shanker 和 Bayus（2003）	平台被视为要素，在功能可被应用程序拓展的产品族中，可共同使用	产品平台	资源观及动态能力
程贵孙、陈宏民和孙武军（2006）	平台指通过对技术标准、用户接口界面以及交易规则等设计和优化，为平台两组（边）的用户创造条件或环境，通过提供用户所需的资源、能力、业务，为用户带来价值，促使两边用户在该平台上达成交易	交易平台	网络理论
Boudreau（2010）	平台被视为部件，在不同产品族中被使用。它的存在使通过网络效应实现产品族功能拓展成为可能	产品平台	网络理论
Caillaud 和 Jullien（2001）	通过实现双边用户的交互价值来获取利润，平台起着“中枢”作用	交易平台	网络理论
龚丽敏和江诗松（2016）	平台是技术、共享的组件或框架（Framework）	产品平台	组织理论
王节祥（2016）	平台是一种在技术、产品和交易系统中具有基石作用的构建区块（Buildingblock）	产业创新平台	组织理论

资料来源：依据龚丽敏和江诗松（2016）对平台本质补充整理而得。

理论界对平台的界定主要集中于资源观及动态能力、网络理论和组织理论的视角，不同视角下对平台界面的界定与不同经济时代对平台功能的讨论有关。在产品经济时代，学者们围绕产品创新展开对平台的技术结构、能力转化和资源整合的讨论，将平台的架构本质界定为实现产品创新过程中的技术结构共享，认为其搭载的是一系列相关的满足不同用户需求的产品族共性生产组件；在互联网经济时代，学者们围绕平台的市场中枢作用对平台的双边性展开讨论，将其架构表现描述为对供需资源的整合连接，平台搭载的是撮合供需交易所需要的资源、能力和业务；在平台经济时代，平台可共享资源的战略层次继续升级不仅可以实现产品的创新和交易的撮合，还能借助全面融合产品和交易、生产和服务来实现产业的升级。因此，平台的架构表现更加模块化，并且模块化资源的类型更加丰富化，其共享的是“在技术、产品和交易系统中具有基石作用的构建区块”。可见，随着实践界的发展和理论界对平台的研究，平台可共享的基础在逐渐泛化，平台能够搭载的模块逐渐从技术、组件扩展到资源、能力、业务、组织职能和企业等构建区块。

（三）平台的具化形式

1. 平台界面

平台界面，是最直接的平台表现形式。产品平台、交易平台和产业平台中的“平台”两字都蕴含有平台界面的含义。就产品平台而言，平台界面是可共享和搭载技术组件的“场”，是技术、产品、用户等可共享的组件或是框架。它能满足供需双方对产品技术模块或组件的需要，服务于产品创新和产品族的生产。就交易平台而言，它是满足供需双方对交易和交换的需求，聚集用户和供应方的现实或虚拟场所，为供需双方提供交易环境。我们生活中经常接触的各种买卖平台界面有：淘宝、京东、当当网等；各种社交平台界面：QQ、微信、微博等；各种信息服务平台界面：百度、58 同城、智联招聘等。产品平台界面作为载体，打破了供应链的单向链条以及产业划分的约束，原本属于不同供应链、不同产业的供需主体共同参与到产业界面上实现交换与交易，交易与交换的内容包括多种资源和能力。产业平台上除聚集供需双方之外，还聚集了互补方、分销方、新产品开发企业、政府、社会组织等相关利益主体。

2. 平台模式

首先，先从市场的资源配置视角分析“平台模式”。平台模式对资源的配置是通过平台界面连接了不同的交易主体，通过信息共享实现了供需的跨空间、跨时间对接，提高了交易频率、降低了搜寻成本和交易成本，起到了类似广义市场的调节作用。正如徐晋（2016）对平台市场的理解，平台是网络时代基于市场资源整合和商业模式创新而形成的具化形式，是传统自在市场基于自觉意识觉醒和自主品格升华的经济结果。平台界面一旦形成，平台的搭载者、资源、能量就会自觉与自发地形成流动、组合与创新。

其次，从连接利益相关者的视角分析“平台模式”。平台重构利益相关者的盈利模式，使平台从“无形之手”向“捞钱之手”转变。陈威如（2013）指出，平台模式是指连接两个（或更多的）特定群体，通过为他们提供交互与交易机制，满足各方群体需求并从中盈利的商业模式。平台模式，通过对价值链上下游各个价值节点的全覆盖、多组合架构，利用技术与协议，建立互惠互利、共创共赢的交易规则，实现对交易全过程的控制协调，从而创造出有利于各个利益相关者的盈利模式。

综观商界，诸多互联网企业利用平台模式进行企业再造，例如，文化产业领域内的华谊兄弟、浙江传媒和慈文传媒等。他们利用平台界面将价值链扁平化，通过横向或纵向的跨价值节点连接实现平台模式创新。

3. 平台组织

平台组织，是突破企业的科层组织而建立起的新组织架构。为了匹配企业外部环境、战略与商业模式的变革，实现大型企业摆脱层级桎梏、低效率陷阱的目标，组织结构不断变革至平台型组织。平台组织，作为一种自组织市场存在的形态，本质上是企业组织及其运行与发展规律在技术和社会环境革新推动下突破组织边界的一种升华。具体体现在：

首先，组织与用户的边界突破。随着人口红利的消失以及中产阶级成为主流消费大军，企业仅靠产品功能和性价比已不能打动消费者的购买心，还要增加产品的情感和体验特性。平台组织的开放性，使越来越多的用户加入到组织边界之内，消费者变为产消者，消费者参与到为自己提供和创造价值的过程中，增加了产品的附加价值。

其次，雇佣关系边界突破。组织赋权型的科层模式正在受到前所未有的挑战，应运而生的是赋能型的平台组织架构。平台组织架构激活了员工的主观能动性，而又区别于阿米巴经营组织。雇员与组织的“半强耦合”关系机制，可以把强调一体化整合的“集成管理”与推崇小集体分治的“阿米巴模式”相结合，去粗取精。

最后，组织与组织间的边界突破。平台组织创造性地将组织内的业务部门与非业务部门分离且模块化，模块化的职能性非业务部门以其服务性和共享性，可以被市场化运营，向组织边界之外的组织开放。因此，跨越组织边界的合作、交换与交易成为了可能。

二、平台的属性与功能

（一）平台的属性

1. 平台的网络外部性

1974 年 Jeffry Rohlfs 在对电信服务的研究中发现，网络外部性是需求方规模经济的源泉。后于 1985 年 Michael Katz 和 Carl Shapiro 对网络外部性进行了较为正式的定义，即网络外部性就是随着使用同一产品或服务的用户数量变化，每个用户从消费此产品或服务中所获得的效用的变化。例如，微软的操作系统，当使用微软操作系统的用户多于苹果操作系统的用户时，软件生产商会选择用更多的资源来编写微软操作系统的软件，与此同时，微软的用户也会因为同大多数人拥有相同的操作系统而得到更多的好处。前者为同边网络效应，后者为跨边网络效应。平台一边用户的外部性是由同一边用户的数量和另一边用户数量来决定的，这种外部性的良性循环驱动平台企业出现规模收益递增，实现“赢者通吃”的局面。外部性还能为消费者的消费行为增加效用，从而增加用户的转换成本，增加用户的黏性和锁定性。

2. 平台的多属性

一般而言，在实际生活中由于存在许多功能可以替代或互相之间并不关联的平台，因此，市场的至少某一方会采取与多个平台发生关联的行为，也就是采取多属（Multi－home）行为策略。平台具有多属行为，包括买方的多属行为、卖方的多属行为和买卖双方的多属行为。多属性是平台的一个重要属性，尤其对于突破平台之间的竞争壁垒有益。当一个平台市场想要进入另一个平台市场时，要面对因网络效应而产生的进入壁垒，可以试图利用不同平台用户重叠部分的买方多属行为，建立与目标平台有类似功能的平台从而收获网络效应。基于平台多属性实施的平台界面复制性扩张，是平台扩张的重要路径之一。例如，“美团”与“滴滴”大战打车市场和外卖市场，就是因为两方平台存在用户端的高度重合性，多数用户会同时使用这两个平台界面。所以，两方平台都想借助用户的多属行为进入对方的行业市场，进一步撬动两个平台重叠用户的多属行为，收获网络效应收益，实现平台封包战略。

3. 平台的协同性

平台是促进生产者和消费者进行互动的商业基础设施，这两种类型的参与者使用平台进行相互联系与交换、交易，在平台上一起进行核心互动，为平台创造价值。随着时间的推移，参与者在平台上的交互实现协同效应、交互效率和效益提升的同时，沉淀在平台上的数据、要素与价值会提高平台的能力、提升平台的吸引力，促使更多的外部参与者进入平台。参与者相互协同的结果使个体获益，整体加强，共同发展。例如，微软和苹果的操作系统对比，微软的操作系统尽管不如苹果的优雅美观，但却开放给开发者，并授权给计算机制造商。微软的开放平台创造出了海量创新，促使了微软在个人电脑市场份额占有量上远远超过苹果。这就是平台参与者通过协同创新产生的共同发展的作用。又如，在海尔的产业平台上，供应商以模块化的方式并列于产业平台的子平台界面上，与产业平台的其他资源一起协同，如生产模块资源、研发模块资源和资金模块资源等。多类资源在产业平台上的协同可共同满足用户需求，通过协同能精准、高效、低成本地满足用户的个性化需求。

（二）平台的功能

1. 提升效率的杠杆功能

企业作为追求利润最大化的经济运行单元，力图满足用户多元化需求的同时降低运行成本，在快速匹配用户需求迭代的同时需要提高运行效率。而平台在企业内部管理和外部运营的应用，可助力企业整合资源、降低成本和提升效率。作为业务界面和组织结构的平台，能够提升企业整合自有资源的效率，起到组织边界之内资源整合的杠杆作用。平台业务界面和组织结构以模块化方式划分业务功能和组织功能，基于不同模块的拼凑和整合，能利用有限的资源生产大量的衍生产品或是满足不同用户需求的产品系列，以提高产品开发的效率和增加产品特征设计的灵活性。其中，模块的共享是平台发挥杠杆作用的基础；作为商业模式和战略布局的平台，能够提升引入稀缺资源的效率，对企业从边界外部整合资源起到杠杆作用。平台运营者可以利用平台上凝聚的多个用户群资源的积极网络外部性，凭借已有的用户资源撬动更多的跨平台边界的用户资源，还可以撬动未有资源进入平台，即吸引外部利益相关者、业务合作企业搭载在平台界面上，从而丰富平台的资源池。外部资源的进入能够为平台运营方原有业务带来知识资本、用户资源等利益，提高平台运营方原有业务的运营效率。

2. 构筑强大商业模式的功能

平台的运营方通过连接与聚合多方利益相关者，从而扩大用户规模和增强用户关系密度来创造网络效应并从中获利，因此，其商业模式显现了强大的盈利能力。例如，亚马逊的 Kindle 阅读器将书籍销售商和读者联系在一起，微软的 Windows 操作系统为成千上万个程序开发商提供大展才能的平台，以及苹果的 APP 应用商店、安卓的开放式系统，致力于实现供需的精准匹配。平台模式改变了传统行业靠买卖赚差价的盈利方式，以及上下游博弈的恶性竞争关系。尤其是互联网技术出现后，网络平台更是以其低成本聚集分散用户的绝对优势，利用网络增值效应，调动供应方的积极性，带来用户的黏性以及“赢者通吃”的竞争优势。平台商业模式在产业联合中的应用，更是为产业集聚突破了时空限制，其跨边界连接消费者、经销商、生产商和供应商形成的数据驱动的协调社会分工的商业智能体系，为实现产业层面创新和盈利创造了无限可能。

3. 实现创新的战略功能

纪婷琪等（2015）对海尔基于平台的用户创新活动进行了探究，认为在用户创新活动中，平台能够提供的机制是构建网络化结构，使责任节点直面碎片化市场需求并整合碎片化的市场需求；为小微直接创造用户需求提供优于社会的资源支持；不断整合内外部资源满足小微运行需要，使小微不断产生和加入。这说明基于平台产生的战略创新已在传统企业转型升级过程中得以成功运用。在互联网时代，平台经济能够作为新的经济助推器，是因为平台经济带来了三大动力：新基础设施（云+网+端）、新生产要素（数据）和新结构（大规模社会化协作）。这三大动力源泉都可以被“平台”所具化，也正是产业平台所要打造的三大要素。平台通过商业基础设施实现的全链数据化和大规模社会化协作，为实现创新奠定了基础。以社会网络理论的视角分析，平台连接各方利益相关者形成的社会网络关系，能够为平台搭载者带来弱关系连接，有利于不同群体间信息的非重复性传递和隐性知识的传播和分享，从而有利于创新的实现。

三、平台的分类与演变

（一）平台的分类

对平台的分类认识，可以依据不同分类标准产生多种分类方法。根据本书研究目的和研究内容的需要，本节只关注以企业边界为划分标准形成的内部平台和外部平台，以及根据平台所连接的群体边数不同形成的双边平台和多边平台的分类。

1. 内部平台与外部平台

以企业边界为划分标准，存在内部平台和外部平台两种类型。Gawer（2014）指出，平台有两种主要形式：内部或特定于公司的平台，外部或行业范围的平台。内部（公司或产品）平台被定义为以共同结构组织起来的一组资产，公司可以从中有效地开发和生产一系列衍生产品。外部平台（产业平台）被定义为由一家或多家公司开发的产品、服务或技术，并以此为基础，让更多的公司以特定产品、相关服务或组件技术的形式进一步构建互补创新。从 Gawer（2014）对内外部平台的界定可以看出，两者的相同之处是为共享提供了基础的通用组件或技术，但不同之处在于此共享基础的开放性。外部平台相对于内部平台的开放性不同体现在两个方面：一是可共享基础组件的来源是否跨越组织边界。对内部平台来说，平台的模块化组件是来自组织边界之内的，是平台主自己构建的平台架构基础模块。而外部平台的共享基础模块可以来自组织边界之外，可以是外部企业提供的。二是基础模块可以共享的范围开放度不同。这个开放度是相对的，本书认为，这个开放度的相对标准是产业边界，具体地说是，基于基础模块共享实现的产品和服务与平台原有产品和服务的相关性是否跨越产业边界。跨越产业边界的共享是为了实现产业层面的创新，为生态系统奠定繁衍的基础。Gawer 和 Cusumano（2008）

曾指出，并不是所有的产品、服务或技术都能成为产业平台，其要在其他产业范围内发挥基础共享作用并说服其他公司采用，必须执行对更广泛的技术、产品和服务系统必不可少的功能，以及为许多公司和行业用户解决业务问题。

2. 双边平台与多边平台

在平台分类中，较为重要的一种类别是双边平台和多边平台。根据前述分析，我们知道平台是一种市场交易场所，也是一种市场交易机制。它通过向供需双方收取一定的中介费用而撮合供需之间的交易，则供需方的数量不同形成了不同边的平台市场。起初，Armstrong、Rochet 和 Tirole 分别从网络外部性和价格结构特征等方面对双边市场进行了定义。对于双边平台的认识，最常用的途径是诸如跨边或间接网络效应的重要作用，还有一种可替代的界定是聚焦于由平台设定的价格结构是否不中性（即双边的费用分配是否与总交易有关）。然而，这两种界定都具有局限性。我们认为，在最根本的层面上，多边平台有两个关键的超越其他要求的特征（如间接网络效应或非中立费用）：它们可以实现两个或多个不同侧面之间的直接交互；每一个侧面均隶属于该平台。一般来说，直接交互意指两个或更多的不同侧面对交互关键项目保持控制，而不是中介控制这些项目。隶属意指每边用户有意识地进行能使它们直接与彼此交互的特定平台投资。双边平台与多边平台的区别体现在：双边平台所连接的外部两边主体之间是没有交互的，它们分别与平台之间作用。而多边平台不是这样的，多边平台所连接的外部多边主体之间是有交互的，它们与平台主体相当于许多散布在商业生态空间内的节点，所有节点都有连接的可能性，两个节点以及多个节点之间，都存在连接的可能性，所以能够构成的连接就有几何级数的增长，类似于排列组合的计算，这为创新带来了无限可能。双边平台与多边平台分别如图 3－1 和图 3－2 所示。基于社会网络理论视角中的结构洞理论认为，平台连接双边而双边之间不连接的状态有利于平台运营方构建结构洞的优势位置，占据信息流、知识流或资源流的优势位置从而产生利润来源。然而，在多边平台架构中的多边之间可连接的描述似乎背离了结构洞理论，其实不然。因为多边平台的连接不是为了获得独占性位置和垄断性资源，不是基于独特而获得竞争优势。从战略竞争理论到竞合理论的转变背景下，多边平台是为了搭建合作关系，是为了将平台界面升级为产业平台，将平台网络升级为平台系统，即平台型商业生态系统。在平台型商业生态系统中，多边连接才有可能建立多种生态链条，实现多条价值链上的价值转移和增值。从另一个角度来讲，结构洞理论的桎梏为多边平台系统的优化提供了思路，即平台运营方要在多边间可联系的基础上，将产业平台的模块嵌入到多边间的业务链条和价值链条中，基于多边间的联系再次构建结构洞，重塑平台的独特位置，形成平台价值。

图 3 - 1　双边平台

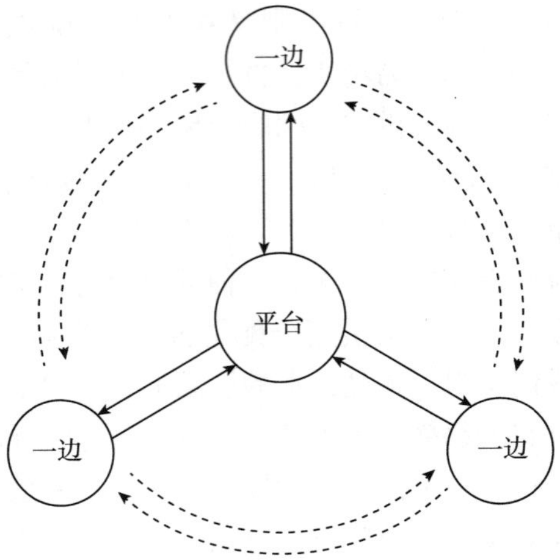

图 3 - 2　多边平台

（二）平台的演变

平台的发展是具有动态性的，随着平台模式在不同领域和行业的应用性加强，以及平台参与者的互补性、兼容性、协同性的加强，平台在不断演化和升级。

1. 单平台界面的功能演变

单平台界面功能演变是指平台的功能从产品平台到交易平台，再到产业平台的演化。产品平台是最早出现的一类平台，主要服务于产品的研发过程与生产过程，通过区分产品研发与生产中的共性模块与差异化模块，对差异化模块实行开放的第三方接入，实现产品线的丰富。通过产品平台实现的是供应链的上游资源的整合，是模块化制造环节的资源使其并存于平台界面上①交易平台的出现，主要服务于产品的流通环节，是通过虚拟的平台界面建立起虚拟市场空间，能够跨越时空的隔绝，大大方便产品的流通。②交易平台实现的是对买卖的直接连接，是对供应链下游资源的整合。③通过模块化基础服务功能，使其有利于服务与产品的买卖过程。④例如，物流、支付等功能。当企业共同拥有产品平台和交易平台时，也就是搭建起了跨越全供应链各个环节的平台界面，这时的平台界面升级为产业平台。能够从产业层面整合多方资源，实现对供需的全方位连接。从不同时代商业实践发展的脉络来看，在产品经济时代，学者们从产品族创新的实践中提炼出了产品平台的功能；在互联网经济时代，学者们从大量的互联网交易和服务平台中提炼出了交易平台的功能；而在平台经济时代，随着平台从互联网领域到工业领域的应用，学者们从产业融合的实践中提炼出了产业平台的功能。另外，我们还可以将单平台界面功能的演变聚焦于某一个平台成长扩张的过程来审视其变化，即分析一个交易平台或是产品平台是如何成长为一个产业平台的，这也是本书的研究问题之一。本书认为，产品平台或交易平台经历着升级为产业平台的变化。

2. 多平台界面的关系演变

平台演化的另一类路径是平台寄生、平台共生、平台衍生和平台聚合。平台寄生是指一类平台长期或暂时必须依赖于其他平台的存在而存续，并从这些平台之中获取相关利益的平台关系。例如，很多金融平台在初创期就采用了寄生在电信平台上以获得生存空间，它们利用电信业务平台的营销活动引入用户资源。平台共生是指一种相互依赖并相互依存的平台关系。平台共生的前提条件是两个或多个平台之间存在同质或异质性的专业功能及相关市场需求。例如，银行卡平台同业间的联合发展，实现了不同银行卡平台的网络效应共享和基础设备、服务的共享，为持卡人创造便利的同时实现共赢局面。平台衍生是指由于平台自身发展而产生一些新平台的过程。这些新平台可能独立在母平台之外存在，也可能继续依附于母平台的强大影响力而存在。例如，“淘宝”平台上的“支付宝”功能从初设到发展壮大，就是一个从母平台上衍生和分离的过程实例。平台聚合体现单平台界面向多平台界面发展的平台包络模式，有横向和纵向两个方向。蔡宁等（2015）认为，平台前向包络是指将原本不属于平台的互补品纳入进来，后向包络是指将为平台提供组件服务的供应商纳入进来。横向平台包络是指基于共同的用户基础，向其他平台市场的包络。他们指出平台的纵向包络与传统企业一体化的扩张战略有较为相似的发展逻辑，但平台的横向包络才是颠覆整个行业的路径，是基于用户重叠的基础，进入与原平台毫不相关的市场的竞争性扩张路径。而本书认为，即便平台界面基于产业链向前或向后的包络看似与传统企业的一体化类似，但其战略目标截然不同。在平台生态化的背景下，平台包络或聚合是为了实现最终的生态系统战略布局。原本占据产业链上游的平台界面要向下游连接供应链B端，而原本占据产业链下游的平台界面要向上游连接用户C端，都是基于全链连接与数据化并以此作为优势资源，向跨行业、跨产业辐射，最终引入跨行业外部资源，实现产业融合。

通过以上平台界面演化的介绍可知，单平台界面的演化路径是沿着供应链演进的，从局部供应链的连接到全部供应链的连接，甚至是跨供应链的产业层的连接；多平台界面之间的演化关系无论是从一到多，还是从多到一，都是朝着更强大、更繁盛的方向发展，这正是平台生态化的趋势。将单平台界面演化和多平台界面演化综合分析，我们发现，单平台界面演化是涉及平台业务内容和平台组织结构的演化，而多平台界面是基于平台的聚合，实现与其他平台界面的关系整合，从而塑造新的商业生态系统主导架构，是平台企业的战略布局安排。所以，本书将平台演化梳理为基于业务平台和组织平台实现的战略平台布局，如图3－3所示。

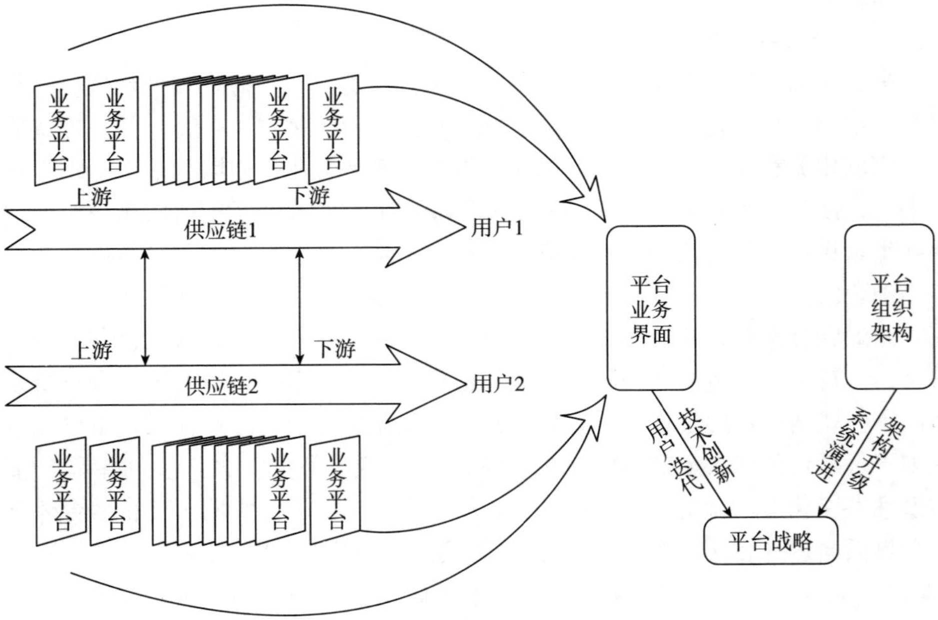

图3－3　平台演化

第二节　平台企业、互联网企业及互联网平台企业

一、平台企业的内涵

2016年，全球企业中心（CGE）的新报告调查确定了全球市值达到或超过10亿美元的平台型企业共176家。有些平台型企业已经家喻户晓，例如，Amazon、Uber、阿里巴巴，还有很多大型平台型企业分布在各个领域，并不为人所知。而在中国经济迅速发展的今天，平台企业的崛起成为促进经济增长的新动

力。2016 年 3 月 21 日，阿里巴巴集团 2016 财年电商交易额（GMV）突破 3 万亿元人民币，成为平台经济发展的一个里程碑。随着平台的广泛应用为商业提供了更多的选择和创造空间，平台企业借助平台巧妙地将生产和消费两端、产品和服务两个环节有机结合起来，不断实现商业模式创新、技术创新、组织结构创新以及价值增值活动的创新。全球企业中心创始人兼董事长、IBM 前董事长兼首席执行官彭明盛（Sam Palmisano）表示："平台对经济做出了重要贡献，像'优步'这样的平台企业在七年内便拓展至67 个国家，而 IBM 却花了足足50 年的时间。"可见，从事搭建平台和运营平台的平台企业在商业实践中已成为佼佼者。

（一）平台企业的概念

Stabell 和 Fjeldstad（1998）将平台视为能为企业创造价值的一种资产，并将拥有平台这一特殊资源的企业称为平台企业。Roson（2005）认为，平台企业的出现冲破了买卖双方在时间和空间上的限制，是组织形式的伟大变革。需要强调的是，平台企业只是为基于平台的企业创新提供了平台，这种创新不限于平台企业是否参与实际创新活动，也可以是不包括平台企业的其他企业在平台上进行创新。丁宏和梁洪基（2014）认为，平台企业应该具备三个特征：拥有可共享的基础技术或产品能够为众多参与方所应用，拥有凝聚力的核心价值和目标能够被众多参与方所信奉，拥有网络效应及补充产品与服务的增长能够为众多参与方持续创造价值。Evans 通过研究基于交易平台的平台企业，将其分为三类：市场制造者（Market Makers），其为撮合供需提供便利而获得收益，包括提供搜索工具、支付工具等；受众制造者（Audience Makers），其以免费甚至补贴的方式吸引一方的受众参与到平台，以此吸引另一方的付费行为而获得收益；需求协调者（Demand Coordinators），其能在两组或多组用户间产生（正的）交叉网络效应，使多方用户在平台上实现相互需求，例如，电脑操作系统、银行卡支付系统和移动通信增值业务等。

我们知道，平台区别于一般市场的地方是它具有有利益诉求的主体，不单纯是交易与交换的空间环境，而是在一定程度上以追求利润最大化为目标的营利性主体。所以，平台背后的主体即平台企业是分析平台盈利性行为的主要对象。结合以上学者对平台企业的界定，本书认为平台企业是为了满足需求各不相同而又相互依赖的不同用户群体（包括传统的消费者，还包括供应商用户和被孵化用户）间的交互连接，为用户提供由硬件、软件、管理服务体系、政策规则体系以及交互界面等构成的基础架构的提供商和运营者。也就是说，它们是基于对平台参与者需求的满足而获得利润来源、价值创新和竞争优势。

从狭义上来看，界定平台企业的一个核心问题是：平台是一种网络关系，企业提供的是网络底层技术和基础，而并非是与产品相关的方案。平台型企业不参与核心价值的创造，但连接核心价值的创造者和用户两端，相当于中间商。耳熟能详的阿里巴巴、京东、亚马逊是典型的中间商，是平台型企业。然而。由于平台模式对资源整合和活化的优势被商界一致认可，出现了诸多传统的价值链企业向平台型企业转型。例如，富士康集团向平台型企业转型，建立了一个强大的HUB中心，能迅速响应客户的需求，可以替代客户进行前端采购，当越来越多的环节集中到富士康手中时，通过模块化与柔性制造技术，富士康品牌商们可以在富士康企业内获得各种产品解决方案。按照狭义的平台企业的鉴定标准，即“平台企业本身不参与价值创造，只是作为中介连接价值创造者”的标准去判断海尔的平台化转型，或许会认为海尔是伪平台企业，但是本书认为，应使用更宽泛的判断依据去审视传统的价值链企业的平台转型过程，尤其是在“互联网+”背景下，平台模式与传统工业融合的过程，是一个渐进的趋近过程，传统企业在试图从平台组织、平台模式的维度塑造平台战略，逐渐从原有业务体系中独立出来，成为产品生产解决方案的提供商。海尔打破内部的科层组织体系，将内部的职能部门市场化，推向组织边界之外成为企业平台上的小微，正是在逐步调整自己的管理体系和运营体系向平台架构转型。原来的商业巨轮正逐渐剥离原来隶属于自己的“五脏六腑”，成为轻资产的中介平台，从其发展方向的本质来看，在其平台生态化战略的指导下，其组织架构是平台型组织，商业模式以平台业务为单元向平台模式转型，因而在本书的研究中，将海尔这类由传统企业向平台企业转型的企业也界定为平台企业。相应地，这类企业还有韩都衣舍、酷特云蓝等，都在本书的研究范围内。

（二）平台企业与传统企业的区别

我们先以酒店行业内的平台企业和传统企业为例，对比它们的运营模式和收益情况，说明平台模式的显著优越性。酒店行业内的传统企业，如希尔顿、万豪酒店，为了追求业绩的增长，不得不增加房间数量、利用已有的品牌给顾客提供预定销售服务。这意味着酒店需要持续寻觅有前景的商业地块，用现有的资产投资或建设新酒店，同时还要花费更多的费用来维护、升级、扩大和提升已有的资产。相对而言，虽然新型的平台型酒店企业爱彼迎的业务与希尔顿、万豪相同，但它在平台模式上使用了互联网技术与思维，利用定价预订系统让顾客能查看、预订并支付需要的房间。爱彼迎将平台模式运用到了酒店业务：虽然爱彼迎不拥有任何房间，但却创造性地运营了一个允许每个人直接向顾客提供房间的平台。作为回报，爱彼迎对平台上的每一次租房交易收取9%～15%的佣金。这意味着，爱彼迎的增长会远比传统酒店迅速，因为它的增长不再受限于资金使用和固定资产管理。它能迅速增加资产“存量”，只要它能让有空置房间的房东注册房源。结果是在短短几年里，爱彼迎达到了传统酒店经营者要冒着风险辛辛苦苦经营数十年才能达到的规模和市值。除了爱彼迎这家平台型酒店企业之外，还有亚朵酒店采用平台商业模式实现了服务企业的开放式创新。亚朵酒店区别于传统酒店围绕实体空间提供服务和实现盈利的地方是，它采用平台商业模式实现了“基于实体空间功能的边界开放”和“基于顾客生活方式的边界开放”。亚朵酒店依托酒店这一运营平台与其他行业的“IP”相结合，形成了围绕吴晓波频道社群用户的亚朵吴酒店、戏剧主题的 The Drama 酒店、跨界新零售的网易严选酒店、与网易云音乐合作的睡音乐酒店等 IP 酒店，并打造了“所用即所购”的“体验式营销”场景电商平台。其未来还将与美食、体育、经济等多个领域融合，进一步将酒店服务产品化。亚朵酒店自 2013 年成立到 2017 年，已成为国内成长速度最快的酒店，目前已完成 3 轮融资。爱彼迎和亚朵的模式都是来用平台模式扩张发展以打败传统企业发展模式的典型案例。从这组案例对比中，我们已可以窥探平台企业与传统企业有诸多区别，本书将其区别做了简要梳理如下。

1. 组织边界与开放度的区别

相对于传统企业而言，平台企业具有更显著的开放性和成长性，它们通过拓展虚拟经营空间、跨界叠加运营空间等模式将企业边界推向更大化。传统企业的边界选择多数是基于资源基础观理论和交易成本理论，在能力与资源的溢出性和成本费用的考量中权衡企业边界，选择扩张范围。对于平台企业而言，由于平台的网络效应存在，因此，其需要能动地、预先地吸引用户资源参与到平台上，从而引爆网络效应。例如，YouTube 在初创时，先要突破如何吸引足够多的人上传视频、观看视频等问题，一旦越过用户数量的临界点（A Critical Mass Problem）这无形之墙，平台才得以起飞。所以，对平台型企业的边界建设要在资源基础观和交易成本理论的基础上，考量网络效应。平台企业的边界相对于传统企业更加模糊，不断开放边界来聚合平台的参与者。并且相对于传统企业是单向上下游开放边界而言，平台企业需要连接供需双边，其边界是以用户需求为导向对跨行业和跨产业的开放。

2. 价值创造方式的区别

大多数传统企业的价值创造系统是通过价值链条，单向、逐环节创造和传递的，供应商在价值链条的一端，而顾客在另一端。首先，公司设计产品或服务，并制造产品；其次，投入市场进行销售或交付服务；最后，用户出现并购买产品或服务，形成单向的简单的价值链。而平台企业的价值创造和流转系统是由供应商、顾客以及平台本身共同参与的多边的价值网络。在平台企业内部，不同的用户（供应商、顾客以及其他利益相关者）利用平台的资源与其他人进行连接和互动，在这个过程中，他们交换、消费，并共同创造了某些价值。区别于从供应商到顾客的单向流动，价值在不同的地点以不同的形式被创造、改变、交换和使用，所有这些都基于平台的基础在连接中实现。传统企业的价值流转方式和平台企业的价值交互网络，如图3－4和图3－5所示。平台企业之所以能打败传统企业，就是因为它利用平台开发了价值创造的新来源。平台企业为用户提供的价值不再是产品经济时代的使用价值，也不再是简单的基于服务的附加价值。而是基于连接的价值网络所传递的服务价值。通过价值网络的连接性，每一种连接都是一条价值链，多条价值链交错，就出现了多种资源组合和价值存在形态，最终，平台企业实现的价值创造是一种空间价值，是多链价值的组合。

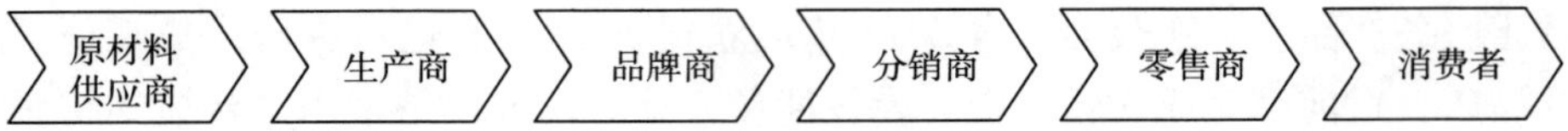

图3－4　传统企业的价值流转方式

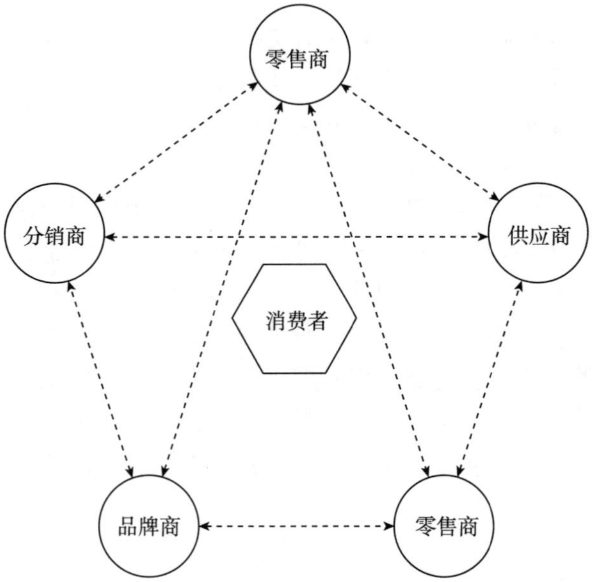

图3－5　平台型企业的价值交互网络

3. 管理与治理模式的区别

传统企业的管理模式是对领导层级赋权，通过人治与制度来调动员工的工作积极性，按照组织或是上级的意愿来诠释用户的需求，或是采用授权赋能的模式，基于科层制组织调动员工的主观能动性。以赋能为目的的授权，虽然提高了组织效率，但仍然是组织行为中的领导行为选择。而平台型企业的管理模式是在用户需求驱动下的组织赋能、平台赋能以及发展到生态态势时的生态赋能。平台企业以自有资源和能力，赋予基层员工更多的责权利，使其面对市场需求和供应链供给时能够具有调动和整合组织资源的权利，形成供需之间的直接连接。组织成为资源和能力积聚的空间，组织成员可以利用组织提供的生产和服务条件直接对接用户需求，调用组织空间内的资源和能力实现用户需求。当资源和能力的积聚空间扩大为平台与生态时，平台企业将采用平台赋能和生态赋能的模式，将优势资源和能力辐射到更多的平台参与企业。传统企业的治理模式集中于“两权三层”，而平台企业的治理范围更大，是平台的多个参与者角色的治理，随着平台生态化的发展，平台企业作为生态系统的核心企业，更是担负着商业生态系统的治理责任。在没有科层权威的情况下，平台企业如何协调好与生态系统参与者的利益关系，是平台企业治理的重要战略任务。类比自然生态系统的自组织进化，形成在用户需求驱动下的多价值创造节点的自组织协同，是平台企业对商业生态系统治理的思路。自组织是平台治理的最高级形式，也是平台治理的终极目标。

二、互联网企业的概念

在没有提出“互联网＋”这一概念之前，互联网企业均是互联网行业内的企业，并且界定存在广义和狭义之分。广义的互联网企业是指以计算机网络技术为基础，利用网络平台提供服务并因此获得收入的企业。按照网络企业间的协作关系，可以将广义的互联网企业分成三类：第一类，基础层互联网企业。主要是以提供网络设备、通信环境、接入服务等网络运营所必需的基础设施为主，基础层互联网企业是整个互联网产业的基础，提供了网络运营的大环境。这类互联网企业包括基础网络设备提供商，如思科、华为等；电信网络运营提供商，如中国电信、中国网通等；宽带接入服务提供商，如长城宽带、歌华宽带等。第二类，服务层互联网企业。这类互联网企业主要从事网络应用设施的生产和开发，提供技术服务、技术咨询、技术创新等服务，其产品是网络软件、网站开发等，例如，微软（Microsoft）、IBM 以及我国的青鸟天桥、神州数码等都属于这类互联网企业。第三类，终端层互联网企业。这类企业主要是基于互联网平台，提供相关的免费及增值信息服务的公司，它们的主要经营模式是通过建立网站，提供网络接入、搜索引擎、门户站点、电子商务等众多业务，以吸引大量用户（访问者），从而获得巨大商机，例如，雅虎、亚马逊以及我国的淘宝、搜狐、新浪、百度等。狭义的互联网企业则是指在互联网上注册域名，建立网站，利用互联网进行各种商务活动的企业，也即上面所述的第三类企业——终端层互联网企业。这些互联网企业所从事的商务活动主要包括通过互联网进行商品采购和销售，通过互联网对实体企业进行宣传和对其他产品进行网上营销，通过互联网向特定顾客提供信息服务，通过互联网向上网的人们提供虚拟的社区服务，例如，聊天、讨论、交友、游戏等。

然而，随着"互联网+"概念的提出，互联网思维与技术被迅速推广到各个传统产业。"互联网+"代表一种新的社会形态，即充分发挥互联网在社会资源配置中的优化和集成作用，将互联网的创新成果深度融合于经济、社会各领域之中，提升全社会的创新力和生产力，形成更广泛的以互联网为基础设施和实现工具的经济发展新形态。"互联网+"的核心指向互联网技术深入行业，推动产业实现互联交错，即利用信息通信技术或数据处理技术等互联网信息技术，实现互联网与传统产业的联合，以优化生产要素、更新业务体系、重构商业模式等途径完成经济转型和升级。2016年，腾讯研究院使用全网数据编制了中国"互联网+"指数，现实地反映了"互联网+"对中国经济和人民生活的影响力。"互联网+"模式已从全面应用到第三产业，形成诸如互联网金融、互联网交通、互联网医疗、互联网教育等新业态，逐渐向第一和第二产业渗透。工业互联网正在从消费品工业逐渐向装备制造和能源、新材料等工业领域渗透，全面推动传统工业生产方式的转变；与此同时，农业互联网也在从电子商务等网络销售环节向生产领域渗透，基于农产品电商平台的农产品供应链整合，逐渐打造农村电商生态系统。

因此，本书认为，界定互联网企业的逻辑基于两个方面：要么是传统互联网产业中的企业，即原生互联网企业；要么是从"互联网+传统产业"中衍生出来的互联网企业。具体地讲，需要考虑以下三个维度：首先，要有成规模的互联网业务。如果互联网业务基本规模都没有，那就根本无从谈起。其次，互联网业务是主要盈利来源，这是反映其互联网属性的重要指标。最后，互联网属性的业务收入要呈现出快速增长特征。

三、互联网平台企业的概念

王节祥（2016）认为，互联网平台企业是借助互联网技术，通过搭建基础区块促进双边用户的交易和创新活动或提升其效率的组织。事实上，平台不仅可以向双边用户开放，还可以向多边用户开放，平台可以促进产品研发活动、交易活动以及产业领域的资源整合与创新。所以，本书给出的互联网平台企业的界定是：互联网平台企业是借助互联网技术、思维和模式，通过搭建商业基础设施（技术平台界面、业务支持功能、组织共享结构等）并开放接口，以最大程度地连接资源、提升资源配置效率为目的，实现促进平台本身壮大以及搭载用户的交易交互、产品研发、产业融合和创新活动的平台运营商。对互联网平台企业来说，最终是要实现靠互联网业务来盈利的，因此，其是基于互联网业务提供平台运营服务的，而不是一家制造商。本书对互联网平台企业的界定，整合了前文所述的互联网企业的界定和平台企业的界定，用以描述商业场景中的新型企业类型，也用以缩小本书的研究范围和研究对象。

目前，传统的互联网公司，多数都是以平台模式发展的公司，平台化的发展模式体现在其商业模式的创新上或组织结构的变革上。而传统的智能制造企业，也在新一轮的“万物互联”背景下，为自身的战略布局插上了“互联网化”和“平台化”的双翼。互联网思维与平台思维的联姻力量不容小觑。正如索尼的前董事长出井伸之所言：“新一代基于互联网DNA企业的核心能力，在于利用新模式和新技术更加贴近消费者、深刻理解需求、高效分析信息并做出预判，所有传统的产品公司都只能沦为这种新型用户平台级公司的附庸，其衰落的趋势不是管理能扭转的。”事实上，平台模式由来已久，但直到互联网的出现和普及，它才具有了全新的规模、内涵和影响力。所以说，互联网平台企业融合了互联网模式和平台模式，放大了两者的优势效应，产生了传统平台企业不能企及的业绩。

第三节 互联网平台企业的特征和分类

一、互联网平台企业的特征

（一）盈利模式方面

互联网平台企业的盈利，是基于平台界面的使用者之间的关系网络，在供需的匹配耦合中寻找盈利机会与价值共创机会，颠覆了传统的基于价值链的线性价值增值方式。互联网平台企业利用网络效应和长尾效应，通过用户积聚以及对用户需求的精准识别和用户数据的沉淀挖掘，能够将供需高效匹配对接，从而提供强大的产品或服务；通过平台架构打破组织边界与组织层级来实现活化雇员与用户需求的直接交互，从而提供更高效的产品与服务获取方式，增加用户黏性。互联网平台企业对B端的吸引和黏合，是为其平台型商业生态系统导流，这是其盈利模式设计的起点，但不是落脚点。最终，互联网平台企业是要通过产业平台界面的共享，实现对产业范围内的B端接入。其产业平台界面的基础模块提供的接入口，才是其在商业生态系统内构件结构洞位置并实现盈利的渠道。与此同时，对互联网平台企业的盈利分析，传统的财务分析方法已不再适用。顾客价值、共赢损益等要素的计量分析，更能真实地反映出互联网平台公司的资产情况与收益情况。

（二）价值创造方面

平台型商业生态系统情境下的新价值形态创造，是互联网平台企业超越传统企业以后要解决的核心问题。首先，互联网平台企业提供的新价值形态是基于多条价值链和价值界面形成的空间价值形态，其形成依赖于工业互联网平台连接利益相关者并创造多价值链条。多价值链条组成的价值网络中，“消费者、被孵化企业和供应商”三个维度与“产业平台”一个平面构成的价值空间即互联网平台企业的新价值形态。在产品经济时代，企业基于价值链整合创造物化的使用价值；在互联网经济时代，企业基于社群交互创造被感知的使用价值；而在平台经济时代，企业基于平台网络创造有服务的网络价值。平台企业连接平台的众多参与者形成的业务网络，为参与者提供解决方案的服务，而以业务网络为载体的价值网络，为参与者共享网络价值。价值形态迭代，驱动互联网平台企业更新价值创造的方式和路径，即如何重塑价值流转的路径和重塑价值增值的可能性等问题。这也是本书研究要探索的问题，将在后续研究中展开分析。

（三）核心竞争力方面

互联网平台企业的核心竞争力除了依靠传统的产品和服务的优势以外，在成长初期主要来源于用户规模，而且是超过临界点的用户规模；在成熟期主要来源于平台企业与平台搭载企业建立起来的弱关系。所以，对互联网平台企业的成长初期来说，向平台引流是重要的战略任务。用户流量能使平台界面产生同边网络效应和跨边网络效应，从需求端的打造过渡到供给端的打造，这与传统企业打造供应链优势的方式是有区别的，是根据用户需求倒逼供应端提升；在互联网平台企业发展的成熟期，网络效应达到相对最大化以后，已有的用户数据沉淀、用户黏性和供应链优势吸引平台搭载企业进入平台网络。进入平台网络的异质性、跨产业的搭载企业越多，平台网络内的信息流和资源流就越丰富和异质，这为平台网络的价值创新奠定了基础，也是平台企业的竞争力来源，以及进一步扩大和优化平台网络的优势支点。

二、互联网平台企业的分类

追溯互联网平台企业的发展脉络，从只有单纯的互联网企业或是平台企业，到出现互联网与平台融合发展的互联网平台企业。我们可以梳理出现今的互联网平台企业的来源有三个方面：一是来源于传统互联网产业中的一部分互联网企业采用平台模式发展为互联网平台企业。其中，有终端层互联网企业类别中的BAT，它们在交易领域或是信息服务领域分别采用了平台模式运营核心业务，还有互联网产业内的基础设施搭建企业，如华为、航天网等。二是来源于传统工业企业的互联网平台化转型，如标准化程度较高的白电制造企业、服装制造企业，它们利用智能制造的平台化模式转型为互联网平台企业，这一类互联网平台企业已经被工信部明确界定为工业互联网平台企业。三是来源于传统产业中的农业或服务业与互联网、平台的联姻。例如，金融行业中出现的采用线上平台运营的互联网金融企业等。鉴于对互联网平台企业来源的梳理，本书将互联网平台企业划分为三种类型：工业互联网平台企业、交易互联网平台企业和应用服务互联网平台企业。其中，工业互联网平台企业是指以工业互联网平台为商业架构的平台运营商，它们主要来源于制造领域，是传统制造业转型升级的代表；交易互联网平台企业是指以交易互联网平台为商业架构的平台运营商，它们主要集中于流通领域；而应用服务互联网平台企业是指以应用服务平台为商业架构的平台运营商，应用服务平台包括两个方面：一方面是“互联网＋”应用服务平台，另一方面是传统互联网行业中的应用服务终端平台。

本书对互联网平台企业的分类缘由有以下几点：一是三类企业位于不同产业，或是供应链的不同环节。其中，工业互联网平台企业位于工业供应链的上游环节，即制造环节，以及互联网产业的上游环节，即网络基础设施提供环节；而交易互联网平台企业位于工业供应链的下游，即流通环节。它们是传统服务产业中交易中介企业的互联网平台化转型以及互联网产业中的原有互联网交易平台企业。而应用服务互联网平台企业涉及互联网产业下游企业中的服务层互联网企业和终端层互联网企业，还包括“互联网＋”所融合的传统农业企业和服务业企业。二是将工业供应链的上下游环节独立分类，特别是将交易互联网平台企业单独划分为一个类别，这是由于其在商业领域占据的比重较大，以较好的发展态势呈现出“线上”与“线下”的融合趋势，即平台生态化态势强劲。最典型的交易互联网平台企业就是阿里巴巴集团，在研究互联网平台企业的战略行为时，无疑要将它作为一个重要的研究样本。阿里巴巴集团在商业生态系统构建上是先行者，也展现了扑朔迷离的战略布局，所以有必要将这类互联网平台企业单独划分，并将其与工业互联网平台企业的商业生态系统进行同框研究。在商业实践中，“线上”与“线下”的纷争从未停息过，而本书认为，两者最终将统一于商业生态系统这一情景。因为，线上的互联网平台业务离不开对细分行业领域的深耕，而具体行业领域中的企业也离不开互联网平台化的运营手段。未来两者将围绕为消费者的生活场景提供全流程、全方位解决方案的主题展开竞争与合作。本书的核心研究内容与目的，也是出于对工业互联网平台企业和交易互联网平台企业生态化战略的探究，试图回答这两类“互联网＋”和“＋互联网”模式在商业生态情境下，是否可以从不同的起点发展到相似的终点。三是将工业互联网平台企业单独划分一类，是考虑到工信部对工业互联网平台的界定。2017 年 11 月，工业互联网产业联盟组织明确界定了工业互联网平台的概念，工业互联网平台是面向制造业数字化、网络化、智能化需求，构建基于海量数据采集、汇聚、分析的服务体系，支撑制造资源泛在连接、弹性供给、高效配置的工业云平台。相应地，本书认为工业互联网平台企业即是拥有并运营工业互联网平台的企业。四是将在工业互联网平台企业和交易互联网平台企业以外的各类互联网平台企业，都划分为了应用服务互联网平台企业。包括互联网金融平台企业、信息搜索类的互联网平台企业、教育类互联网平台企业、医疗类互联网平台企业等。它们在互联网平台企业的商业生态系统构建中处于起步状态，发展态势也不如前两者庞大，所以本书将其归纳为一个类别。也许未来，随着这个类别中的互联网平台企业的发展，这个类别还将会被分化或是细分。

综上所述，本书将互联网平台企业的类型、典型的代表企业、主要领域和来源等信息进行了梳理，以更好地呈现互联网平台企业的三个类别及其特征，见表3－3。

表3－3　互联网平台企业分类

类型	领域	案例	来源
工业互联网平台企业	智能制造领域为主	海尔、酷特、乐视等	传统制造业企业的转型升级，也即“互联网＋”与工业的跨界融合企业
交易互联网平台企业	交易流通领域为主	阿里巴巴、上海钢联、韩都衣舍等	流通领域中的交易平台，以及“互联网＋”交易中介的融合企业
应用服务互联网平台企业	互联网行业中的部分领域与服务行业中的“互联网＋”领域	小米、华为、苹果、百度、腾讯、美团等	传统互联网行业中的终端层互联网企业和服务层互联网企业； “互联网＋”与农业、服务业的跨界融合企业

第四节　互联网平台企业的发展现状

一、交易互联网平台企业的发展现状

交易互联网平台企业最初是以交易平台的运营为主营业务，例如，阿里巴巴运营淘宝、天猫等平台，京东运营京东商城平台，以及韩都衣舍运营建立在天猫

平台上的二级交易平台等。随着企业的成长和业务的扩张，不同的交易互联网平台企业，其市场业务范围扩张方向呈现出区别。有的交易互联网平台企业的市场定位宽泛，横向发展自己的平台业务。例如，阿里巴巴对平台业务的发展，横向捕捉用户需求，横向拓宽流量入口的幅度。从零售电商平台到金融平台，再到交通出行平台、外卖服务平台等，甚至涉足了体育产业平台业务；而有的交易互联网平台企业的市场定位精准，在垂直细分领域发展自己的平台业务。比如韩都衣舍电商集团的战略扩展，始终围绕大服饰品类发展自己的自有品牌、合作品牌，围绕用户的年龄、性别、着衣风格等区分用户对大服饰品类的需求，旗下拥有30多个产品品牌。前者的横向导流是为了不断跟进用户，增加用户黏性，防止用户从交易平台流失。对产业平台来说，下游的交易平台最重要的作用就是导流入口，这类发展横向流量的交易平台企业，用户资源是重要的优势资源。由于平台存在多属性，所以只有不断以横向的新平台黏合用户，才能有效防止用户流失，为后续的产业平台升级提供用户资源的保障，为平台生态化增加演化动力支撑。而后者作为垂直细分领域的交易平台，其生态化的进程是基于交易平台的纵向一体化发展，即从交易平台到产品平台的整合。纵向发展的交易互联网平台企业，是以用户资源撬动供应链资源进入到企业的资源池中，不断丰富优质的供应链资源并以此吸引新用户资源，借助交易平台和产品平台的互联互通，通过双边资源的交互以激发平台生态化发展的动力。

二、工业互联网平台企业的发展现状

工业互联网平台企业是传统的制造业企业和传统的基础层互联网企业应用信息通信技术和现代工业技术，以及应用平台组织模式和平台商业模式进行升级改造的企业。它们是工业互联网平台的提供商和运营商。工业互联网平台企业运营的工业互联网平台，能够进行海量数据的精准、实时、高效的采集，进行消费大数据和工业大数据的集成存储和深度挖掘分析，从而支撑制造资源的泛在连接和弹性供给，实现工业技术与经验、知识的模型化，从而提高资源的配置效率和满足用户需求的精准度。工业互联网平台企业依托工业互联网平台，在产业范围内成就了工业全要素的连接和工业资源的重新配置，形成资源富集、多方参与、合作共赢、协同演进的制造业新生态。在新一轮的全球产业竞争和工业企业转型升级竞争中，中国的工业互联网平台企业通过制造流程数字化和制造资源网络化，已经跻身于全球领先的位置。2017 年 10 月 30 日，国务院常务会议审议通过的《深化“互联网 + 先进制造业”发展工业互联网的指导意见》指出：工业互联网通过构建连接机器、物料、人、信息系统的基础网络，实现工业数据的全面感知、动态传输、实时分析，形成科学决策与智能控制，提高制造资源配置效率，这成为领军企业竞争的新赛道、全球产业布局的新方向、制造大国竞争的新焦点。

对于传统互联网行业中位于上游的基础层互联网企业来说，其业务范围包括云计算、数据管理、数据分析、数据采集与集成、边缘计算五类专业技术型业务。其中，云计算企业提供云计算基础资源能力及关键技术支持，典型企业如亚马逊、微软、Pivotal、Vmware、红帽等；数据管理企业，提供面向工业场景的对象存储、关系数据库、NoSQL 数据库等数据管理和存储的工具，典型企业如 Oracle、Apache、Splunk 等；数据分析企业，提供数据挖掘方法与工具，典型企业如 SAS、IBM、Tableau、Pentaho、PFN 等；数据采集与集成企业，为设备连接、多源异构数据的集成提供技术支持，典型企业如 Kepware、NI、博世、IBM 等；边缘计算企业，提供边缘层的数据预处理与轻量级数据分析能力，典型企业如华为、思科、英特尔、博世等。这些互联网行业中的传统企业，在互联网经济时代与移动互联网的发展趋势下，积极地布局移动终端市场，以移动终端设备作为切入 C 端市场的入口，连接到了大量用户资源。例如，亚马逊发展 Kindle 阅读器业务，而华为开展手机业务等。伴随着平台经济时代的来临，它们的业务布局也呈现出新的趋势：围绕用户需求的立体场景构建和围绕核心业务平台界面的平台网络构建。它们也在积极地将核心资源与能力作为构建平台型商业生态系统的共享基础，吸引跨行业和跨产业的被孵化企业共创新价值。例如，航天云网的 INDICS 平台汇聚超过 100 万家企业，并在此基础上提供供需对接、智能工厂改造、云制造和资源共享等服务，目前已为近千家行业用户提供线上服务；华为构建 OceanConnect 开发者社区，提供了 170 多种开放 API 和系列化 Agent，以及各类技术支持、营销支持和商业合作，在油气能源、生产与设备管理、车联网、智慧农业等领域吸引超过 80 个行业合作伙伴入驻。

三、应用服务互联网平台企业的发展现状

应用服务互联网平台企业，一方面包括传统互联网行业下游的服务层互联网企业和终端层互联网企业的平台化转型；另一方面涉及“互联网 +”农业行业企业与“互联网 +”服务业行业企业的跨界融合。其基于用户生活应用需求和互联网技术应用需求而开发出应用软件平台和硬件终端平台等。其中，应用软件平台包括在线金融平台、在线教育平台、在线医疗平台、在线餐饮服务平台等；硬件终端平台包括小米手机、华为手机这类产品平台。

应用硬件终端平台，在平台生态化的战略布局中，呈现了较为良好的发展态势，即利用其产品平台的资源整合经验和平台运营能力，通过平台汇聚产业上下游各环节资源，为产业内的其他企业提供供需对接、协同设计与制造等智能化应

用。以这个领域中最典型的代表企业“小米”的发展战略为例，小米在自己的MIUI操作系统和小米手机获得强劲市场反应后，也正值手机市场竞争的白热化之时，选择了以自己的核心资源和能力面向市场化孵化相关智能家居用品的生产制造。小米以自己的产品价值观颠覆传统的家居用品制造领域，抓住并解决用户的痛点，围绕手机及周边产品形成了一系列的智能家居产品体系。随后，小米自建交易平台，与其产品平台交互促进并发展成了能够面向市场孵化合作企业的产业平台，真正做到了以自己的核心价值观、产品研发能力、社群交互能力孵化跨行业或跨产业的企业，围绕用户的智能家居需求打造自己的商业丛林。

鉴于以上对交易互联网平台企业、工业互联网平台企业和应用服务互联网平台企业的发展现状分析，可见，各类互联网平台企业的战略布局均呈现出了平台生态化的趋势。在平台生态化的发展道路上，各类互联网平台企业表现出了不同的发展态势和路径并且在众多的成功企业背后，也难以掩盖诸多失败的案例。例如，在小米的商业生态繁衍生息之际，乐视的商业生态系统已经坍塌。对于互联网平台企业来说，如何实现从优秀的企业到优秀的平台，再到健康的商业生态系统的三级跳跃发展，是关乎它们生存和发展的重要战略布局。因此，互联网平台企业如何构建成熟的平台型商业生态系统，以及如何优化其平台型商业生态系统以实现健康地繁衍生息，成为本书的研究问题，这既是商业实践中迫切需要解答的疑惑，也是理论研究中亟待丰富的理论框架。在下文的研究中，将展开对此研究问题的分析和解决，旨在探究互联网平台企业商业生态系统的内部静态机理和演化机制，并以此作为理论框架，进一步探究互联网平台企业商业生态系统的关键问题和优化要素，并构建其优化机制、设计其优化方案。然而，本章对互联网平台企业及其发展现状的研究，明确了互联网平台企业的此案与平台型商业生态系统的彼岸之间的关系，也即明确了互联网平台企业商业生态系统构建的逻辑起点。

第四章　互联网平台企业商业生态系统的静态分析

第一节　互联网平台企业商业生态系统的概述

一、互联网平台企业商业生态系统的概念

商业生态系统概念的提出来源于生物学研究，是从生物学中的生态学角度建立的分析企业价值创造的新颖方法。其在管理学中的应用，最早由美国学者詹姆斯·摩尔提出。摩尔在其著作《竞争的衰亡》一书中，把商业生态系统定义为以组织和个人的相互作用为基础的经济联合体，其中存在一个领导型企业，它和其他成员一起探索整个经济联合体的发展道路。由于商业生态系统的概念来源于生物学中对自然生态系统认识的迁移，诸多学者将其比拟于自然生态系统来开展研究。Marco Iansiti 和 Ray Levien（2004）认为，与自然生态系统中的种群关系一样，商业生态系统中的成员企业始终要与整个系统共命运、共存亡。因此，本书对互联网平台企业商业生态系统的界定，也借鉴自然生态系统繁衍生息的逻辑、迁移自然生态系统的概念来阐释。

商业生态系统作为企业的一种战略布局，是时代的产物，在不同经济时代背景下应运而生。相应地，学者们也依据不同的时代主题，从商业情景中抽象出具化的要素维度来界定商业生态系统。Nambisan 和 Sawhney（2007）的概念界定强调包括架构、种群和其相互作用关系在内的重要构成要素。Shaker A Zahra 等（2012）则基于数字化和全球化的经济背景，立足于行业参与者之间的竞争关系考虑不同类型商业生态系统的战略布局。其研究雏形是典型的以产品平台为核心架构的商业生态系统，是从竞争视角审视产品与技术的创新和共享问题。钟宏志和刘振溪（2008）从流通和制造两个环节分视企业在资源、经营活动和市场上表

现出的价值创造和价值实现过程，将商业生态系统分为价值链网络型和市场联结型商业生态系统。其研究有意识地区分了以产品平台为架构的商业生态系统和以交易平台为架构的商业生态系统，分别关注了前者的价值与资源交互和共享的问题，以及后者的交易与交互的协同问题。然而，伴随着经济时代的变迁和商业情景的变革，在平台经济时代，制造业和服务业的划分越来越不清晰，未来的制造业一定是服务业，而未来的服务业也一定是制造业，未来的交易平台和产品平台也在相互融合形成新的产业平台形式。以产业平台为核心架构的互联网平台企业商业生态系统已经跃然纸上，并产生了其独特的商业逻辑和重要主题。因此，通识的对商业生态系统的界定已经不能阐释和回答当今时代的特定情景和特定问题，对互联网平台企业商业生态系统的概念内涵需要重新描述。

本书对互联网平台企业商业生态系统的内涵可以阐释为以下三个维度：

（1）互联网平台企业商业生态系统的实质是一个产业经济联合体。一般来讲，商业生态系统作为经济联合体包括核心构建企业、供应商、生产商、用户、竞争者、投资者、渠道商等多个利益相关者。然而，不同类型的商业生态系统是核心企业联合不同利益相关者构成的共生体。也就是说，在特定的情景中，有些类型的商业生态系统可以不包括竞争者或是渠道商等角色，有些类型的商业生态系统中的种群角色还远远不止这些。在互联网平台企业商业生态系统中，除了有一般性商业生态系统的成员企业角色之外，还存在有被孵化企业 B 这类特殊角色。这与互联网平台企业商业生态系统的构建与价值共创逻辑有关。共享其基础资源和能力，支持被孵化企业 B 的自我发展，强调的是差异化的定位和价值。核心企业不仅与直接发生经济关系的各类利益相关者联合，还突破企业系统规模和地域的限制，突破行业限制以横跨行业、跨产业地连接可进行价值共创的价值节点企业，形成产业经济联合体。只有这样，才能形成生态系统中不同生态位的多物种之间的价值共创，才能促进能量和物质的循环往复，形成可繁衍生息的态势。

（2）互联网平台企业商业生态系统构建与存续的目的，是通过跨行业、跨产业的参与者的相互依赖性共生，共同创造单个参与者所无法创造的新价值；通过跨行业、跨产业的资源互补与共享，实现资源利用的最大效益，以及促进资源在产业层面的流动和转化效率；通过多种群、多生态位的协同进化与自发组织，保持整个商业生态系统的生态性和竞争力。依托互联网平台企业商业生态系统形成的特殊的整合利益相关者的连接方式，系统中的不同业务与不同成员之间的并存能够形成深层次的合作与连接，形成互惠互利、相互依存、价值共创的关系。互联网平台企业商业生态系统内的价值创造方式、资源互补方式、企业协同方式等区别于其他商业生态系统或企业网络形式。

（3）构建互联网平台企业商业生态系统的逻辑出发点是用户。因为商业存续的根本原因是满足用户需求，且存续的重要能量来源是用户群体。尤其是在用户需求不断迭代和升级的当下，单个企业难以快速和精准满足用户的立体场景需求，所以，通过构建互联网平台企业商业生态系统来打造一个高效完整的价值创造体系，来满足用户需求和提供高黏度的服务，而不是简单地提供传统的产品单元。互联网平台企业商业生态系统内部的员工或业务团队是直面用户需求的，实现与用户的深度交互并打通了供需匹配的底层通道。互联网平台企业商业生态系统的商业逻辑是基于长期互动、相互依存的关系来培养用户、锁定用户的逻辑。与自然生态系统类似，互联网平台企业商业生态系统的存续，需要能量的循环与生产，自然也会有能量的损耗与消费。所以，用户作为互联网平台企业商业生态系统循环能量的重要来源载体，是其系统构建的重要逻辑出发点。

二、互联网平台企业商业生态系统与相关概念的区别

（一）互联网平台企业商业生态系统与价值链的对比

价值链是一个可与商业生态系统对比的概念，该概念是由管理学大师迈克尔·波特于1985年提出的。他认为，企业的价值创造过程包括基本活动和辅助活动两个环节，其中，基本活动是指内部后勤、外部后勤、生产作业、市场销售和服务等，而辅助活动则包括采购活动、技术研发、人力资源管理和企业基础设施建设等方面。这些相同的生产经营活动相互关联，构成了价值创造的动态过程，称为价值链。在商业生态系统概念发展的初期，Nambisan 和 Sawhney（2007）对商业生态系统的描述是对企业价值创造活动环节的阐释，其对商业生态系统的界定与价值链的概念有较大联系。但随着商业实践中互联网平台企业商业生态系统的发展，两者逐渐产生较大的区别。

首先，价值链的构建是以单一产业为基础，在特定产业分析各成员之间的"静态"值。其次，生态系统与价值链内的商业模式有很大不同，也就是说核心企业与利益相关者的相互作用关系不同。最后，基于价值链的价值创造是以企业为中心的，价值创造方向是单向的。而基于互联网平台企业商业生态系统的价值创造是以商业网络为中心的，价值创造方向是多节点之间交错的。

（二）互联网平台企业商业生态系统与企业网络的对比

自20世纪80年代以来，NIKE、DELL、摩托罗拉等著名企业都以战略联盟组织的形式构建起了企业网络。在价值链（网络）中的某一家企业是不可能独占所有生存空间的，它的业务链条和价值创造链条需要有供应商、中间商、经销商以及客户参与合作。所以，企业开始了跨组织的企业间合作，企业间合作沿着信息流、资金流和物流的交错纵横形成的非线性关系即企业网络。Iansiti 和 Levien（2004）认为，商业生态系统只是理解企业网络的有用视角，它们只是提供了

一些生动的例子、术语和观点来研究企业网络中企业的策略。而相比企业网络的概念，互联网平台企业商业生态系统的概念更加强调的是一种具有创新性结构体系的新型组织形式，是一种特殊的企业网络形式，是一种具有自身独特存在目的、特征和内部关系的新型组织形式，并不是企业网络的别称。企业网络所描述的企业间合作关系不稳定、简单化。例如，动态联盟就是一种短期的企业网络行为，应对一次市场机会形成暂时性的联盟，其不稳定性带来了重复缔结的成本和合作风险；而长期战略联盟虽不是短视性行为，但只是企业间合作的初步意向性关系，较脆弱、较简单。相比而言，互联网平台企业商业生态系统所描述的企业间关系是从价值网络缔结视角展开的，有效的、共创共享的价值网络是其存在的基础骨架。互联网平台企业商业生态系统是围绕特定的需求场景而缔结的利益相关者之间的长期关系。另外，从复杂适应系统理论的视角来看，互联网平台企业商业生态系统除具有企业网络的特征之外，还具有系统层面的动态性变化。

（三）互联网平台企业商业生态系统与产业聚集的对比

以核心企业为主导、以产业链为依托，将产业链上各环节进行组合形成的简单产业聚集，并不是真正的商业生态系统。简单的产业聚集是不跨越产业链条的，系统内的企业类型单一，而真正的商业生态系统内的企业类型应该多元化。类比自然生态系统物种的丰富、多样性和可持续繁衍性，平台型商业生态系统内的物种企业也应多样性和可持续繁衍性。在跨产业链的平台型商业生态系统内，多种类物种企业之间能够产生创新，通过资源的互补整合、能力的相互促进、知识的耦合、信息的交融等，为价值共创带来了无限可能。尤其是在互联网平台企业搭建的平台型商业生态系统内，产业集群的基础是顾客集群，并非传统的产业集群依据地理集群而获得区域规模经济。其对资源的整合范围超越了地域限制，可以在全球范围内整合，也可以在不同行业、产业内整合，并且还能超越时间维度的限制，将时间维度碎片化。所以，资源的存在形式大大扩充，资源之间的组合也变得更加丰富。这些都是产业集群所不能实现的，也是互联网平台企业商业生态系统能够实现新型价值共创的基础保障。

第二节 互联网平台企业商业生态系统的特征

一、互联网平台企业商业生态系统的环境特征

（一）经济变化趋势与技术进步趋势影响商业环境更加开放和复杂

美国专栏作者、著名作家托马斯·弗里德曼（Thomas L Friedman，2005）在

其畅销作品《世界是平的》一书中，从全球化的角度首次提出“世界是平的”。其依据是随着互联网、通讯卫星、英语国际化等不断发展，国与国之间通过外包等方式，能实现24小时不间断作业。“世界是平的”虽然是一种未来的理想状态，但也是世界经济发展的一种趋势，即便是当下的地缘政治、文化差异、全球教育资源分布不均等因素会影响和阻滞这一趋势。对企业来说，商业模式和战略方向的滞后性，会与经济的发展趋势产生诸多矛盾。这种矛盾促使商业世界中的企业去适应经济发展的趋势，进一步开放企业的商业环境，构建全球范围内的商业网络。技术的进步为这一全球范围的开放创造了足够的条件。互联网平台的出现，为商业世界带来了全新的商业逻辑，其开放性、分享性，以及对资源和时间的碎片化分割性等优势特征，大大提高了组织间的信息和知识的交换量与交换速度，彻底改变了企业整合资源的逻辑和能力，促使企业开始利用互联网技术和平台思维在利益相关者之间构建一个具利益共享功能的商业模式和多种群、多生态位、自组织、自繁衍的复杂商业系统。

（二）长尾需求带来的市场空间驱动企业转型并建立商业生态系统

在社会生产水平较低的情况下，消费者为了“经济”而被迫放弃“个性”。只能从有限的供给中选择“足够好”的商品，得到“基本满意”的效用，很难达到“完全满意”。在人口红利消失后和进入互联网时代后，消费者不再拘泥于企业能够提供的选项，而是希望得到更加个性化的产品和服务，提出了越来越多的被忽略的个性化长尾需求。克里斯·安德森曾（2004）提出著名的长尾理论：人们极具个性化的、零散的需求则在市场中呈现出一条长长的“尾巴”，但是若将这些少量的需求汇集起来，其市场份额足以超过大众产品的市场份额。当在价格战中苦苦挣扎的竞争者意识到长尾需求带来的巨大市场份额时，开始思考以什么样的商业模式和战略策略能满足消费者的需求迭代。例如酷特集团，从传统的OEM起家，利用从大量团体订单中积累的数据资源打造个性化的智能制造系统，实现了C2M的个性化定制。这就是随着用户需求的变化，企业倒推改变自身的制造模式。围绕用户的个性化、全场景、立体化需求，单个企业越来越无法独立为消费者提供全套产品与服务。也就是说，消费者需求的迭代推动了企业间的联合，并促使其合作模式呈现出更共赢和强有力的水平，出现了互联网平台企业商业生态系统模式，它将企业所处的商业环境变成了联系紧密、互为依赖的共生系统。

（三）传统商业生态系统中利益分配机制的诟病促使新系统生成

商业生态系统作为类似于价值网络的一种复杂自适应系统，在过去工业经济时代也出现过，并非新鲜事物。只是，在工业经济时代，由于核心企业构建的商业生态系统是基于价值链条的纵向构建，价值链思想使核心企业希望在商业生态系统中控制剩余价值的分配权，这些核心企业领导着系统内成员创造价值的同时又不自觉地要榨取系统的价值。由于交易成本经济学主张，自制还是购买，取决于内部成本和购买成本的衡量。所以价值链不同环节的企业就会在交易价格上进行博弈，造成系统内其他成员对剩余价值的索取不足，导致其进行创新的资源积累动力不足，以及市场竞争能力不足。而成员企业的竞争力下降又将反过来造成系统价值创造能力下降的恶性循环，使核心企业原有优势反变成了阻碍系统进化升级的劣势。因此，商业生态系统这一战略布局需要新的商业模式来消减核心企业日趋严重的价值破坏效应，需要成员企业从竞争走向合作。合作使商业生态系统产生整体价值增值，核心企业自然会从中成为最大的受益者。所以，通过对商业生态系统内部的价值创造模式、盈利模式、利益相关者的合作模式等重新打造，才有了现在的互联网平台企业商业生态系统。

二、互联网平台企业商业生态系统的架构特征

（一）以平台为杠杆产生放大效应，系统呈现指数级繁衍态势

平台界面如同一个杠杆，能够连接和撬动供给与需求两端的资源并产生杠杆效应。杠杆效应最直接的体现就是放大化效应，即以小博大。一方面，因为平台具有网络效应的属性，无论是同边网络效应还是跨边网络效应，使平台界面以“轻”资产、“重”运营的方式撬动用户资源、供给企业的资源等相关资源。随着系统内的用户资源和供应链资源呈几何指数增长，会为互联网平台企业商业生态系统不断导入“能量”，催生系统的“新物种”产生，继而催生新的“食物链”。另一方面，由于互联网平台企业商业生态系统对利益相关者的连接跨行业、跨产业。因而，平台界面的开放和平台界面对异质资源的吸引，能够引入跨行业、跨产业的资源进入，成为互联网平台企业商业生态系统的被孵化企业资源。根据社会网络理论的解释，异质资源进入网络能够带来新的信息、知识等，异质性资源的进入有利于信息和知识等资源的流动，也有利于现有网络的升级，从而使商业生态系统的优势更加多元化，使系统的能量流转与再生实现循环往复和增值。所以综合以上两点，在互联网平台企业商业生态系统中，商业的繁衍态势远远超过传统的以价值链商业模式为基础的商业生态系统。

（二）平台界面的复制形式多样，跨产业链战略布局商业生态系统

在平台生态化战略中，核心企业是以平台界面为单元进行复制，围绕复制领域的不同形成横向复制和纵向复制。例如，阿里巴巴集团，通过横向和纵向一体化战略策略，开展了 B2B、C2C、软件服务、在线支付、搜索引擎、网络广告等六大业务模块，推动产业链的横向布局和纵向延伸，实现了产业链间的协同，推动整体生态系统演化。传统的企业间合作模式，都是以资源基础观和能力观为基

础视角的，是企业想要从外部寻找能与内部资源匹配的资源，或是寻求互补性的价值链上的价值创造环节，或是资本驱动的占领式的规模扩张。所以企业在寻找外部合作伙伴时，或者说寻找其商业帝国的参与企业时，多数局限于产业内部，因为产业内部企业的资源与能力能够实现耦合和匹配，更有利于企业整理力量实现竞争和扩张。而在互联网时代的平台情境下的企业间网络，其合作模式的基础视角发生了变化，企业间合作是基于可共享利用的价值平台界面以及可共享的用户资源。例如，“美团”收购“摩拜”的商业场景，“美团”是外卖平台，属于餐饮行业，而“摩拜”是共享单车平台，属于交通出行行业。基于资源基础观视角和能力视角，这两个原本不相干的行业企业之间是不会建立合作网络的。但这两个平台都属于交易型互联网平台，它们有重叠的用户资源，或者说“摩拜”在交通出行行业内凝聚的用户资源对“美团”是有价值的，基于共性用户资源的合并，可以产生“1+1>2”的效应。与此同时，平台模式也降低了不同行业之间的跨越门槛，因为用户资源的重叠性，使跨越行业边界变得容易。在激烈的市场竞争中，如果互联网平台企业不跨产业链地发展商业生态系统，就很容易被其他产业的潜在进入者所颠覆。

三、互联网平台企业商业生态系统的资源特征

较传统企业而言，互联网平台企业的资源池发生了很大变化。

首先，是用户资源的变化。在传统企业的商业生态中，用户资源单指对接收企业产品或服务的消费者。而在互联网平台企业商业生态系统中，出现了一种新的现象，即“用户员工化、员工用户化”。“用户员工化”是指将用户作为产消者纳入到平台的业务链条中，让用户参与到产品的设计或服务提供中。这样一来，参与进来的用户就如同企业员工一样，成为了同样为用户提供产品和服务的一员，原来属于平台一边的节点转化到了平台的另一边，产生换边网络效应，从而激发同边和跨边网络效应。用户员工化过程，降低了企业在研发、设计、渠道等多个环节的成本支出和试错成本。提高了企业的产品或服务对于用户需求的精准满足度，从而增加了用户黏性与忠诚度。而“员工用户化”更是对组织结构变革的重大突破，从过去的科层体系中摆脱层级的隔热墙，采用平台化组织结构，使员工能够作为搭载在平台上的主体，能动地、高效地面对用户需求，有权力、有能力调动平台资源，从而实现供需的高效连接。韩都衣舍的“小组制”、海尔的“小微”与小米的“工程师”都是用户化的员工，他们是平台的用户，使用平台为其提供各种基础性资源，自主地整合供应链资源和平台资源以为满足消费端的用户需求服务。与此同时，他们也与用户产生最直接的接触，通过社区、微博等网络渠道与用户进行深度的交互与交流，能够更有效地发现用户痛

点，并且直接调动身后的平台资源来高效解决用户痛点。

其次，是供应链资源的变化。在传统的商业生态系统中，本身就存在许多优质的供应链资源，尤其是像海尔这样庞大的集团，有很多供应链资源趋之若鹜。但面对市场的变化和用户需求的变化，企业从已有工业化体系跨越到互联网体系中。供应链环节之间的隔热墙被打破，所有供应链模块化需求能面对用户协同合作产生的价值创新和成本降低是有目共睹的。不光是在海尔这样的转型企业内部，在各类新创的互联网平台企业内部，供应链资源的使用方式都在发生变化，可以说是呈现了“供应链员工化、员工供应链化”。

最后，是孵化企业资源的变化。这对企业的商业情景来说是一类新型资源。因为互联网平台企业在平台复制与生态化过程中，将资源共享到了跨越企业边界的外部，采用市场化的方式将核心资源与能力打包成服务，为被孵化企业的互联网平台化发展提供了创立与转型的整理解决方案。被孵化企业资源在产业平台上，既扮演用户资源的角色，也扮演供应链资源的角色。说被孵化企业资源是用户资源，是因为其从产业平台的支持子系统中以市场交易的方式取用资源，它们是产业平台的用户；说它们是供应链资源，是因为它们提供的资源也可以为核心业务链条的价值创造所用。围绕用户需求，被孵化企业的供应链资源会被吸纳到互联网平台企业商业生态系统内部，存在与核心业务资源整合的可能性。

综上所述，在产业平台上，个性化、情景化的用户，活化的员工与供应链企业以及来自全社会的被孵化企业资源，一起作为平台的主要用户与资源，为实现系统的自繁衍、自组织提供了物质与能量基础。

四、互联网平台企业商业生态系统的进化特征

（一）组织结构重构和商业模式再造并驾驱动系统的演化升级

在平台生态化情境下，互联网平台企业从商业模式和组织结构两个模块进行外部运营和内部管控的平台化重构。从平台商业模式的视角分析互联网平台企业对消费者、供应商等利益相关者进行关系重构，契合了平台生态化过程中资源池构建的逻辑过程。然而，从组织结构视角分析平台生态化过程中的资源调用方式和组织运转方式，产生的平台生态化逻辑的落脚点是核心能力的升级。平台情境下的企业组织结构突破了科层的束缚，没有了隔热墙，没有了以领导为中心，没有了上下级间的命令驱动，形成了去中心、去层级、去边界的平台组织，组织内员工与组织之间的关系从紧耦合关系变为松耦合关系，因而传统的组织架构中以组织目标为本位，通过权责利对等匹配实现激励与约束的赋权模式已不再适用。在互联网平台企业中，处于平台架构上的各个业务主体不再是被动接受指令，不再向上级负责和汇报，而是能动地面对用户需求来积聚和调动资源，他们需要企

业赋予他们能动地围绕满足用户需求开展业务活动相应的权利与能力、激励与约束。在企业的运营管理中，组织结构模式是要匹配组织战略的，而相同的组织战略下可以采取不同的商业模式。可以说，平台组织模式是互联网平台企业的管理逻辑，而平台商业模式是互联网平台企业的运营逻辑，两者统一于平台战略中。在互联网平台企业商业生态系统内，平台生态化战略、平台组织模式、平台商业模式这三者之间是交互影响的，并以前两者为基础实现第三者（见图4-1）。

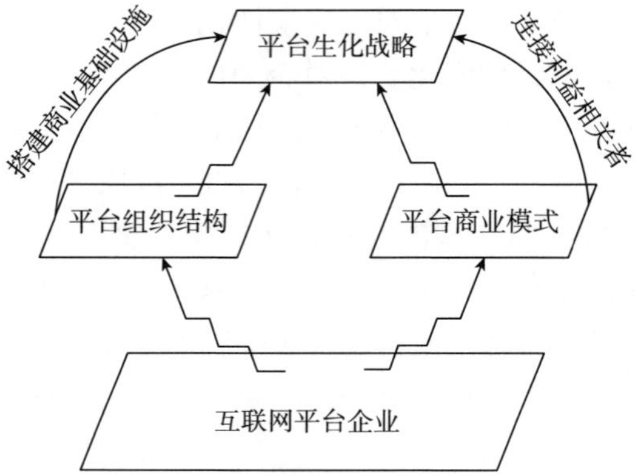

图4-1　平台组织模式与平台商业模式支撑平台生态化战略

（二）持续的价值创新与技术创新是系统自我进化机制的基石

发展到成熟阶段的互联网平台企业商业生态系统会走到一个分化的路口，要么自我更新，要么衰退死亡。所以，互联网平台企业商业生态系统需要面对市场和用户需求的变化及时进行适应性调整。我们知道，创新是企业自我升级迭代的路径与工具，同时，它也是商业生态系统自我进化的动力与机制。互联网平台企业商业生态系统的创新离不开价值创新和技术创新两块基石。一方面，建立商业生态系统的终极目标就是实现价值共享和共创。在系统内的价值网络上，多个网络节点之间交互作用，能产生单个企业产生不了的价值增值，这部分价值增值就是整个商业生态系统生存与迭代的能量来源。另一方面，技术创新为价值共创提供了无限可能，从互联网到移动互联再到未来的物联网，技术在不断升级，每一次技术升级都会带来产业的升级和商业模式的创新。在互联网平台企业商业生态系统内，技术带来了信息互联，数据在爆炸式增长的过程中将产生海量有用信息，信息通过互联产生巨大的价值；技术带来了思维互联，在信息互补与交互的过程中，思维会创造性地产生新想法，提供创新性服务与产品的无限可能性；技术还带来了商品互联，在未来的物联网时代，技术能够让商品拥有“智慧”。所以，在互联网平台企业商业生态系统中，技术创新能拉动价值创新。价值创新和技术创新两股力量，共同驱动商业生态系统自我更新的持续性。在互联网平台企业商业生态系统中，好的平台能够以前瞻性的战略视野，洞察产业前沿并保持强大的创新能力，并及时、有效地将新的流程、技术或构想传递给生态系统中的其他成员，带动平台及互补产业的进化与发展，形成具有持续演进动力的商业生态系统。

（三）以效率提升为基础，从共生、互生走向众生的终极形态

无论是交易互联网平台企业还是工业互联网平台企业，其最初建立商业生态战略的出发点都是提高效率。交易互联网平台企业为了实现跨越时空的高效买卖，创造交易空间，从而建立平台界面；工业互联网平台企业为了摆脱科层体系的桎梏，突破组织庞大以后的效率低下问题，提高对用户需求的满足效率，立足于转型平台组织和建立平台商业模式，都是以效率为出发点。而互联网平台企业商业生态系统的终极目标是建立从共生、互生到众生的商业状态。也就是说，其商业逻辑是从效率出发，历经资源整合、规模扩张、价值共创，最终实现系统的众生繁衍。共生，是通过整合成员各自的优势来实现价值的最大化集结，其基础是成员共同创立的价值分享平台，这是聚焦在核心业务链上的价值分享和集结创造；互生，是通过价值分享来促进彼此“血液”的循环更替，核心企业创造出的核心资源、能力等核心价值利用平台界面在成员之间实现共享，吸引更多的参与者加入商业生态系统，这是核心企业将自己的优势能量向外辐射的过程，在系统内吸引更多的物种和建立多条生态链条，推动商业生态系统向更高级别的阶段发展；众生，是助推商业生态系统向前演进的状态，是通过系统内占据不同生态位置的众多物种进行相互交错的能量传递与再生，即通过企业网络中众多节点的相互交错与缔结，不断提升商业生态系统本身以适应出现的新需求和竞争。

第三节 互联网平台企业商业生态系统的构成

一、互联网平台企业商业生态系统的种群

在互联网平台企业商业生态系统中，存在各种物种企业，它们相互依赖生存，彼此之间传递资源与能力、信息与用户资源。互联网平台企业的生态系统中的物种企业按其定位可以划分为以下四类，其构成图示如图 4－2 所示。

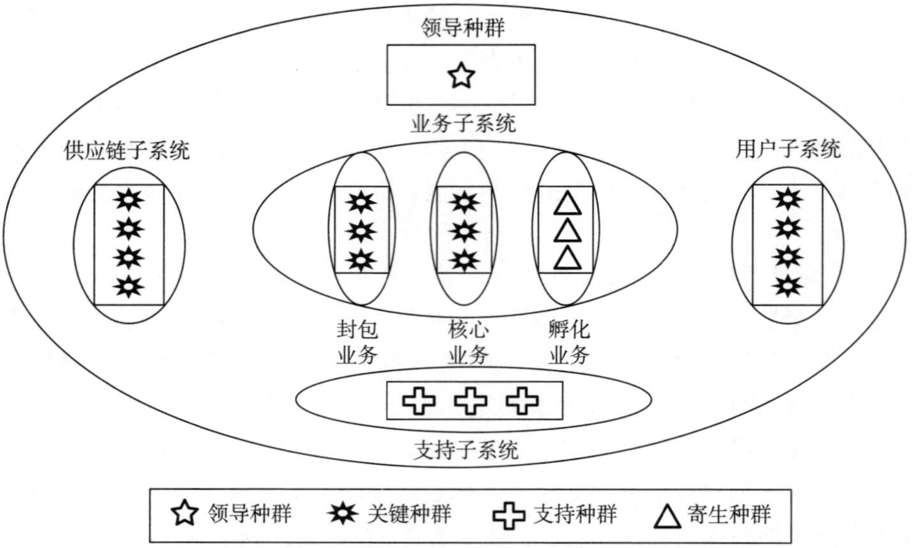

图 4-2　互联网平台企业商业生态系统种群

1. 领导种群

在互联网平台企业商业生态系统中，领导种群是处于商业生态系统核心地位的企业，是整个商业生态系统架构的建立者和战略布局的领导者，也称为核心企业。它们通过自身业务系统的强劲发展，能够产生优势资源与能力，从而产生向外溢出的能量，能量向外传导的过程为系统内其他物种的进入和生存提供可能性；它们为商业生态系统构架商业基础设施即平台界面，以用于被利益相关者和参与企业搭载，并相应建立平台界面上的规则和合约；它们负责整个系统的信息系统建设，对用户数据、业务数据进行储存、沉淀、挖掘，从而协同整个系统精准对接用户需求；它们通过扮演监管服务的角色，不断整合系统内的资源和优化系统的演化路径，杜绝投机主义行为的出现，调节系统内物种的生态位布局，避免同一生态位的物种企业产生过度竞争。总之，它们要对互联网平台企业商业生态系统的健康发展负责，它们是系统内产业平台的运营者。

2. 关键种群

关键种群，即互联网平台企业商业生态系统中围绕核心业务而存在的种群，包括核心业务价值链上的各交易主体：用户、核心业务员工或团队、生产商、供应商等。相对于其他类型的商业生态系统而言，对此类商业生态系统内的种群划分时，将业务员工或团队从核心企业中单独划分到关键种群中，主要是因为核心企业的组织结构和商业模式发生了较大变化。在互联网平台企业中，核心业务员工或团队是直接接触用户的一线业务人员。他们从被组织赋权进化到了被组织赋能，在能动地接触用户需求和调动资源上享有权责利。例如，在韩都衣舍内部的“小组”以及在海尔集团内部的核心业务“小微”。它们都是从企业内部分离出来的种群，在核心业务价值链上直接与各个交易主体接触，可以被划定为关键种群。关键种群都是以模块化的方式并存在平台界面上，其协调机制是基于用户驱动的自组织协调。

3. 支持种群

互联网平台企业商业生态系统中的支持种群，是支持领导种群的核心业务发展和寄生种群的被孵化业务发展的种群。包括物流公司、金融机构、信息技术公司、相关政府机构等，它们是生存在领导种群搭建的商业基础平台界面上的种群，或者说是，正因为有支持种群的存在，才构建起了商业生态系统内的商业基础平台界面。这类种群可以存续在领导种群的企业内部，也可以在领导种群的企业外部存在。在内部，他们是领导种群企业中非核心业务部门的员工团队，例如，韩都衣舍内部的韩都大学等，又如，海尔集团内部的“车小微”；在外部，它们是传统业务模式中的外包服务商，而如今，它们是平台主培育的支持系统模块。例如，在韩都衣舍的智慧蓝海平台上，有部分负责摄影、短视频拍摄的支持种群企业，它们是从韩都衣舍的内部发展出来的，企业的负责人原来是韩都衣舍内部摄影部的员工，但随着韩都衣舍业务的扩大和组织结构变革，他们独立出来成立了自己的公司，在智慧蓝海这个平台上为韩都衣舍商业生态系统内的核心业务和孵化业务服务。

4. 寄生种群

互联网平台企业商业生态系统中的寄生种群，也称为缝隙企业，它们与其他类型的商业生态系统中的寄生种群有较大差别。互联网平台企业创造性地将平台架构升级为产业平台，能够吸引跨行业、产业的众多被孵化企业加入系统，它们搭载在领导种群建立的平台界面上，利用领导种群的优势资源和能力来孵化自身业务，共同受到支持种群的支持。不同企业之间利用企业网络的交互与交易，通过信息与知识的传递和融合，能够创造出新物种、新能量。寄生种群并不是只从系统内吸取能量，而是处于能量与物质的循环体系中，也为整个商业生态系统的存续提供动力支持，它们与核心企业一起对商业生态系统的共存亡负责。这是因为寄生种群参与了互联网平台企业商业生态系统的价值共创，并且价值共创的过程依赖于寄生种群的存在。被孵化企业是价值链的重要参与者，例如，参与到“被孵化企业—核心业务团队—供应商”和“被孵化企业—核心业务团队—用户”这两条价值链中（见图 4 –2）。

二、互联网平台企业商业生态系统的生态位

自然生态系统中的生态位，是指在生态系统和生物群落中，一个物种与其他物种相关联的特定时间位置、空间位置和功能地位，是一个生物单位包括个体、种群或物种生态位对资源的利用和对环境适应性的总和。生态位是物种在竞争过程中形成的各自的生存空间和时间，因此，不同物种的生态位不同。这些生态位是彼此关联的，不同生态位上的种群之间存在竞争、互利、捕食等关系。当两个生物利用同类资源或共同需要局部环境变量时，就会出现生态位重叠的情况。此时，竞争就会出现，其结果是这两个生物会争夺相同的资源和抢占相同的环境，当资源和环境不能支持两方同时存在时，总会有一方在竞争中失败并移位，就会产生生态位分离。在商业世界中也是如此，企业为了获得生存与发展要与其他企业进行生存空间的区别与分离。杜国柱（2008）认为，企业的生态位由三个维度决定：商业生态系统中的服务功能维度、资源维度以及生产技术和服务标准维度。闫安和达庆利（2004）则认为，企业生态位既反映企业在特定环境、特定时期生存的位置，也反映企业在该环境中的自然资源、经济资源、社会资源等企业生态因子梯度上的位置，还反映企业在生存空间中的物质、资金、人力、技术和信息流动过程中扮演的角色。

互联网平台企业商业生态系统也是建立在企业生态位分离的基础之上的。互联网平台企业商业生态系统内的成员企业的业务模式越相似，对资源的需求越相似，产销产品和市场定位越相近，它们彼此生态位重叠的程度就越大，竞争就越趋于激烈。为了避免或减少这类正面冲突，成员企业必须发展与其他企业不尽相同的业务领域，增加其他生存能力或技巧，找到能规避恶性竞争而又最能发挥自己作用的位置，实现企业生态位的分离。也就是说，不同的物种企业在互联网平台企业商业生态系统内需要分布在不同的生态位置上。同一位置的物种数量，也是需要与系统内的其他物种数量相匹配，需要与整个商业系统服务的用户需求相匹配，不能过度繁殖。对互联网平台企业来说，在构建商业生态系统时，不断引入物种企业，要对物种企业的生态位进行定位与分离的规划设计。我们知道，自然生态系统中的生态位分离是通过弱肉强食的不断优胜劣汰自然形成的，然而，互联网平台企业商业生态系统中的生态位分离更多地取决于领导种群，也即核心企业的管理模式和商业模式设计，取决于互联网平台企业如何设计和处理与各个利益相关者的关系，以及如何治理和优化其平台型商业生态系统。

三、互联网平台企业商业生态系统的核心企业

从自然生态系统到商业生态系统的类比分析中，有一个启发是，绝大多数自

然生态系统的物种网络中，存在着一个广泛联结着其他成员的“中心”物种（不管这一中心的规模有多大），这几乎成了一个不争的事实。并且，这个中心物种的行为会对整个网络的健康产生显著的影响。在商业生态系统中，这一中心物种即“核心企业”。核心企业具有构建商业生态系统和促进商业生态系统演进的核心力量，并会建立普遍得到商业生态系统成员认可的协定、规则或目标。核心企业的商业模式将影响整个系统的“营养体系”，而核心企业的战略布局将改变整个系统的共同演化机制，致使商业生态系统中的成员结构、相互关系和各自的角色功能发生变化。也就是说，核心企业采取什么样的模式去缔结利益相关者，会改变参与者在价值链中的位置或是在价值网络中的节点，那么能量与物质的循环路径就会发生变化，产生的价值共创模式的能动性也会受到影响。而核心企业在商业生态系统发展的不同周期中，选择如何实现与利益相关者的缔结关系，如何确定战略要素和战略布局，将会影响系统内其他成员的效率性、创造性和生命力，将会通过与系统内参与者之间相互作用实现不同的商业生态状态：表现为健康或是不健康，稳定或是不稳定，深耕细分垂直领域扩张或是广泛聚集流量扩张，等等。

本书将核心企业界定为通过对互联网平台企业商业生态系统内联结关系的调控（建立规则、目标或协定等），以及通过创造其他系统内成员所依赖的、稳定且可监管的平台，增强了整个商业系统稳定性、可预见性以及其他衡量系统健康状况指标的企业。在这一概念的基础上，结合互联网平台企业商业生态系统的概念分析，可知，互联网平台企业商业生态系统内的核心企业，也即互联网平台企业（下文提到的核心企业都是指互联网平台企业），主要是借助平台的联结和辐射作用，对商业系统内的参与者进行联结关系的调控，包括建立规则、目标或协定，以及通过创造其他系统内成员所搭载的平台架构，增进了整个商业生态系统的健康与稳健状况，从而塑造和协调其所在的平台型商业生态系统。核心企业扮演着基础架构平台的设计者和运营者的角色，以及激励和监管各方利益相关者的角色。

四、互联网平台企业商业生态系统的缝隙企业

互联网平台企业商业生态系统的缝隙企业是指在商业生态系统内，除了核心企业以外的所有企业或组织。包括供应链上的供应商、平台封包过程中的合作企业、产业平台上的被孵化企业等。互联网平台企业构建的商业生态系统中，核心企业作为发起方，往往在初期阶段是不盈利的，为了实现商业生态从 0 到 1 的跨越，发起方率先建立起平台的导流入口，为整个生态系统导入用户能量。在这个基础上，平台架构才能发展起来，核心企业才能有足够的承载力和优质资源吸引

合作方进入，也即缝隙企业的加入。缝隙企业对互联网平台企业商业生态系统的贡献体现在以下两个方面。

第一，由于网络外部效应的存在，寄存于平台的缝隙企业越多，平台对于多边用户的价值效用也会随之增加。即只有合作的缝隙企业越来越多，发起方搭建的平台架构才能更具有价值和吸引力。一方面，随着缝隙企业的加入，互联网平台企业作为商业生态系统内的“总舵主”，能够从缝隙企业处获得更多的用户数据资源，留存在平台架构上，通过大数据处理能力整合数据资源，能够更高效地捕捉和挖掘用户需求，将供应端与需求端高效匹配，这也是定制化生产和灵活用工实现的基础。另一方面，随着缝隙企业的加入，平台的赋能力提升。无论是供应链企业还是被孵化企业以及合作企业的加入，使平台在供应链的整合能力、平台运营能力、自身业务品牌价值等多个方面有所提升，从而提高了平台的赋能能力。第二，互联网技术为互联网平台企业商业生态系统内的缝隙企业带来了更多的连接，这个连接是否能产生正效用，其前提之一就是商业生态系统内的缝隙企业要足够多，并且其生态位置丰富。缝隙企业的增加和生态占位的丰富，有利于实现系统内的价值流转从而带来价值增值，也有利于不同生态位企业间实现价值共创从而带来价值增值，这是商业生态系统实现自组织、自繁衍的基础。

第四节　互联网平台企业商业生态系统的层次

一、互联网平台企业商业生态系统的层次结构

本书提出的互联网平台企业商业生态系统的层次模型，是在摩尔和加恩西与梁构建的商业模型基础上，结合前文所述的互联网平台企业商业生态系统构成要素，进行的层次重构。并且在其呈现方式上，融合了上述两者的图示方式，给出了既能呈现商业模式逻辑，又能反映构成层次的图示。互联网平台企业商业生态系统内的各个层次并不是一蹴而就的，是以核心业务平台子系统为基础，逐层扩展和建立的。随着互联网平台企业商业生态系统的成熟，才得以完整呈现出封包业务平台子系统、核心业务平台子系统、孵化业务平台子系统、供应链子系统、支持子系统、需求子系统，以及外围环境圈层。本章在理论推演基础上给出的互联网平台企业商业生态系统构成层次模型，是对成熟的互联网平台企业商业生态系统构成层次的呈现，如图 4 –3 所示。

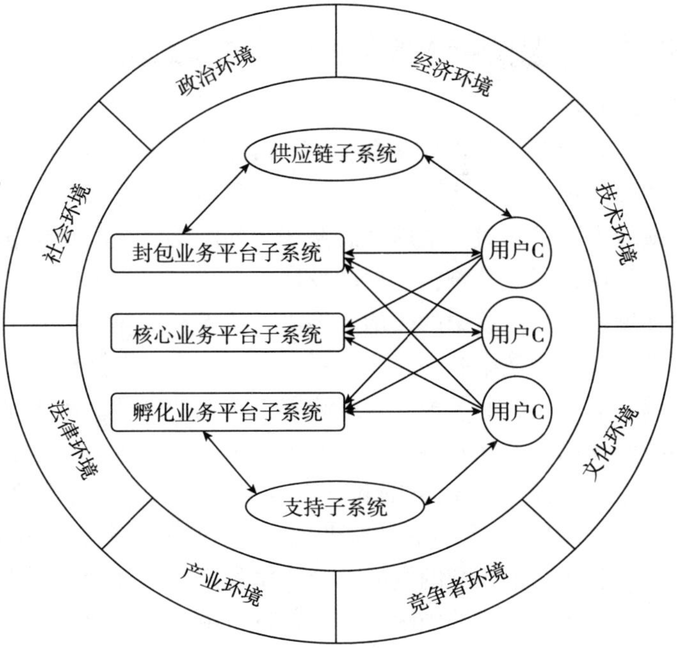

图4－3　互联网平台企业商业生态系统的构成层次模型

需要特别指出的是，随着互联网平台企业商业生态系统的发展成熟，用户子系统、业务子系统、供应链子系统和支持子系统之间没有明显的、明确的界限区分，各个子系统之间的界限趋于模糊化，各个子系统内的要素会在子系统之间流动与交互。例如，在用户子系统中的消费者，他们在传统的商业生态系统中一直处于消费者的位置和角色。但在互联网平台企业商业生态系统中，由于平台界面具有的换边网络效应能激发平台对各边资源的撬动作用，互联网平台企业会调动用户参与到价值共创中，通过交互让用户参与为自己提供产品和服务的过程，例如设计环节、研发环节等。所以，深入探究互联网平台企业商业生态系统的动态演化过程时，其各个子系统之间的交互清晰可见。本书将在第五章的研究中对此展开阐释，也将在互联网平台企业商业生态系统的周期模型中，呈现各个子系统的层次交互。而此处，只是从其静态构成上，反映各个子系统层次的存在性。另外，互联网平台企业商业生态系统内的各个主体之间的关系箭线都是双向箭头。由于平台的连接作用为价值共创提供了诸多路径和无限可能，因此，系统内所有要素之间都有相互连接和参与价值共创的可能性，则要素之间的连接是双向互通的。

二、互联网平台企业商业生态系统的层次分析

（一）外围环境层

互联网平台企业商业生态系统的外围环境层包括经济、政策、社会、文化、技术、产业、法律法规、竞争者等环境要素。正所谓天变道亦变。外围层相对于核心层来说，就像太阳系相对于地球生态系统。外围层为核心层输送能量，通过与核心层的交互作用，不断影响核心层的发展。在战略制定的环节中，第一步就是要分析战略环境，因为环境中的政治、经济、技术、文化等因素影响着企业如何从眼下出发到达理想的彼岸。在互联网平台企业商业生态战略中，系统的外围层也是如此影响着核心层的业务模式，影响着生态化的进程。因为平台模式和商业生态模式的共同作用，使互联网平台企业商业生态系统成为位于企业和市场中间的重要一层，它对资源的整合范围和整合能力会反作用于系统外围环境。例如，围绕海尔的 COSMOPLat 产业平台构建起来的互联网平台企业商业生态系统，通过对智能家电定制化制造领域的资源整合，率先摸索出并制定了大规模定制模式的国际标准。这一定制模式的国际标准，是首个由中国企业主导的。这意味着在新一轮的企业竞争中，中国与世界水平并肩前行，也意味着互联网平台企业商业生态系统的内部业务圈层能够反作用于外部环境圈层，影响环境中的产业政策，或是技术规范等要素。

（二）业务子系统

互联网平台企业商业生态系统内的业务子系统包含三个层次，即核心业务平台子系统、封包业务平台子系统和孵化业务平台子系统，三种类型的业务子系统均是以平台模式存在的。其中，核心业务子系统是互联网平台企业商业生态系统中处于最核心位置的业务系统，它是互联网平台企业创立之初就具有的业务系统。在这个业务系统平台上，供应商、核心业务团队是以模块化的方式存在的。因为，对互联平台企业来说，想要实现生态化的进程，必然要模块化自己的内部组织结构，打破内部流程与部门之间的隔热墙，进一步讲，也会打破企业与供应商之间的隔热墙。只有让供应商和组织职能模块化地存在于核心业务平台上，才能激活资源的效用与资源之间的组合，也才有可能实现将核心业务平台上的资源与能力对外市场化。在图 4 - 3 中，可以看到核心业务平台子系统与多组用户之间都是连接的。这是通过平台界面之间的共享性、用户的多属性实现的用户资源共享。原来属于不同业务领域的多组用户，通过平台界面的跨边网络效应可以被连接到核心业务平台上，则他们可以与模块化存在的供应商、核心业务团队、各职能模块基于交互创新出价值，形成新的价值链条和价值增值；封包业务平台子系统，是核心业务平台在向外扩张的过程中，与竞争对手之间展开平台竞争的结

果。平台封包是进攻也是自卫，是对新用户资源的捕获也是增加原有用户资源的黏性。在图 4－3 中可以看到，封包业务平台子系统的用户资源也是与系统内的其他子平台系统共享的，用户资源能够借助平台的杠杆作用和平台的网络效应，实现共享与叠加。从封包业务平台到其用户，从其用户再到核心业务平台及其用户，再到孵化业务平台及其用户，四者之间都是有连接效应的。与此同时，资源和能力在连接路径之间流转和整合，积聚和升级，为价值共创和价值增值带来了无限空间；孵化业务平台子系统是互联网平台企业商业生态系统成熟阶段的重要产物，是产业平台的重要组成部分。核心业务平台将自有业务的资源和能力对外市场化，吸引被孵化企业加入到平台型商业生态系统内，共享资源的同时也实现价值共创。孵化业务平台可以是实体界面也可以是虚拟界面，实体界面是线下的组织机构，而虚拟界面是线上的云平台。也就是说，孵化业务平台可以不受时空界限的束缚，从更大范围内整合跨行业、跨产业的资源和能力，促进产业要素的流动和要素的投入产出效益。

（三）需求子系统

消费者作为互联网平台企业商业系统中不可或缺的组件，其角色在“用户”的基础上，得到了丰富与延伸。

第一，互联网平台企业商业生态系统中，互联网平台企业投入了大量的人、财、物等资源来搭建商业生态系统的基础商业架构，即如同自然生态系统中的生态链条构建。倘若没有消费者的大量参与，显然基础商业架构上缺少如生态链条中的流动能量，互联网平台企业也就难以抵达平台型商业生态系统的彼岸。尤其是在那些创新的商业模式进入市场的早期，更需要用户资源作为能量导入，激活新商业模式，从而激活商业生态系统发展的动力。

第二，在整个互联网平台企业商业生态系统的运营中，用户是能量循环的起点和终点。如同自然生态系统中一样，有生态链才能有能量循环，互联网平台企业商业生态系统中也需要基于价值流转循环的能量循环。以用户的需求为出发点，并以满足用户的需求为落脚点，才能构建起价值流转的循环，实现价值增值，以及为商业生态系统注入能量循环和补充。

第三，用户参与价值链中的价值创造过程。以价值中国网为例，作为国内首家推行“实名制”的专业型财经类博客网站，其创始人兼 CEO 林永清表示：“网站用户的质量，决定了专业文章、互动交流的质量，进而决定了网站生存与发展的前景。”价值中国网实施的期权革命，通过向全体注册用户开放股权，使“博客”们变成了“股东”。在用户受到尊重、用户权益得到保障的同时，价值中国网也获得了持续快速发展的原动力。在价值链上，价值中国网提供了有足够吸引力的舞台来吸引专业用户，并借由专业用户的积极参与来带动整个人群的参与热情。并且，在图4－3的模型中，多组用户对多个业务平台的连接与共享，有利于实现多个业务平台之间的交互与价值共创。用户资源作为重要的资源类型，是价值共创的关键枢纽，起到了决定性作用。

（四）支持子系统

支持子系统是为业务子系统服务的职能模块系统，业务系统中的核心业务平台子系统、孵化业务平台子系统和封包业务平台子系统都可以从支持子系统取用资源，按照市场化的交易规则进行资源的共享。互联网平台企业商业生态系统内的支持子系统是从互联网平台企业内部逐渐独立出来的，由支持服务功能模块组成的业务服务系统。最初，它们是互联网平台企业内部的非业务职能部分，包括财务、人力、营销、物流等职能部门。伴随着它们服务于互联网平台企业内部核心业务的能力增强，逐渐对外向市场开放，向除了核心业务以外的孵化业务和封包业务提供支持与服务。例如，在海尔的平台型商业生态系统内，原来属于海尔集团财务部的资金融通职能，通过平台化运作后，先后成为产业金融平台上的海易融、海尔云贷、海尔消费金融、海尔融资租赁等支持服务功能模块，向海尔商业生态系统内部的诸多业务和个人提供各类资金融通服务。其中，海易融是依托海尔的供应链资源、产品规划、资金投向开展金融业务，初创于海尔内部产业链业务，逐步向海尔体系外的全产业链扩张，融合金融行业优势资源为海尔商业生态系统内的业务链条提供专业的金融服务。在海尔商业生态系统内部还有许多这类支持服务功能模块，海尔将大数据增值、供应链金融、知识共享、检测与认证、设备职能维保等六个模块都打造成了支持服务功能模块，作为支持体系服务整个平台型商业生态系统的业务需要。

（五）供应链子系统

互联网平台企业商业生态系统内的供应链子系统是与业务系统一起直接对接需求子系统的用户需求。具体地说，供应链子系统中的供应商资源来源于多个渠道，主要是核心业务链渠道、封包业务链渠道和孵化业务链渠道。因为互联网平台企业商业生态系统内的业务链条以平台界面的模式交互形成平台界面网络，所以在每条业务链条上的供应商资源都被吸纳到了平台界面网络中，作为资源节点或价值共创节点存在，并且借助平台的连接效应，多条供应链条上的供应商资源共享于多个业务平台子系统。也就是说，核心业务链条的供应商资源可为孵化业务平台子系统调用，同理，孵化业务链条的供应商资源也可能被封包业务平台子系统调用。多个业务链条上积聚的多个供应商资源共同构成了供应链子系统，且其中的供应商资源以模块化方式并存于平台界面网络中，这种模块化机制有利于供应商资源的调用和共享，也有利于供应链子系统同业务子系统一起直接满足用户子系统的需求。如果上述供应链子系统与业务子系统的交互是横向的连接，那么供应链子系统与业务子系统一起直面用户需求则是纵向的连接。通过从 C 端用户到 B 端供应商的全链纵向连接，基于数据化的信息收集与传递，能够大大提高用户需求的满足程度和满足效率，这正是智能制造和工业互联的出发点和落脚点。

综上所述，本书对互联网平台企业商业生态系统的构成种群和构成层次的分析，从一个相对宏观、简约和静态的视角打开了互联网平台企业商业生态系统的内部暗箱。探究了互联网平台企业商业生态系统内部的主要构成要素，以及要素之间的相对位置与关系，分析出了不同要素的所属层次，并且洞悉到不同层次之间存在相互交互和融合的趋势。各个子系统的交互是以平台界面为基础的，并且呈现出特殊的种群繁衍和生态占位模式，各个子系统的交互促使互联网平台企业商业生态系统的能量流动和价值转移。如图 4 - 3 所示的互联网平台企业商业生态系统的构成层次模型，从某种程度上说，是其业务系统的层次模型。然而，在互联网平台企业商业生态系统内，基于业务系统层，还存在信息、资源和价值等系统层次。在下文，我们将在对互联网平台企业商业生态系统的演化机制和优化机制研究中，逐一揭示其内部信息、资源和价值等层次的暗箱。互联网平台企业商业生态系统是一个动态演化的系统，它进行着从互联网平台企业的“此岸”到达平台型商业生态系统的“彼岸”的战略布局。接下来，我们将展开对互联网平台企业商业生态系统动态演化的分析，更加清晰地探究其内部的商业架构和构成要素的变化，以及层次融合等问题。

第五章　互联网平台企业商业生态系统的动态演化

第一节　研究设计

一、研究方法

（一）案例研究方法的选择

案例研究方法在理论构建方面极具开拓性和创新性，这是定量研究所无法比拟的。案例研究的核心目标是理论构建，即通过挖掘奇特有趣的、能够带来理论创新的个案，解读其中的规律，提出新的理论，从而推动相关理论体系的发展。根据 Yin 对五类研究方法的总结，案例研究法最适合研究“怎么样”（How）和“为什么”（Why）的问题。正如艾森哈特（2012）在为《案例研究方法：理论与范例》一书所撰写的序言中指出：案例研究方法是将案例研究所强调的，对于真实世界动态情景的整体了解与归纳式思考过程整合在一起。该归纳式思考过程伴随着从数据中识别规律的各种方法。案例研究方法对于研究组织和战略的各种过程常常是有效的，尤其是当该方法采用整体全面和长期过程导向的视角时，其研究效果常常出人意料但却真实可信，并且可以验证。

（二）多案例研究方法的选择

关于采用单案例还是多案例方法的争论中，早在 1991 年，Eisenhardt 就给出了这样的说明：关于案例数量的争论掩盖了案例研究的一个核心问题，即关键不在于两个案例是否优于一个案例，或者说四个案例是否优于三个案例，合适的案例数量取决于多少信息是已知的、多少信息可以从增加的案例中获得。当一个案例所蕴含的信息足以说明理论构念之间的相互关系和逻辑时，就没有必要增加更多的案例来重复佐证，除非增加的案例能够扩展更多的理论。多案例研究所遵从的是复制法则，这与多元实验（Multiple Experiments）中的复制法则类似（Hersen & Barlow，1976）。也就是说，从一个案例情景中获得的发现，要重复进行第二个案例情景和第三个案例情景的验证，甚至是更多次的案例情景验证与检验。每一个新案例情景都要经过理论抽样进行挑选，要么产生与之前的案例情景相同的结果（逐项复制，A Literal Replication），要么能由可解释的原因产生与前一案例情景不同的结果（差别复制，A Theoretical Replication）。由于本书研究对象"互联网平台企业商业生态系统"的核心构建主体——互联网平台企业存在不同的类型，因此，试图采用多案例的研究方法，从不同类型的互联网平台企业构建商业生态系统的情景中，提炼共性结果。

（三）SPS 案例研究方法介绍

SPS 案例研究方法采用结构化的方法，通过有效的有序的操作流程和基于理论构念的理论模型构建方法，使定性研究能够根据具体情景发现创新性的理论框架。这里的结构化体现在构思结构化与写作结构化上。构思结构化指用结构化的思维去布局、考虑，在没有进入案例调研现场之前，就事先构思好理论的基础，用既有的理论，有创造力地与情景加以搭配，以期获得新的发现；写作结构化是指，遵循国际惯例的写作框架，不长篇大论地对案例故事进行描述，而是有针对性地用一些案例"数据"来解释结论，看（定性）数据即像看结论，反之从结论也能看到（定性）数据。SPS 案例研究方法的操作分为八个步骤（见表 5－1）。

表 5－1 SPS 案例研究方法的操作步骤

序号	步骤名称	步骤解释
1	申请准入	选择典型的案例并获得对方（企业或是其他组织）的准入
2	现象概念化	使用二手数据，将在企业中观察到的有趣的现象尝试用理论来解释
3	初始数据收集	从企业联络人处获得更为准确的资料
4	建立并完善理论视角	根据初始数据选择适合的指导理论，形成理论视角，当初始框架可以概括研究现象的本质时达到理论确信点
5	结构化访谈	准备访谈问题—套索性访谈—聚焦性访谈
6	数据筛选	基于初始框架，注意把握访谈的形式，在受访者的言谈中筛选有用的数据，同时针对缺乏数据支持的模型元素进行删减，出现新数据时对理论元素进行补充

续表

序号	步骤名称	步骤解释
7	理论、数据、模型校对	用理论模型引导数据收集，用数据来完善理论模型，当数据与理论模型充分一致时达到理论饱和点
8	撰写报告	当理论模型已经非常完善时就可以进行写作，SPS 强调结构化的写作，国际期刊写作的结构范式，以及表格、图标的运用

资料来源：根据潘善琳和崔丽丽（2016）编著的《SPS 案例研究方法：流程建模与范例》整理而得。

SPS 案例研究方法的操作步骤并不是按照步骤 1 ~ 8 的顺序依次执行的，而是有两个核心阶段性的循环往复，每个核心阶段循环往复的操作达到理论饱和点后才可以进入下一个阶段（见图 5 - 1）。

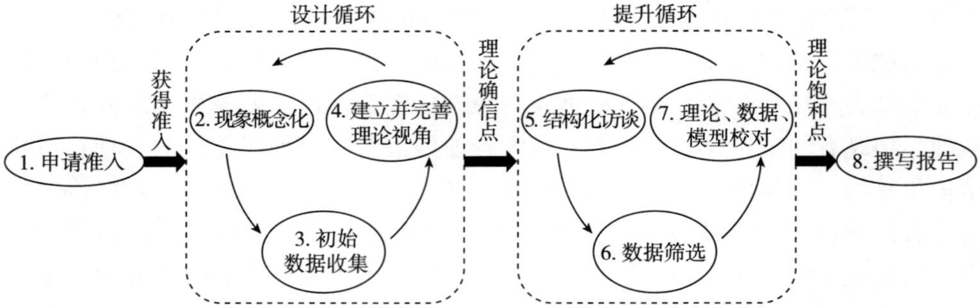

图 5 - 1　SPS 案例研究方法的基本流程

二、案例选择

（一）案例选择依据

在选择案例研究对象时，应遵循案例研究所提倡的理论抽样、典型性和便利性原则。定量研究在数据的选择上常用的方法是基于等概率原理的统计抽样方法，即从总体中随机抽出能够体现统计效力的合理的样本数，目的是从总体中获得代表变量分布的统计证据，从而通过对样本数据的统计与计量分析，开展假设检验。而案例研究在数据选择上通常采取的方法是理论抽样方法，目的是根据构建理论的需要，有选择地获取案例样本的信息与数据，以拓展新兴的理论框架或填补现有理论分类等。因此，案例研究的样本选择会更加关注极端的有代表性的情景而非普遍情景，所选的案例不侧重外部效度，而是要求极高的内部效度。

本章在三类互联网平台企业中选取有代表性的案例时，除了遵循上述的理论抽样（李高勇和毛基业，2015）和代表性（Patton，1990）原则以外，主要的筛选的依据有三个：一是其商业生态系统完整地发展到了成熟阶段，发展路径较清晰，能够较清晰地在案例情景中看到本研究想要检验的理论构念；二是选择了在构建其商业生态系统时与使用的战略策略略有不同的互联网平台企业，为后续研究埋下伏笔，在探索互联网平台企业商业生态系统优化时，能够结合本章的研究案例分析出优化方案的路径策略；三是资料获取的便利性和准确性。案例研究的材料来源需要一手材料与二手材料相结合，既开展实地调研与文献、网络、书籍资料查阅相结合，既兼顾一手材料的真切，又兼顾二手材料的客观。因此，本研究在样本选择时，兼顾样本的选取地在山东省内的便利性，又兼顾了样本在全国范围内的差异性。

（二）案例企业基本情况

鉴于以上分析的案例选择依据，本研究的研究案例选择了工业互联网平台企业中的海尔集团案例，交易互联网平台企业中的韩都衣舍电商集团案例，以及应用服务互联网平台企业中的小米科技有限公司案例。其中，海尔集团是从传统工业企业转型为互联网平台企业的典型代表，鉴于本章的研究内容和目的，对海尔集团的案例介绍主要截取其转型为互联网平台企业之后的发展历程。

1. 海尔集团的平台生态化发展历程

海尔集团成立于1984年，位于山东青岛。从一家濒临倒闭的集体所有制工厂发展成为全球白电第一生产集团，经历了30多年的时间，也经历了数次发展战略的调整：名牌战略（1984～1991年）、多元化战略（1991～1998年）、国际化战略（1998～2005年）、全球化战略（2005～2012年）四个发展阶段。自2012年起，海尔顺应商业环境的变化和自身发展的需要，尝试实施网络化战略，通过平台组织再造、商业生态重构来实现从传统企业向互联网平台企业的转型。海尔集团在内部管控方面，大胆打造平台型组织，赋予员工更多的责权利，能够在需求侧灵敏获取用户资源、在供给侧灵活整合资源，用“分好钱”的机制激活个体去整合各类资源满足用户需求；在运营模式上采用平台商业模式，逐步将内部各个职能模块采用平台模式市场化，2016年11月，海尔宣布U+生态战略，不断加速构建和完善自身平台，截至2016年底，海尔的平台上聚集了3600家创业孵化资源。通过“海尔开放创新平台”(Haier Open Partnership Ecosystem, HOPE)、“海立方”、“海达源”等众多平台界面的对外开放，以及将众多企业内部资源和外部资源以模块化的形式并联于海尔的产业平台上，不断集合和完善成了海尔的工业互联网平台COSMOPlat。2017年COSMOPlat交易额实现3133亿元人民币，定制订单量达4116万台，共吸引企业资源390多万家，注册用户量达3.2亿，平台连接的智能终端超过2121万个。2018年2月，经国家发展和改革委员会批复，COSMOPlat成为全国首个“国家级工业互联网+智能制造集成应用示范平台”。

2. 韩都衣舍电商集团的平台生态化发展历程

韩都衣舍是一家坐落于山东济南的互联网服装销售企业，这家企业没有位于电子商务企业群集的前沿城市（如北京、上海、广州），也没有位于服装加工企业群集的供应链上游城市（如杭州、深圳等），却在短短几年内成长为互联网时尚品牌的领头羊，仅2017年上半年销售额就8亿余元人民币，其互联网品牌生态运营集团旗下的子品牌已发展到48个，成为山东电商的一张名片。说它是一家互联网服装销售企业，那只是它创立之初的业务。最初企业的核心业务是在淘宝平台上经营韩国商品的代购销售，经过了从代购专家到买手制的转型，企业创建了韩风品牌HSTYLE，将经营定位于韩国服装的销售业务并在内部尝试“小组制”模式。如今它已发展成为一个时尚品牌孵化平台，为各类企业的互联网发展模式提供整体解决方案。早在2014年，韩都衣舍集团对外宣布，公司的愿景是“成为全球最具影响力的时尚品牌孵化平台”，使命是“成就有梦想的团队”，而战略则要“通过自我孵化和投资并购两种方式，布局各个细分定位的品牌，将‘以产品小组为核心的单品全程运营体系’复制到各个品牌，在供应链、IT系统、仓储、客服四大方面提供支持，打造一个覆盖韩风系品牌群、欧美系品牌群和东方系品牌群的基于互联网的时尚品牌孵化平台”。

3. 小米科技有限责任公司的平台生态化发展历程

小米科技有限责任公司成立于2010年，位于北京。成立之初，小米首推的第一款产品是米聊，并迅速做到了1000万用户。在微信晚于米聊问市3~4个月后，小米推出了MIUI手机操作系统，并建立了MIUI官方论坛，凭借与粉丝的深度交互，产品获得了很好的市场反响。随后，雷军洞察到智能手机市场的商机，以性价比高为主打开启小米手机业务。现在，小米是一家专注于高端智能手机、互联网电视以及智能家居生态链建设的创新型科技企业。其生态链投资圈以手机为核心，向外依次辐射到手机周边、智能硬件、生活耗材。小米手机、MIUI、米聊、小米网、小米盒子、小米电视和小米路由器是小米公司旗下的七大核心业务。除此之外，小米致力于打造基于企业生态的智能硬件孵化器，截至2017年6月30日，小米生态链上的被孵化企业已达到89家，有16家年销售过亿元，4家成为估值过10亿美元的独角兽公司。小米采用“入资不控股，帮忙不添乱”的投资逻辑建立了“投资+孵化”的特殊生态孵化机制，以工程师为主的投资团队采用矩阵式模式全方位孵化创业企业，以自身所有的价值观、方法论和已有资源，围绕自己建立起一支航母舰队，成为全球智能硬件领域产品出货量最大、布局最广的生态系统。自注册以来的八年时间里，小米以其平台化的商业模式和生态化的战略布局，快速发展壮大，已于2018年7月9日在中国香港证券交易所上市。

三、数据收集及信效度保障

（一）数据收集的来源与方式

本研究的数据来源包括外围资料和调研资料，确保了数据来源的多样性。外围资料来源：百度、搜狗等搜索平台的关键词搜索；阅读知网、万方等文献库的文献资料；阅读相关书籍（如《赵迎光说韩都衣舍：一个网商的成长回顾及未来展望》《小米生态链战地笔记》等）；查阅相关研究报告；等等，这些都属于二手资料。调研资料中最为重要的数据来源是对企业高管、中层以及员工的半结构化深度访谈。访谈形式为1个主问人和N个提问者的组合形式。首先，整个研究团队在访谈前对研究所涉及的理论视角、关注问题和外围资料进行了收集、整理和沟通，保证了访谈的整齐划一和内容丰富，形成了初步的理论框架以及半结构化的访谈问卷。访谈过程全程录音，并在访谈结束后将所有录音整理成文字，访谈情况见表5－2、表5－3和表5－4。后期在对数据资料的整理过程中，我们还通过微信、QQ等方式对访谈数据进行了补充。其次，调研资料还包括参与式观察及参加公司的会议、论坛等活动，从企业的供应商和平台上的被孵化企业处获得的材料，一些非正式的信息获取渠道，如电子邮件、电话等，这些都属于一手资料。

表5－2　韩都衣舍访谈主要信息汇总

访谈对象	访谈次数	访谈人数	访谈内容	访谈时长/分	内容字数/万字
副总经理	1	1	商业生态系统构建的初衷、历程和规划	151	1.05
副总裁	2	1	企业发展过程的标志性事件与阶段划分、战略布局	188	1.3
总经办主任	1	1	公司的组织架构、发展历程	118	0.9
智慧蓝海运营经理	2	2	智慧蓝海的运营模式、现状及未来规划	174	1.28
韩都动力运营经理	1	1	韩都动力的运营模式、现状及未来规划	210	1.5
品牌部经理	1	1	公司的代运营品牌和孵化品牌情况	56	0.4

表 5－3　海尔访谈主要信息汇总

访谈对象	访谈次数	访谈人数	访谈内容	访谈时长/分	内容字数/万字
海尔集团战略规划部政策总经理	1	1	海尔的商业生态系统构建的初衷、历程和规划；构建过程中的战略性布局和阶段性事件	125	0.8
COSMOPlat 运营总监	2	1	COSMOPlat 的运营模式、现状及未来规划	255	1.85
海尔大学负责人	1	1	海尔商业生态系统的运营模式、组织架构	90	0.7
某小微 1 的运营总监	2	1	小微的运营模式，海尔对其赋能的现状和规划	184	1.38
某小微 2 的总监秘书	1	1	小微与商业生态系统内其他成员的互动关系	57	0.45

表 5－4　小米访谈主要信息汇总

访谈对象	访谈次数	访谈人数	访谈内容	访谈时长/分	内容字数/万字
小米生态链谷仓学院院长	1	1	小米和生态链企业间的治理模式	55	0.48
小米电视副总裁	1	1	小米的商业生态圈发展历程和战略布局	42	0.31

本研究的多层次多数据源的资料收集方法所形成的三角验证增强了研究结果的准确性（Jick，1979）。本研究对韩都衣舍和海尔的数据收集有丰富的一手材料和二手材料来源，因为两家企业地处山东，研究团队利用交流的便利性对其展开了多次实地调研和访谈。对小米的数据收集，绝大多数来源于二手材料，包括书籍（《小米生态链战地笔记》等）、网络材料、文献材料、研究报告等。相对来说，一手材料收集的机会较少。一是参加了“清华经管创业者加速器”举办的论坛活动，二是参加了“山东大学百年学堂”举办的论坛活动。

表 5－5　韩都衣舍、海尔和小米案例的数据收集方式汇总

阶段划分	资料属性	资料来源	资料获取方式
第一阶段（2017 年 8～10 月）	二手资料	文献资料、网络与书籍资料	浏览官方网站；百度搜索企业报道；阅读企业书籍，如《赵迎光说韩都衣舍：一个网商的成长回顾及未来展望》《裂变式创业：无边界组织的失控实践＋创业无畏＋韩都衣舍》《释放潜能：平台组织的进化路线图》《小米生态链战地笔记》等；查阅 CNKI 文献等

续表

阶段划分	资料属性	资料来源	资料获取方式
第二阶段（2017年11～12月）	一手资料	半结构化访谈、非正式交谈和现场观察	对韩都衣舍、海尔集团的相关部门负责人、高管进行结构化访谈，与个别高管和工作人员进行了非正式交谈；并实地参观了智慧蓝海办公场所、海尔集团的COSMOPlat展示区；参与韩都衣舍的论坛，分享沙龙活动，如“数据决策未来：韩都衣舍数据电商分享沙龙”、“韩都衣舍·蓝鲸论坛暨明湖峰会”、韩都大讲堂直播课程等；参加了“清华经管创业者加速器”举办的论坛，听取了小米生态链谷仓学院创始人洪华的讲座，并与其进行非正式交谈
第三阶段（2018年1～2月）	二手资料	文献资料、企业公众号、企业论坛	继续查阅CNKI文献资料；关注韩都动力的公众号、企业的最新网络报道材料、企业在股票交易市场的公告等
第四阶段（2018年3～5月）	一手资料	正式访谈与非正式访谈，企业交流活动	与韩都衣舍集团的高管、海尔集团的中层进行正式与非正式的访谈，验证与确认重要信息和研究思路、结论；参加“中国管理学者交流营——海尔行”活动；参加“山东大学百年学堂”举办的论坛活动，听取小米电视副总裁高雄勇的报告并对其进行了结构化访谈

本研究的总体数据收集时间跨度为2017年8月至2018年5月。表5－5是对韩都衣舍、海尔和小米的数据收集方式汇总。

（二）保证效度与信度的策略

殷·罗伯特（2010）指出，在进行案例研究时要注意对规范性和严谨性的控制，以确保案例研究过程的可行性和结论的真实性。具体的操作标准是保证案例研究的信度和效度，其实施策略分析如下：

1. 研究设计中的信效度策略

研究设计环节，主要从信度指标控制研究质量。本研究使用案例研究草案解决案例研究过程中对步骤、程序的记录问题，从而确保其他研究者能够重复进行此项研究并得到相同结论；为了确保案例归类的一致性和分析者信度，本研究在设计阶段从二手资料中随机抽取了部分文本资料进行信度检验，由两位编码者按照研究草案中的说明，完整地完成从引用语到子构念再到构念的三级编码。将编码结果进行比对，一致性较高，从而确保了编码员的归类一致性和信度。

2. 数据收集中的信效度策略

在信度控制方面，本研究建立案例研究资料库，确保重复研究的相同结论性。在构念的效度质量指标控制方面，本研究做到了以下策略：一是在长达6个月的调研时间里，我们收集了多轮访谈数据，被访谈对象跨层次、跨部门，研究团队多人对访谈内容进行了记录、整理与比对，保证了数据信息的真实性、完整性和全面性。二是采用多种数据来源保证所得数据的丰富性、代表性，广泛地采用档案、文献和观察数据对访谈数据进行补充，兼顾一手数据与二手数据。三是使用已有研究证明的能够从受访者那里获得准确信息的访谈技术（例如，“事件追溯”“法庭讯问”“非指导性提问”等）。四是本研究采用的证据链形成逻辑是：关键词—引用语—命题—模型。

3. 数据分析中的信效度策略

根据 Yin（2010）提出的分析推广逻辑，首先，依据“关键词—引用语—命题—模型”的证据链逻辑，结合已获得的一手、二手数据资料，对笔者比较熟悉的韩都衣舍集团的单案例进行深入的情景分析，对其商业生态系统的构建周期进行构念提取；其次，再将另外两个案例的研究依据证据链逻辑对第一次的案例研究进行复制，以检验第一次的案例研究结论在后来的两个复制案例中的适应性，从而保障案例研究的内部和外部效度。另外，采用 SPS 案例研究方法的研究步骤，从二手材料和案例调研中抽取理论构念的过程，要经过几步反复循环直到达到理论饱和点，也从某种程度上保证了数据分析的信效度。

4. 报告撰写中的信效度策略

严格遵循 SPS 案例研究法的具体操作步骤形成理论模型，并将构建的理论模型交由韩都衣舍集团和海尔集团的相关人员审核与检验、修正，以保证我们对互联网平台企业商业生态系统构建周期模型和演化机制模型理解的正确性。

第二节　理论构念

本章研究的目的是探究互联网平台企业商业生态系统演化的周期性表现和演化机制，以期为互联网平台企业商业生态系统的优化寻找必要的战略要素。因此，研究要找到能够衡量演化周期阶段变化和演化战略性要素的理论维度，需要对案例情景进行分析挖掘其观测变量。同一理论维度在互联网平台企业的平台生态化历程中会呈现不同的构念，不同的理论维度的构念变化相应地就可以区分其商业生态系统的演化阶段变化。互联网平台企业商业生态系统演化必然是一个从低级到高级、从简单到复杂的发展过程。在对这一过程进行衡量时，研究既从商业生态系统的视角，选取种群这一理论维度度量商业生态系统的主体演化；又从平台视角，选取平台的边界、功能和策略这三大表象特征来反映平台界面的演化，也即互联网平台企业商业生态系统核心架构的演化；还回归战略基础视角，选用了资源和能力两个理论维度，探究这两个核心竞争力的来源是如何驱动系统演化的。本章对案例情景的分析与挖掘，综合商业生态系统、平台、战略三个理论维度形成可观测的自变量，既反映了商业生态系统变化的外在表象，又体现了其变化的内在动力，能够综合地衡量因变量即互联网平台企业商业生态系统演化的周期性变化，并构造出其演化机制模型。关键构念编码见表5-6。

表5-6 关键构念编码表

理论维度		理论编码及文献来源
核心资源		用户资源 供应链资源 被孵化企业资源
核心能力		组织赋能力 平台赋能力 生态赋能力
种群		领导种群 （胡岗岚，2009） 关键种群 （胡岗岚，2009） 支持种群 （胡岗岚，2009） 寄生种群 （胡岗岚，2009）
平台界面	平台功能	产品平台 （Gawer，2009）
		交易平台 （Gawer，2009）
		产业平台 （Gawer，2009）
	平台边界	内部平台、外部平台 （Gawer，2014）
		清晰、模糊、高度模糊 （周利华，2010）
	平台策略	交互界面 （Rong K等，2013）
		网络形成 （Rong K等，2013）
		价值共创 （Rong K等，2013）
商业生态系统周期		初步形成阶段 （摩尔，1993）
		扩张成长阶段 （摩尔，1993）
		权威成熟阶段 （摩尔，1993）

按照SPS案例研究法的操作步骤循环往复，直到数据与理论充分一致时达到理论饱和点。我们将三个案例情景的数据与资料，同理论预想构念反复对照验证。其中，摩尔提出的商业生态系统周期包括初步形成期、扩张成长期、权威成

熟期和衰退或更新期，四个周期阶段是一般性商业生态系统演化的完整周期。但是，在对互联网平台企业商业生态系统的现实观察中，我们发现，由于互联网平台企业的平台生态化进程时间跨度不大，多数只发展到了成熟期，只有较少数大型互联网平台企业商业生态系统出现了衰退，并且未出现创新性的更新迭代。因此，本研究聚焦于互联网平台企业商业生态系统从初创到成熟的三个周期阶段，以期探索互联网平台企业对商业生态系统的构建路径，从演化规律中探析优化方案。根据理论与实践的对照验证，修正理论构念直到达到理论饱和点的原则，则本章对互联网平台企业商业生态系统周期性变量的量化包括初步形成期、扩张成长期和权威成熟期三个周期阶段。对互联网平台企业商业生态系统内的种群构成，本书认可胡岗岚（2009）的观点，种群分为领导种群、关键种群、支持种群和寄生种群。不同的是，本书对这四种种群所包括的物种企业类型作了重新阐释，在第四章有详细分析。平台界面是互联网平台企业商业生态系统的核心架构，对平台界面的认识，从平台边界、平台的功能和平台策略三个角度展开描述，并进一步根据相关理论明确其子构念。平台边界存在内部平台和外部平台以及边界清晰、边界模糊和边界高度模糊两组子构念；对平台功能理论维度的认识，本书选取了 Gawer（2009）的观点，认为存在交易平台、产品平台和产业平台三个子构念；平台策略存在三种策略或者说层次：交互界面、网络形成、价值共创，这是 Rong K 等（2013）提出的观点。理论构念确定的重要来源是对案例访谈信息的整理，本研究试图验证的两个自变量：核心资源和核心能力子构念，具有很强的时代情景性，从过往的文献中得到的子构念编码并不能完全解释互联网平台企业商业生态系统的情景，所以这两个子构念来源于访谈信息的抽取。其中，核心资源的子构念编码来源于对互联网平台企业生态化过程中的网络效应观察，我们发现网络效应中的各边资源对平台演化的作用极其重要，已有的一边资源撬动未有的另一边资源的过程促进了平台界面资源和能力的演化，核心资源恰是系统演化的驱动力。所以提取了核心资源的三个子构念：用户资源、供应链资源和平台搭载企业资源（也称为被孵化企业资源，下文同平台搭载企业资源）。核心能力的子构念是根据构建、整合和重新配置各种资源和能力的主体、范围和对象的不同来提出的，在组织边界之内，由组织的职能部门赋能组织内部员工是组织赋能力，在平台边界之内，由平台的领导种群、关键种群和支持种群赋能平台搭载者是平台赋能力，而在平台界面网络中，利用公共组件和用户资源的共享，将平台界面自身的能力和资源对外市场化开放，促使互联网平台企业商业生态边界之内的所有种群相互彼此赋能的态势是生态赋能力。

第三节　数据分析

一、案例时序分析

根据二手文献资料、一手访谈内容和现场观察，结合本部分的研究主题与目的，我们将韩都衣舍、海尔、小米三个案例情景中有代表性的相关重大事件做了汇总整理，制作了大事件年表（见表5－7、表5－8、表5－9），将其作为时序分析的模型。大事件年表的数据内容已通过比对二手文献资料、与访谈人员反复核实等方式进行了几轮修正，确保事件准确性和严谨性。

表5－7　韩都衣舍发展大事件年表

年份	事件	关键性节点	阶段
2008	代购专家	公司成立	初创阶段
2009	买手制	开启品牌之路 HSTYLE 单品牌	
2010	转型“小组制”		
2012	注册 AMH、“素缕”加入	开启多品牌之路	成长阶段
2013	柔性供应链建设（BOSS 系统）		
2014	多品牌模式壮大，“迪葵纳”加入		
2015	内部试运行代运营品牌项目	开启“平台赋能”模式	
2016	建成“智慧蓝海”“韩都动力”	多平台界面赋能被孵企业	成熟阶段
2017	建设“互联网品牌生态运营系统”	开启“生态赋能”模式	

资料来源：笔者根据访谈资料和二手资料整理而得，没有 2011 年不是按照每年的顺序编写，而是按照事件顺序编写，2011 年没有大事件。

表5－8　海尔发展大事年表

时间	事件	关键性节点	阶段
2009 年 11 月	建立“HOPE”，支持海尔的研发团队创新性地满足用户个性化需求	建立第一个平台界面，开启开放式创新业务的单平台运营	初创阶段
2012 年 12 月	海尔宣布实施网络化战略	传统生态系统的重构性更新起点	

续表

<table>
<tr><th>时间</th><th>事件</th><th>关键性节点</th><th>阶段</th></tr>
<tr><td rowspan="4">2013～2014年</td><td>成立“日日顺”“海尔商城”等物流、销售平台，完成天猫等电商平台的渠道布局</td><td>开启电商销售平台</td><td rowspan="4">成长阶段</td></tr>
<tr><td>成立“海立方”平台，是海尔的内部创业孵化器</td><td>开启内部转型孵化平台</td></tr>
<tr><td>成立“海尔产业金融”“海融易”“海尔云贷”平台等金融平台</td><td>开启金融平台</td></tr>
<tr><td>建立海达源平台，是全球家电业首个模块商资源服务与聚合平台开启</td><td>开启家电产业链垂直整合平台</td></tr>
<tr><td rowspan="3">2015～2016年</td><td>“海立方”升级为“海创汇”，成为海尔的创业孵化平台，面向全社会开放</td><td>开启孵化创客的创业平台</td><td rowspan="4">成熟阶段</td></tr>
<tr><td>HOPE也开始为其他的一些公司、机构服务，为能源、汽车、日化、烟草、电力等行业的大型公司提供创新服务解决方案，如佛吉亚</td><td>开启技术创新的服务与孵化平台</td></tr>
<tr><td>建立U＋智慧生活平台，为用户提供互联网时代智慧生活解决方案，包括先后建立了海达源、海极网、众创汇平台</td><td>开启围绕用户个性化需求的智能生活解决方案平台，面向全社会开放</td></tr>
<tr><td>2017年</td><td>建成COSMOPlat工业互联平台，为中小企业提供智能转型升级的整体解决方案</td><td>成熟的“生态赋能”模式</td></tr>
</table>

资料来源：笔者根据访谈资料和二手资料整理而得。

表5－9　小米发展大事年表

<table>
<tr><th>时间</th><th>事件</th><th>关键性节点</th><th>阶段</th></tr>
<tr><td>2010年</td><td>相继推出了米聊和MIUI手机操作系统，建立MIUI官方论坛</td><td>形成手机操作系统平台</td><td>初创阶段</td></tr>
<tr><td>2011年</td><td>进军手机市场</td><td>形成手机硬件业务平台</td><td rowspan="3">成长阶段</td></tr>
<tr><td>2013年</td><td>“复制小米手机经验”，颠覆性做手环、移动电源等智能硬件</td><td>尝试多产品品类</td></tr>
<tr><td>2014年10月</td><td>米家商城上线，内置在小米智能家庭APP</td><td>形成销售业务平台</td></tr>
<tr><td>2015年</td><td>正式成立生态链部门，孵化生态链企业</td><td rowspan="2">形成孵化平台</td><td rowspan="3">成熟阶段</td></tr>
<tr><td>2016年</td><td>“米家”品牌发布；整合、提升供应链；采用“投资＋孵化”模式不断孵化生态链企业</td></tr>
<tr><td>2017年</td><td>截止到2017年6月30日，生态链企业已经达到89家，生态链企业之间交互合作</td><td>开启“生态赋能”模式</td></tr>
</table>

资料来源：笔者根据二手资料整理而得。

二、案例数据编码

为了降低对案例资料理解的偏差，将案例数据进行条理化分类，对一手数据和二手数据采用了数据编码的方式进行整理。根据资料属性和分类进行了案例数据的一级编码（见表5－10）。

表5－10　案例数据一级编码

数据来源	数据分类	编码	韩都衣舍	海尔	小米
一手资料	通过半结构化访谈获得的资料	A1	A11	A12	A13
	通过非正式访谈获得的资料	A2	A21	A22	A23
	通过现场观察获得的资料	A3	A31	A32	A33
二手资料	通过 CNKI 数据库获得的资料	B1	B11	B12	B13
	通过网络渠道、企业的官网、公众号、书籍获得的资料	B2	B21	B22	B23
	通过企业论坛、直播课堂获得的资料	B3	B31	B32	B33

按照前文所述的理论依据（关键构念编码表）展开二级编码，为了保证理论模型具有简约性、准确性和普遍性，本书使用了反复迭代的数据分析方法，且数据分析的过程尽力确保理论、数据和模型三者的一致性（潘善琳和崔丽丽，2016）。首先，对韩都衣舍的案例依据表5－6的理论编码展开二级编码。如果数据与现有理论编码相符，那么说明数据与该理论编码相匹配；如果数据与现有理论编码不符，那么通过开放式编码或轴心编码（张霞和毛基业，2012）的方式对现有编码的理论维度进行修正，以期能够涌现出新的构念。最终形成的韩都衣舍案例编码结果（见表5－11）。其次，运用以上方法对海尔和小米的案例进行复制性编码，以检验单案例编码结论在不同类型的案例企业间的适用性，并从三个案例的一致性编码中确定互联网平台企业的商业生态系统演化规律。编码结果如表5－12和表5－13所示。

表 5－11　韩都衣舍电商集团案例编码

阶段划分	理论维度	构念	子构念	构念解释	典型证据援引	数据来源
初步形成阶段	平台演化	平台功能	交易平台	在淘宝、京东、唯品会等电商平台销售，连接 C 端和 B 端	2010 年，韩都衣舍在淘宝一年能做到 8700 万元，获得“全国十大网货品牌”	B_{21} B_{31}
		平台边界	内部平台清晰边界	“小组＋平台”模式服务于组织内部的自有品牌	2012 年以前，是韩都的单品牌运营阶段，只有 HSTYLE 一个品牌，公共职能部门服务于 HSTYLE 的多个品类产品小组	A_{11} A_{21}
		平台策略	交互界面	单业务平台界面，连接供需双方，企业提供非核心业务的基础职能服务	在自有业务链条上，采用“小组＋平台”的模式，连接和服务自有服饰类品牌的供应链上下游环节	B_{21}
	种群演化	种群种类	领导种群关键种群	领导种群是商业生态系统的构建主体，即平台企业；关键种群是用户、业务员工团队、供应商等	“那时还没有要构建商业生态的战略，只是做平台，用平台模式激活业务员工团队去迎合用户需求，让他们去找供应商。”“韩都衣舍在发展初期，主要运营在淘宝平台上的淘宝店铺，集中核心资源做单品牌女装业务，技术、物流、金融等模块发展滞后并且主要依托淘宝平台”	A_{11} B_{31}
	核心资源	资源种类	用户资源	用户数量激增，成为企业成长的核心资源优势	“最初都是韩都求供应链企业帮忙，到后来才是供应链企业来找韩都。”“在韩风时尚的风口和淘宝流量红利时期，韩都的销量激增，在淘宝平台上吸引了大一批粉丝”	A_{21} B_{21}
	核心能力	能力种类	组织赋能力	组织作为主体赋予组织内的业务小组整合资源的能力	“2008～2012 年是单品牌赋能阶段，由组织赋能给小组”	A_{11} B_{11}

续表

阶段划分	理论维度	构念	子构念	构念解释	典型证据援引	数据来源
扩张成长阶段	平台演化	平台功能	产品平台	企业采用平台模式整合产品生产的相关资源，采用模块化和开放接口的模式，引入产品生产资源，基于平台构建产品系列	所有的非标准化环节由小组来做，所有的标准化环节则由公司来做，与优质供应链资源实现合作；“韩都衣舍的柔性供应链管理系统，与制造工厂连接，柔性供应链系统能够实现当季的小单快返，大大提高了企业的运作效率”	A_{11} B_{21}
			交易平台	在天猫、京东、唯品会、当当等电商平台销售，且销售业绩增长迅速，实现了小单快返	天猫的韩都衣舍旗舰店标语“2012～2017 年度天猫女装累计销售总冠军”；韩都衣舍供应商总数是 240 多家，最小的订量是 100 件商品，下单交货平均周期是 20 天	B_{21}
		平台边界	内部平台模糊边界	面对自有品牌和合作品牌提供“小组 + 平台”模式的基础架构；基础公共职能服务多样化、完善化，面向多品牌多品类	2014 年，公司的战略是要通过自我孵化和投资并购两种方式，布局各个细分定位的品牌，将“以产品小组为核心的单品全程运营体系”复制到各个品牌，在供应链、IT 系统、仓储、客服四大方面提供支持，打造一个覆盖韩风系列品牌群、欧美系列品牌群、东方系列品牌群的基于互联网的时尚品牌孵化平台	B_{21}
		平台策略	交互界面	对接供需双方需求的业务平台界面	继续优化自有品牌的业务链条，优化业务支持体系，形成有较强运营能力的平台架构，服务于自有品牌与合作品牌对接供应链资源和用户资源；2014 年已实现全链数据化，拥有全国领先的平台协同能力	A_{11} B_{11}
			网络形成	多品牌多品类用户之间的网络；产品小组与公共服务小组之间的网络	2012 年成功收购素缕，素缕被收购后逐渐使用韩都的“小组 + 平台”模式；2014 年，迪葵纳是刚进入韩都就用小组制模式，发展迅速，2015 年就实现了品类第一	A_{11} A_{21} B_{31}

续表

阶段划分	理论维度	构念	子构念	构念解释	典型证据援引	数据来源
扩张成长阶段	种群演化	种群种类	领导种群 关键种群 支持种群	支持种群是支持领导种群的核心业务发展和寄生种群的被孵化业务发展的种群。包括物流、金融、信息技术、仓储、客服等	自2011年“双十一”大规模暴露出技术、仓储、物流的问题后，韩都开始着手建立各个模块系统，直到2014年在供应链、IT系统、仓储、客服四大方面为自有品牌和合作品牌提供支持服务，形成公共支持体系	A_{11} B_{31}
	核心资源	资源种类	用户资源 供应链资源	平台的跨边网络效应，在用户数量激增的情境下，撬动了大量供应链资源	在韩都衣舍业务量激增的情况下，恰逢优质供应链资源主动找到韩都衣舍，想要合作发展	A_{11}
	核心能力	能力种类	平台赋能力	平台作为主体赋予平台寄生企业整合资源的能力	大数据驱动、商业智能协同的全链数据化运营平台自2014~2016年在内部试运行了两年，发现这种能力确实可以赋能其他合作企业初创和成长	A_{11} A_{21}
权威成熟阶段	平台演化	平台功能	产业平台	作为产业平台的企业能够通过实体与虚拟的融合，超越企业甚至原有产业的边界，实现产业融合	将内部平台的运营能力和赋能力向全行业开放，提供互联网品牌运营的解决方案；“打造互联网品牌生态运营平台，也叫SOB模式”	A_{11} B_{11}
		平台边界	外部平台高度模糊边界	跨越企业边界，借助多平台界面孵化外部企业	成立“智慧蓝海”和“韩都动力”平台界面，从线上和线下两个空间为全行业提供代运营、孵化互联网品牌的整体解决方案	A_{31}
		平台策略	交互界面	跨越组织边界跨行业多个平台界面，实现S2b2C，连接代运营品牌、用户与供应链	韩都在平台赋能的过程中，平台会得到升级，在代运营过程中，韩都可以对这个领域的这类品牌的消费者的行为进行数据分析、对品牌的发展行为进行数据分析，数据获取、分析与应用能力就会沉淀在平台上；自有业务平台与孵化业务平台交错，连接不同的用户、供应商和孵化企业	A_{31} B_{31} B_{11}

续表

阶段划分	理论维度	构念	子构念	构念解释	典型证据援引	数据来源
权威成熟阶段	平台演化	平台策略	网络形成	全行业的互联网品牌与 C 端、供应商之间的网络	韩都搭建了多个业务平台界面，包括自有业务平台界面，线上云端孵化平台界面和线下物理空间孵化平台界面，形成了平台网络布局	A_{11} B_{11}
			价值共创	产业平台上的搭载品牌之间交互创新、自组织协调	企业之间可以互相推荐资源和供应渠道。例如，红头社为一亩地瓜、浣熊宝贝等企业做了网红服务，还有达人淘、达人推，为其他互联网企业的线上运营中的软文服务。又如，挣钱钱工作室是做摄影服务的，与一亩地瓜用地瓜产品置换了一集摄影拍。人人影视与达人推已经合作了新公司，做短视频拍摄，叫众哲动力。现在业务发展很好，主要做淘宝商家的短视频拍摄。最初的自生态系统里的合作是很初期的，但会在合作过程中逐渐深入	A_{21}
	种群演化	种群种类	领导种群 关键种群 支持种群 寄生种群	领导种群、关键种群和支持种群不断优化提升，有更强的能力吸引和孵化寄生种群，寄生种群主要是被孵化企业 B。生态系统内物种越来越丰富	优化完善支持体系，形成了九大系统功能是平台的固有功能，或者说共享功能，分别是韩都制造、韩都仓储、韩都运营、韩都智能、韩都客服、韩都大学、韩都金融、韩都传媒、韩都映像；被孵化企业以大服饰品类为主，外延到鞋包、家纺家居、化妆品、休闲零食等多品类，已经成功孵化数家企业	A_{31} B_{31}
	核心资源	资源种类	用户资源 供应链资源被孵企业资源	用户资源与供应链资源作为平台的优势资源，共同撬动了被孵企业资源的加入	平台上的品牌通过平台实现自身的成长，而韩都也通过平台实现服务提供的收费，以及代运营过程中对这个行业、品牌的判断和分析，提升整个平台系统对各个行业的运营和整合能力，才能在平台对外开放的过程中吸引到众多的初创企业和转型企业加入	A_{11}
	核心能力	能力种类	生态赋能力	商业生态边界之内由所有种群相互赋能彼此	大数据驱动、商业智能协同的全链数据化运营平台，是生态赋能型的运营平台。面对大服饰品类，到 2016 年，生态运营平台就形成了。截至 2016 年底，实现自有运营、服务和代运营 80 余个品牌	A_{11}

表 5－12　海尔集团案例编码

阶段划分	理论维度	构念	子构念	构念解释	典型证据援引	数据来源
初步形成阶段	平台界面	平台功能	产品平台	开放系统和接口，形成公共结构，可以有效地开发和生产相关产品	HOPE 的模式为由海尔各产业线发布需求，外部技术持有者按需提供方案，技术成果转化为海尔内部产业线产品	A_{32} B_{22} B_{32}
		平台边界	内部平台清晰边界	平台服务于企业内部核心业务资源的整合	“海尔的平台化转型是从设计模块开始的，从研发中心成立了HOPE”	A_{12} A_{22}
		平台策略	交互界面	单业务平台界面，连接供需双方	单业务平台 HOPE 实现研发设计需求和技术创新创意供给的连接，在家电制造业务领域中的设计模块进行尝试性平台模式运营	B_{12} B_{22}
	种群演化	种群种类	领导种群 关键种群 支持种群	领导种群是系统的构建主体，即平台企业；关键种群是用户、供应商等，支持种群是支持核心业务发展和被孵化业务发展的种群。包括物流、金融、信息技术、仓储、客服等	海尔的工业互联网商业生态系统是由海尔的原有传统商业生态系统转型而来，原系统中的物种还存在，只是要转变存在方式、关系等；“海尔原业务系统中的用户、供应商、物流、金融、客服、生产等环节都有，需要逐个环节进行平台化运营，实现‘小平台＋小微’模式”	A_{12} A_{22} B_{22}
	核心资源	资源种类	供应链资源	服务于原有生态系统的优质供应链资源	“把原有系统的优质供应链资源放在平台上，能够有能力迅速实现用户的个性化需求，以此来引爆用户流量”；最初阶段的 HOPE 平台并没有面向用户，而是用户研发设计需求的对接	A_{22} B_{22}
	核心能力	能力种类	组织赋能力	组织作为主体赋予组织内的业务组织整合资源的能力	“商业生态系统的初级阶段时，从科层制向平台组织的转型还没完成”	A_{22} B_{12}

续表

阶段划分	理论维度	构念	子构念	构念解释	典型证据援引	数据来源
扩张成长阶段	平台演化	平台功能	产品平台	企业采用平台模式整合产品生产的相关资源，采用模块化和开放接口的模式，引入产品生产资源，基于平台构建产品系列	除早期的 HOPE 平台以外，又建立了“海立方”家电制造众筹平台以及“海达源”模块商资源服务与聚合平台，实现用户需求和设计创意的对接与产品转化；“用户在平台社区中留贴想要一款 Hello kitty 款家电，海尔利用平台征集技术方案，做出样机放在平台上征集用户意见，最终让 13 款 Hello kitty 家电全线上市”	A_{12} B_{12} B_{22}
			交易平台	自有电商平台、入驻已有电商平台、大件商品交易平台	建立自有电商品牌网站“海尔商城”，负责自主经营海尔产品，入驻天猫开设旗舰店，采销模式进入苏宁、京东等平台，完善电商渠道，打造“日日顺”平台，利用物流优势锁定大件商品交易市场；“海尔的电商业务布局全面浮出水面，海尔商城和日日顺是 B2C 平台，巨商汇是 B2B 平台，还建立了跨境电商平台”	A_{12} B_{12} B_{32}
		平台边界	内部平台模糊边界	平台服务于企业内部的自有业务需要	“每个平台都是从原有业务模块基础上建立起来的，先是内部的创业小微在平台上尝试生长”；“平台上搭载的企业是由内及外的，是从向海尔内部开放到向全社会开放的”	A_{12} A_{22}
		平台策略	交互界面	对接供需双方需求的业务平台界面	“海尔产业金融”“海融易”“海尔云贷”等金融平台对接用户、供应链企业、小微的资金需求；海达源垂直整合供应链资源，对接用户需求；“日日顺”平台对接大宗货物运输需求、“海尔商城”等交易平台对接海尔与用户直接的供需	A_{12} B_{12} B_{22}
			网络形成	多平台界面之间交错，产生网络	金融平台、物流平台、供应链整合平台、销售平台等多个平台之间相互导流用户；“海立方”孵化平台上的小微对金融、物流等支持业务的需要来自“海尔产业金融”“海尔云贷”“日日顺”等平台	A_{12} B_{12} B_{32}

续表

阶段划分	理论维度	构念	子构念	构念解释	典型证据援引	数据来源
扩张成长阶段	种群演化	种群种类	领导种群 关键种群 支持种群	领导种群是系统的构建主体，即平台企业；关键种群是用户、子平台主、供应商等，支持种群是支持核心业务发展和被孵化业务发展的种群。包括物流、金融、信息技术、仓储、客服等	“海创汇”平台是海尔由“制造产品”向“孵化创客”转型的平台，孵化出许多内部创客小微；“在这个阶段，种群类别上最明显的变化就是小微的出现，成长中的小微越来越多，另外是支持种群越来越强大”	A_{12} A_{22}
	核心资源	资源种类	用户资源 供应链资源	平台的跨边网络效应，在供应链资源优越的情境下，撬动大量用户	“各个平台界面的成长，吸引越来越多的用户流量”；2015 年 2 万多家一流模块商资源汇聚“海达源”平台，引爆行业能量，在中国市场和东南亚市场迅速导入用户需求，仅中国市场的用户需求发布数就高达近 3 万个	A_{22} B_{32}
	核心能力	能力种类	平台赋能力	平台作为主体赋予平台寄生小微整合资源的能力	海尔内部的各个业务平台联合赋能内部小微，使其拥有整合资源的能力	A_{12} B_{12}
权威成熟阶段	平台演化	平台功能	产业平台	作为产业平台的企业能够通过实体与虚拟的融合，超越企业甚至原有产业的边界，实现产业融合	COSMOPlat 将交互、设计、采购等七大模块进行社会化推广，赋能产业升级，已经复制到 12 个行业、11 个区域；“海尔在制造端的供应链整合平台、在销售端的渠道整合平台以及在业务支持体系上的平台形成的平台体系，有强大的资源和能力对外开放，市场化运营平台资源、能力”	A_{12} A_{32} B_{12}
		平台边界	外部平台高度模糊边界	跨越企业边界，借助多平台界面孵化外部企业	海创汇依托海尔生态产业资源及开放的社会资源，区别于普通孵化器，实现了创新与创业、线上与线下、孵化与投资的系统结合，为创客提供包含投资、学院、供应链与渠道加速、空间、工厂、创新技术等一站式孵化服务；COSMOPlat 平台是国家级示范平台，为中小企业提供智能转型升级的整体解决方案，实现跨领域、跨行业的复制	A_{32} B_{12} B_{22}

续表

阶段划分	理论维度	构念	子构念	构念解释	典型证据援引	数据来源
权威成熟阶段	平台演化	平台策略	交互界面	跨越组织边界跨行业建立多个平台界面，实现 S2b2C，连接被孵化企业、用户与供应链	形成“大平台套小平台，小平台生长出小微物种”的局面，共同服务于用户；“海创汇”孵化创客、“HOPE”升级为孵化技术创新，“U＋智慧生活”孵化供应链企业和硬件制造商、COSMOPlat 孵化中小企业智能升级转型，多个孵化平台对接用户需求	A_{12} B_{12}
			网络形成	跨行业的中小制造业企业与 C 端、供应商之间的网络	“这个阶段各个平台越来越成熟，相互交错导流的能力也越强”；海达源通过工厂互联为用户提供互联网时代智慧生活解决方案，变零件商为模块商，用并联的方式使供应链企业与外部企业资源直面用户需求，实现零距离交互	A_{12} B_{12}
			价值共创	产业平台上的寄生小微之间交互创新、自组织协调	“日日顺平台从最初的物流平台已经衍生出了日日顺快线、日日顺乐家、日日顺健康等平台。”“平台之间的小微交互过程中，会产生新的创意，衍生出新的小微公司”	A_{12} B_{32}
	种群演化	种群种类	领导种群 关键种群 支持种群 寄生种群	领导种群、关键种群和支持种群不断优化提升，有更强的能力吸引和孵化寄生种群，寄生种群主要是被孵化企业 B。生态系统内物种越来越丰富	海尔各类平台的使用者是多样化、个性化的，主要是创客们设立的创业小微，其身份来源涵盖了在册和在线员工，前者是海尔原有的员工，后者包括了“换边”用户、合作伙伴、社会资源以及创业联盟等；海尔已经结构出 3800 多个节点小微，与使用其所供资源的一线的用户小微（前述的各类创业小微）一同成为全流程并联的集团内部业务资源供应方；“个性化、情景化的用户，与创客化的员工、小微化的创业创新单元，以及来自全社会的 3600 家创业创新孵化资源方，一起作为海尔创业平台的主要使用者”	A_{12} A_{22} B_{12}
	核心资源	资源种类	用户资源 供应链资源 被孵企业资源	用户资源与供应链资源作为平台的优势资源，共同撬动了寄生小微资源的加入	“海尔的各个平台界面为寄生小微的加入开放接口，仅是日日顺平台上的车小微就有 21 个，他们通过互联网自主进入，自主抢单，而服务评价则全部来自用户”；“海创汇平台在上海、杭州、天津等多地成立孵化器平台，吸引和服务于小微企业”	A_{12} B_{12} B_{22}
	核心能力	能力种类	生态赋能力	商业生态边界之内由所有种群相互赋能彼此	“海尔创吧”联合商业生态系统内的其他平台，如海尔大学、共享中心、资源创新平台、690HR 平台、1169HR 平台、FUHR 平台、海外 HR 平台、海尔地产 HR 平台等各个平台，共同研发人力资源产品，并基于创客创业规律进行重新整合，为寄生小微企业提供全方位的人力资源服务；“COSMOPlat、U＋、海创汇等几大平台联合各个支撑平台共同赋能，形成生态赋能力”	A_{11} B_{21}

表 5-13　小米科技有限公司案例编码

阶段划分	理论维度	构念	子构念	构念解释	典型证据援引	数据来源
初步形成阶段	平台界面	平台功能	产品平台	开放系统和接口，形成一个公共结构，可以有效地开发和生产相关产品	小米将安卓系统进行了深度优化、定制和开发，推出 MIUI 手机操作系统，建立官方论坛，将用户链接到系统优化中，根据用户建议完成 MIUI 系统的迭代升级	B_{13} B_{23}
		平台边界	内部平台清晰边界	单平台服务于企业内部核心业务资源的整合	MIUI 操作系统平台在小米企业边界之内整合资源	B_{22}
		平台策略	交互界面	业务平台界面，连接供需双方	成立初期只有 MIUI 操作系统一个平台界面，采用社区的方式连接用户实现与用户的交互	B_{21}
	种群演化	种群种类	领导种群关键种群	领导种群是系统的构建主体，即平台企业；关键种群是用户、供应商等	成立初期，小米自己做技术、做平台、做社区	B_{33}
	核心资源	资源种类	用户资源	平台模式使得用户参与度高，积累了用户资源，此时的用户资源都是基于社群交互积聚在产品平台界面上	小米根据用户建议迭代 MIUI 系统，减少开发成本的同时也增加用户参与度，成立初期积累了大概 1.7 亿用户；创业初期，没有供应商愿意相信小米能成功，我们被拒绝了无数次	B_{13} B_{23} B_{33}
	核心能力	能力种类	组织赋能力	组织作为主体赋予组织内的员工组织资源的能力	小米创业时是“合伙人制度”，七位来自不同领域的“大牛”组成班子，各自负责自己最擅长的领域，自己对自己分内的事说了算，决策非常高效，但当你需要别人支持的时候，其他人会随时组队配合；“企业内部是扁平化管理，大致分为七个核心创始人—部门管理者—员工三个层级，而团队稍微大点就拆分成小团队，团队之间回味共同木匾协同”	A_{13} B_{23}

续表

阶段划分	理论维度	构念	子构念	构念解释	典型证据援引	数据来源
扩张成长阶段	平台演化	平台功能	产品平台	企业采用平台模式整合产品生产的相关资源，采用模块化和开放接口的模式，引入产品生产资源，基于平台构建产品系列	小米采用硬件平台模式，进军手机市场，对用户开放手机业务平台，让用户全程参与到策划、设计、开发、测试再到发布的各个环节	B_{13} B_{23}
扩张成长阶段	平台演化	平台功能	交易平台	线上销售平台和实体店销售平台	2014年10月，米家商城上线；随着小米产品平台的发展，小米的产品品类逐渐丰富。在一次对外展示宣传中，小米发现了市场零售业务的巨大潜力。小米开始实体店销售策略，到2015~2016年，把小米之家做起来了	A_{23} B_{23}
扩张成长阶段	平台演化	平台边界	内部平台模糊边界	平台服务于企业内部的自有业务需要	“在小米战略布局生态链企业之前，小米的产品都是自有产品”	A_{23}
扩张成长阶段	平台演化	平台策略	交互界面	连接供需双方的平台界面	小米的手机硬件终端都是一个产品平台界面，连接着用户和供应链企业	A_{23} B_{23}
扩张成长阶段	平台演化	平台策略	网络形成	多平台界面之间交错，产生网络平台界面	早在2013年，小米投资试水的移动电源业务在第一年就取得了收入过10亿元的好成绩，而该业务之所以能够“初战告捷”，也是借助了小米手机积累的品牌、渠道、用户等资源优势	B_{13}
扩张成长阶段	种群演化	种群种类	领导种群 关键种群 支持种群	领导种群是系统的构建主体，即平台企业；关键种群是用户、业务团队、供应商等，支持种群是支持核心业务发展和被孵化业务发展的种群。包括物流、金融、信息技术、仓储、客服等	“小米从操作系统、手机平台上积累的经验、供应链资源、人力资源等已经能够支撑小米的平台化运营”；2013年小米从内部拉出一支十几个人的工程师团队来做生态链孵化；“小米可以帮助生态链企业解决融资问题，小米的线上销售平台也可以作为生态链企业的销售渠道，不过要有严格的把关”	A_{23} B_{23} B_{33}
扩张成长阶段	核心资源	资源种类	用户资源 供应链资源	平台的跨边网络效应，在拥有大量用户资源的情境下，撬动供应链资源加入	“刘德加入小米后，分工是‘工业设计+X’，这个‘X’分别是供应链、银行、生态链。供应链从零开始，被他开拓到优质”	A_{23} B_{33}

续表

阶段划分	理论维度	构念	子构念	构念解释	典型证据援引	数据来源
扩张成长阶段	核心能力	能力种类	平台赋能力	平台作为主体赋予平台上的搭载产品业务整合资源的能力	战略布局“复制小米手机经验”，将小米手机硬件平台上的资源能力整合到手环、移动电源产品上	B_{23}
权威成熟阶段	平台演化	平台功能	产业平台	作为产业平台的企业能够通过实体与虚拟的融合，超越企业甚至原有产业的边界，实现产业融合	小米的生态链投资圈层从里到外已经从我们熟知的手机、手机周边、智能硬件，扩展到了生活耗材领域，小米的生态系统是要建立一个围绕提高个人和家庭生活品质的消费类产业平台体系	A_{23} B_{23} B_{33}
		平台边界	外部平台高度模糊	跨越企业边界，借助多平台界面孵化外部企业	在成长阶段，小米初步试水孵化外部企业，成功取得良好业绩后，要持续投资、孵化生态链企业共 100 家	B_{23}
		平台策略	交互界面	跨越组织边界跨行业建立多个平台界面，实现 S2b2C，连接生态链企业、用户与供应链	通过生态链产品改变了 100 多个行业，全面推动了商业效率的提升，进入全球 74 个国家和地区，建起了全球最大的消费物联网平台	B_{23} B_{13}
			网络形成	跨行业的生态链企业与 C 端、供应商之间的网络	“小米的多家生态链企业，形成多个生态链条，之间是交错共享用户资源、供应链资源的”	A_{23} B_{23}
			价值共创	产业平台上的生态链企业之间交互创新、自组织协调	小米生态链公司之间会有帮助。例如，紫米作为小米生态链中的电池专家，为电池需求量很大的纳恩博 9 号平衡车提供电池支持，可以把电池成本拉低 20% 左右；“小米生态系统内的竹林效应最大的特点就是能够自我完成新陈代谢过程”	B_{13} B_{23}

续表

阶段划分	理论维度	构念	子构念	构念解释	典型证据援引	数据来源
权威成熟阶段	种群演化	种群种类	领导种群 关键种群 支持种群 寄生种群	领导种群是系统的构建主体，即平台企业；关键种群是用户、工程师团队、供应商等，支持种群是支持核心业务发展和被孵化业务发展的种群。包括物流、金融、信息技术、仓储、客服等；寄生种群是小米投资孵化的生态链企业	小米手机、MIUI、米聊、小米网、小米盒子、小米电视和小米路由器是小米公司旗下的七大核心业务。除此之外，小米致力于打造基于企业生态的智能硬件孵化器，截至2017年6月30日，小米生态链企业已经达到89家，有16家年销售过亿元，4家成为估值过10亿美元的独角兽公司	B_{13} B_{23}
	核心资源	资源种类	用户资源 供应链资源 被孵化企业资源	用户资源与供应链资源作为平台的优势资源，共同撬动了生态链企业资源的加入	小米生态链部门，能同时在产品定义、设计、供应链、融资、用户群、渠道等方面帮助生态链公司快速成长	A_{11}
	核心能力	能力种类	生态赋能力	商业生态边界之内由所有种群相互赋能彼此	生态链公司会与小米以往积累的用户“粉丝”互动沟通，以保证产品上市前的认可度；小米生态链企业依靠小米系统内的资源，获得以往“单打独斗”不可能获得的低价优势；纯米不但是一家电饭煲公司，还是一家大数据公司，通过纯米的用户数据挖掘，能知道一个消费者的使用习惯，还知道消费者的整体分布情况、集体偏好、米的消耗量、地区水质等数据。这些数据可以供小米生态中的其他生态链企业使用，提升生态系统对接用户需求的能力，吸引更多的企业进入系统	A_{23} B_{13}

第四节　案例发现

一、商业生态系统演化的驱动力——核心资源

资源是企业创造并实施战略的基础（Barney J，1991），随着互联网平台企业的战略转型，尤其是生态战略逐渐成为商业竞争的主流范式，企业能够获得的资源的类型、复杂程度和范围都在发生变化，对互联网平台企业来说，在构建商业生态系统的过程中，“如何构建自己的资源池”这一问题是其有效实施生态战略的动力基础。从本研究的多个案例的开放性编码过程中，我们发现互联网平台企业的资源池的构建逻辑是：利用平台的跨边网络效应，从企业拥有的一方核心资源（用户资源或供应链资源）开始，以平台（产品平台或交易平台）为杠杆撬动另一方资源（用户资源或供应链资源）进入资源池。当企业的资源池里有供应链资源也有用户资源时，两者共同作为核心资源发力，再以平台（孵化业务平台界面）为杠杆撬动外部的孵化企业资源进入企业的资源池，孵化企业资源是自带供应链资源和用户资源的，这样一来，核心互联网平台企业就拥有了更加丰富的用户资源和供应链资源。互联网平台企业对每种资源的整合过程，也是其逐渐形成相应的平台界面的过程。也就是说，互联网平台企业核心资源丰富的过程，也是促进平台界面功能升级和界面扩张的过程，是互联网平台企业商业生态系统演化升级的过程。

从韩都衣舍、海尔、小米三类企业的发展情景中我们可以发现：

（1）基于平台界面的杠杆作用，核心资源不断丰富。无论是交易互联网平台企业、工业互联网平台企业，还是应用服务互联网平台企业，它们在平台生态化的发展过程中，都会在供应端资源或用户端资源中选择自身的优势资源先植入平台架构，利用平台的跨边网络效应，来撬动另一类资源的进入。由于平台对供需的连接功能，因此，供应链资源和用户资源之间相互撬动，拥有供应链资源优势的平台会逐渐吸引用户资源的加入，而拥有用户资源的平台会有能力导入供应链资源。无论是产品平台界面还是交易平台界面，都有可能先积聚用户资源，再以用户资源撬动供应链资源进入资源池（见图5-2）。这区别于传统的只有渠道优势才能积聚用户资源的认识。在小米的案例中，我们就观察到了小米以其产品平台界面连接用户资源的现象，这是社群交互效应的体现。

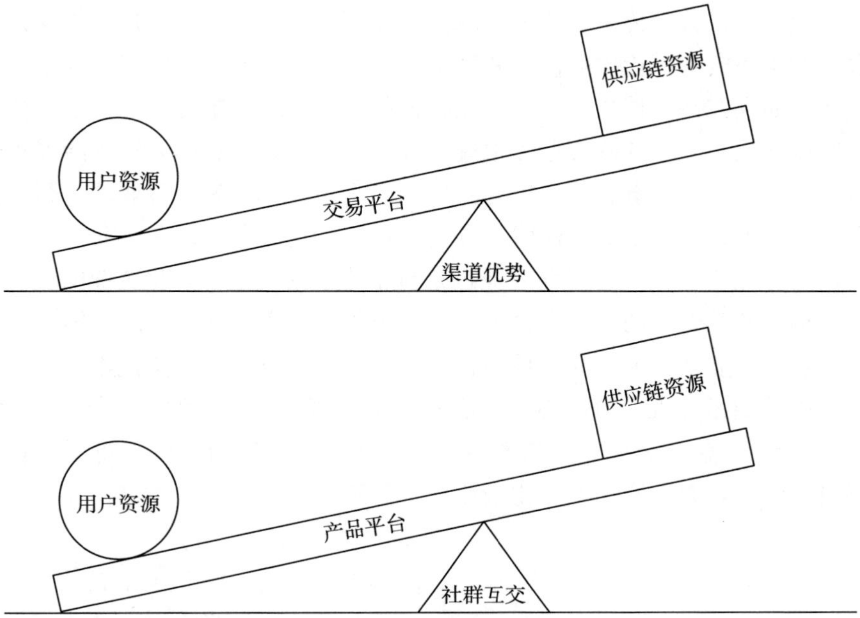

图 5－2　以用户资源撬动供应链资源

另外，对于先拥有供应链资源的互联网平台企业，也会形成对用户资源的撬动作用，其产生撬动作用的平台界面是产品平台界面，如图 5－3 所示。海尔案例中成熟的 HOPE 平台界面和小米不断丰富的产品系列都是能够撬动用户资源的产品平台。

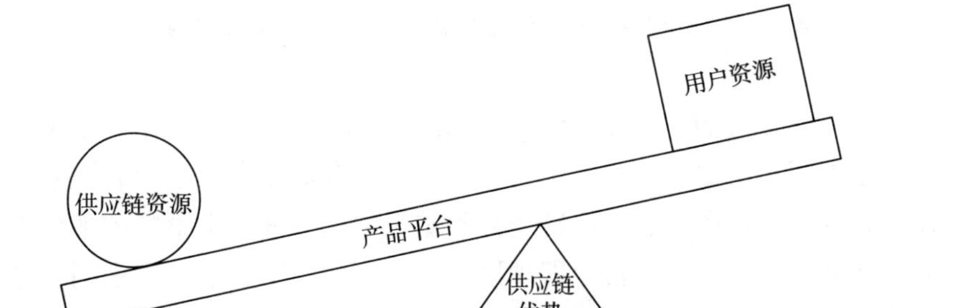

图 5－3　以供应链资源撬动用户资源

当平台企业利用核心业务平台占据供应链资源和用户资源之后，平台就具有了向外扩张的资源优势。与传统企业的扩张动机一样，资源会溢出并寻找资源利用的最大效益，只是在互联网平台企业扩张发展的情景中，资源溢出的模式和方向发生了变化。过去当传统企业的资源优势溢出时，企业会通过自身规模扩张来消化溢出的优势资源，让优势资源共享于企业的边界之内，从而实现规模经济与范围经济。如今在平台情景中，由于核心企业是平台的构建者和平台生态化的主导者，所以从核心企业的核心业务中凝聚成的核心优势，要作为资源给养被共享到平台上。优势的供应链和用户资源溢出到产业平台上，为跨行业的、跨产业的各类企业提供平台化运营的整体解决方案。对核心企业来说，在产业平台上也吸引到众多的孵化企业 B 端，孵化企业也是自带流量的企业，孵化企业的供应链资源也可以融入核心企业的产业平台上，孵化企业的供产销过程中的数据资源不断在核心企业的产业平台上沉淀，核心企业平台运营不断升级，捕捉用户需求和整合供应资源的能力升级，为核心企业的商业生态繁衍带来了源源不断的驱动力。如图 5－4 所示，融合交易平台和产品平台的产业平台界面，可以将用户资源和供应链资源作为发力点撬动被孵化企业进入资源池。

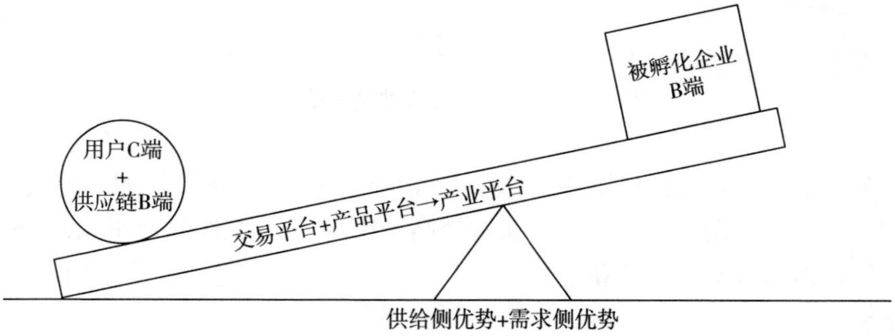

图 5－4　以用户资源和供应链资源撬动被孵化企业资源

（2）核心资源的不断丰富，驱动平台界面升级。互联网平台企业商业生态系统的资源是不断丰富的过程，这个过程是通过已有资源借助平台界面对未有资源的撬动实现的。用户资源、供应链资源和被孵化企业资源由不同的平台界面引入。商业生态系统内资源的丰富也即种群的丰富，使系统有了占据不同生态位置的种群，为系统的繁衍生息奠定了基础，也驱动了系统形成基础架构。这类似于自然生态系统中，新物种的出现与丰富，使其逐渐出现新的食物链条，也就是形成了新的生态链，有了新的能量循环路径。互联网平台企业的商业生态系统中的新平台界面和价值链条，也是随着资源的丰富形成的。例如，用户资源丰富后，形成了订单对供应链资源积聚的驱动，此时，互联网平台企业整合和优化供应链资源，以模块化的方式将供应链资源积聚成产品平台界面，这就是用户资源驱动下的新平台界面形成，也为后续以新平台界面为基础形成新的价值创造路径奠定了基础。又如，小米在商业生态系统构建初期，将未完善的交易平台界面作为其商业生态系统的导流入口，此时，基于社群交互的产品平台界面上积聚了大量用户资源。基于产品平台界面的跨边网络效应，社群用户驱动供应链资源不断丰富，丰富的供应链资源驱动了产品平台界面上生产更多品类系列的产品，供应链资源的跨边网络效应和粉丝用户资源的同边网络效应进一步驱动用户资源进入商业生态系统，小米借势搭建自己的销售渠道，形成完善的交易平台界面，包括线下的小米之家和线上的米家商城等多个交易平台界面。基于交易平台界面，进入小米商业生态系统的用户资源不再是社群交互渠道的用户资源，而是更广泛的用户群体，是除了米粉以外的更多的新用户群体。因此，我们认为，核心资源的丰富是能够驱动互联网平台企业商业生态系统形成新的平台界面或是平台界面的升级，而平台界面的升级正是商业生态系统演化的主要表现之一。综合上述分析，我们对核心资源驱动商业生态系统平台界面升级的逻辑整理如图5－5所示。

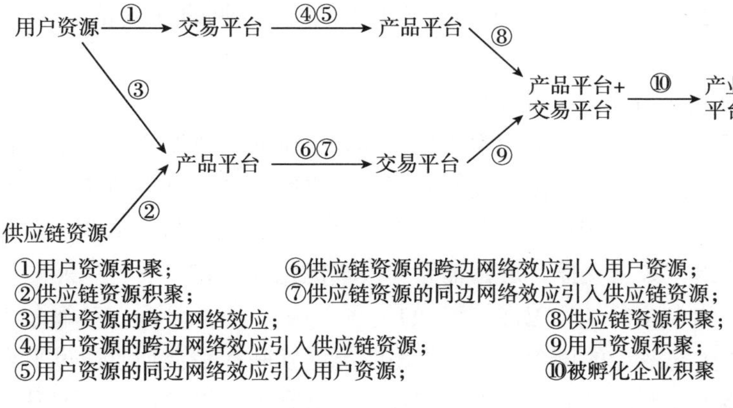

图5－5 核心资源驱动互联网平台企业商业生态系统的平台升级

二、商业生态系统演化的驱动力——核心能力

对战略进行重构能够打破原有商业模式、组织结构、资源和能力的惯性。互联网平台企业商业生态系统构建过程中的资源与能力演化是相辅相成的，当互联网平台企业积累了足够数量与质量的资源后，自然能够基于新的资源来提供新的能力。正如罗仲伟（2017）认为的，成员企业利用核心企业以不同组织形式和机制提供的生产和服务条件去主动地满足市场需求，进而实现自身价值。这使互联网平台企业在发展商业生态系统的过程中形成了不同的赋能力层级。首先，组织

对效率的追求、组织内资源积聚的方式转变、组织内员工调动资源的权利和范围的变化，使互联网平台企业的组织架构改变，组织中划分出模块化职能部门为业务部门提供支撑性的服务，而组织中的业务成员可以利用组织提供的生产和服务条件直接对接用户需求，调用组织空间内的资源和能力实现用户需求。这是组织赋能力的形成，组织赋能模式较授权赋能模式实现了更大范围的组织激励与约束。其次，互联网平台企业组织分工逻辑的改变，使组织逐渐分解为平台和平台参与者，而组织所有者成为了平台主。平台主以平台凝聚的核心资源和能力向平台参与者进行输出，并组织多方利益共同体进行协同创新和价值创造，实现其组织成长扩张和获得市场竞争地位的战略目标。平台核心资源和能力的强化形成了溢出效应，也形成了平台赋能。平台赋能以平台为基础商业设施架构，能够借助网络效应引进更多的资源类型和参与企业，这类资源和企业早已跨越组织边界。最后，对平台主来说，不断扩张平台边界和复制平台界面的战略选择，为其构建了逐渐成熟的平台型商业生态系统，系统内出现的多生态位种群、多平台界面和多价值链条，并逐渐产生了生态赋能的无限可能。

从韩都衣舍、海尔和小米三类互联网平台企业的发展情景中，我们可以发现：

1. 互联网平台企业商业生态系统的赋能力升级层次

罗仲伟、李先军、宋翔和李亚光（2017）通过对韩都衣舍组织结构演进的分析，提出了组织赋能主要是通过能力支持、收益共享、自驱动和共同成长四大机制来体现。王节祥（2017）通过对工业互联网平台的分析，认为平台赋能的过程包括资源输出、数据支撑、运营辅导和模式优化等形式。平台赋能的过程是为平台搭载者输出制造能力和创新资源的过程。高保卫（2018）对海尔 COSMOPlat 平台提出了生态赋能的概念，认为生态赋能是互联网平台企业通过平台实现跨行业领域的能力复制，赋能企业提质增效、转型升级。提供企业转型升级中的提质增效、模式转型、资源配置解决方案。在已有理论研究的基础上，本章对案例情景的研究筛选出互联网平台企业赋能力变化的三个层次：组织赋能力、平台赋能力和生态赋能力。

组织赋能力，是组织通过开放的、无层级、无边界的组织职能，赋予员工可以在组织边界内部的单平台业务界面上获得资源和能力，使与用户接触最近的业务员工有权利从核心业务链条中和支持业务模块积聚所需要的资源进行满足用户需求的活动，并能获得相应的用户评价和薪酬激励形成自激励、自约束的自驱动机制。也就是说，在多平台体系搭建之前，赋能力来自组织，是组织内部的核心业务平台的运营和各个支持模块的辅助，塑造了组织赋能力；在多平台体系搭建好之后，随着平台界面的形成，组织边界模糊，互联网平台企业的企业边界变化为平台界面的边界。相应地，平台搭载者能够调用的资源边界也扩张到平台界面的边界，即与用户交互的业务员工或团队整合资源的范围就大大扩大了，不仅可以从内部的单平台界面，还可以从跨越组织边界的多平台界面的交错网络中获得资源和能力，实现对用户需求的满足，从而获得相应的评价、激励和奖惩，保持自驱动机制。同时也要遵从多平台界面的规则体系，受到相应的监督。多个平台界面之间的交错形成的网络结构共同支撑被搭载的个人、团队、企业满足市场需求和实现自身价值，个人、团队和企业节点之间的连接和价值共创产生自驱动和自组织，这时产生的赋能力是平台赋能力；而在平台体系丰富到成为生态系统后，多个平台界面的交互形成了平台界面网络，成为互联网平台企业商业生态系统的基础架构，在多平台界面交错的网络结构上已经有了许多节点，节点之间产生连接效应，能够形成其相互之间可调用资源、共享资源的可能性，会产生新的价值创造，这是平台体系上的所有搭载者，其整合资源的能力和渠道来源于整个网络节点组织，也就是来源于商业生态系统，系统内的个人、团队、企业节点之间相互赋能，相应地产生了生态赋能力。综上所述，我们整理了互联网平台企业核心能力演化升级的三阶图（见图5－6）。

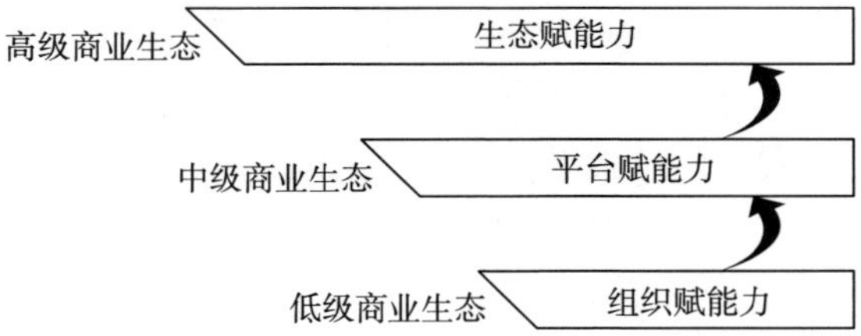

图5－6　互联网平台企业商业生态系统的赋能力演化升级三阶段

2. 赋能力升级驱动互联网平台企业商业生态系统演化

赋能力作为一种新的企业核心能力，驱动互联网平台企业的商业生态系统演化。每一种赋能力都促使赋能主体向更高级的方向发展：从企业内部的单界面业务平台到跨越企业边界的多业务平台交错网络，再到含有节点的多业务平台交错网络；每一种赋能力也都促使被赋能者成长壮大，促使搭载在企业平台上的种群繁衍：从只有内部业务员工、团队，到有外部合作企业、孵化企业。所以，我们认为是赋能力的提升变化，促使了商业生态系统的演化进程，从低级到高级，从单一到繁杂。我们对赋能力促进互联网平台企业商业生态系统演化的逻辑整理如图5－7所示。其中，在互联网平台企业商业生态系统形成的初级阶段，组织赋能力活化了组织内的员工资源，使员工能动性从过去的授权或是授权赋能的束缚下释放出来。组织赋能力使员工与企业在合作关系中趋于平等，这也是互联网平台企业在转型中，第一次作为平台运营主从企业中独立出来。在这个过程中，平台运营主、平台和平台搭载者初具雏形，此时的平台搭载者是被互联网平台企业活化的员工，而此时的平台是交易平台或产品平台。通过组织赋能力实现的组织结构变革，逐渐在组织内区分出来职能模块和业务模块，其中，业务模块成为平台上直接连接用户 C 端和供应链 B 端的重要节点；而职能模块逐渐完善和独立成平台的支撑模块。C 端与 B 端连接的过程，也是互联网平台企业融合产品平台和交易平台的过程，逐渐实现全链连接和全链数据化，为识别用户需求和围绕用户需求实现全场景服务奠定了基础。而组织的职能模块逐渐独立后，在业务模块发展的驱动下，职能模块逐渐完善成业务平台的支撑平台界面，承担起为平台自有业务和合作业务提供资源供给的任务。平台的自有资源模块化的模式，也为后续引入并打造供应链资源模块化奠定了基础。实现全链连接和资源模块化的互联网平台企业，依托交易平台界面和产品平台界面的融合，能够形成跨平台界面的复制能力，其平台界面上的模块化资源可以市场化对外提供服务，其供应链资源也可以通过平台界面的连接作用，被模块化纳入平台界面，与平台自有资源一起直接服务于用户需求。因此，平台界面功能升级为产业平台，产业平台能以其强势的资源和能力，对跨行业的多类企业、行业实现资源和能力的辐射，为其提供围绕用户需求的整体解决方案，也将其纳入核心互联网平台企业打造的商业生态系统，成为某一生态位置上的资源节点和价值创造节点，从而形成商业生态系统的价值创造新系统和自组织、自驱动的繁衍生息系统。赋能力驱动互联网平台企业商业生态系统演化如图 5－7 所示。

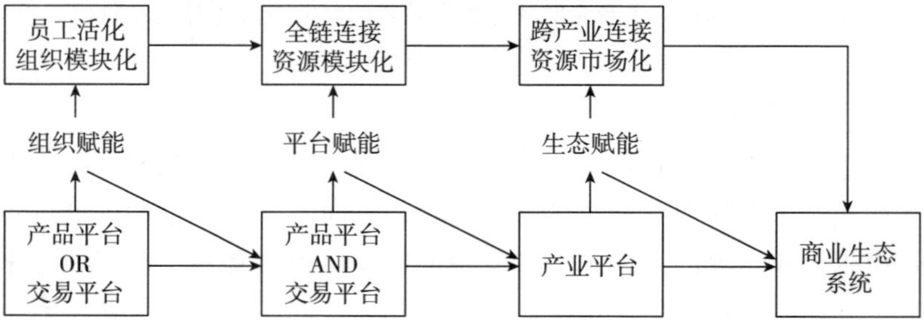

图 5－7　赋能力驱动互联网平台企业商业生态系统演化

三、商业生态系统演化中的架构表现——平台升级

在上文的分析中，我们发现平台型商业生态系统内的能力与资源的发展相辅

相成：从组织赋能力到平台赋能力的提升，会帮助企业累积新的战略资源，企业实现从拥有单一的优势资源（用户资源或供应链资源）到拥有多种优势资源（用户资源和供应链资源）的积累。相应地，当企业拥有更有战略优势的资源以后，也能促进平台企业能力的提升，例如，当企业吸引到更多的被孵化企业资源，企业资源池的丰富，使价值共创产生了可能，平台上的众多企业之间相互赋能，产生了生态赋能力，这是资源积聚对平台具有的核心能力的促进。另外，在案例情景的分析中，我们还发现一个变量与核心能力、核心资源的相辅相成性变化，即平台界面的演化。我们发现，在互联网平台企业的商业生态系统演化中，呈现出三种演化形式的级别，分别是低级平台形式、中级平台形式和高级平台形式。对互联网平台企业的商业生态系统来说，随着企业的资源和能力提升，必然会带来企业平台界面形式演化的升级，同时，升级后的平台可以利用高级的地位优势，去积极寻找、整合更多的资源，为更多的资源之间相互赋能产生可能性，提供更高级和完善的商业基础设施。所以说，在资源与能力的驱动下，平台不断升级。

在案例情景的分析与验证中，我们提取出平台边界、平台功能与平台策略三个自变量来反映平台界面的演化升级。我们将平台边界的自变量进一步降维为两组自变量，一组自变量是内部平台、外部平台的两种取值；另一组自变量是清晰边界、模糊边界、高度模糊边界的三种取值。在对平台边界这一自变量进行降维取值时，在研究设计阶段只设计了内部平台和外部平台两种取值，但在后期的编码工作中，我们发现不同的案例情景表现出来的从内部平台到外部平台的变化一致性不好。具体来说，是在韩都衣舍这个案例情景中，其商业生态系统的初级阶段，平台界面表现为内部平台，中级阶段是外部平台，高级阶段也是外部平台；在海尔的案例情景中，其商业生态系统的初级阶段，平台界面表现为内部平台，中级阶段是内部平台到外部平台的过渡，部分平台界面开放较早，时间前后跨度较大，到了高级阶段才全部为外部平台，对市场全面开放，以COSMOPlat平台的成立为明显标志；在小米的案例情景中，其商业生态系统的初级阶段，平台界面表现为内部平台，中级阶段表现为外部平台，高级阶段也是外部平台。鉴于在三个案例情景中的不一致性，本书又对平台界面这一自变量追加了一个子变量维度，试图增加解释的可靠性。所以，在编码过程中，又将平台边界的模糊性作为子构念编码，平台边界的模糊性分为清晰、模糊和高度模糊三种取值。进一步分析发现，三个案例情景在平台边界模糊性上的表现一致，都是从清晰到模糊再到高度模糊。平台边界模糊性这一子构念被保留在了构念编码中。平台功能的变化体现在平台所起的连接作用方面和平台在产业链中的植入位置方面。当平台为买卖交易的或是供需交换的双方提供连接作用时，平台的功能为交易平台；当平台为产品制造的供需双方提供连接、满足生产过程对资源的采购性整合过程的需要，也就是说平台界面植入在产业链的制造环节时，平台的功能是产品平台；当大平台整合了交易平台和产品平台的功能时，并对组织边界意外的企业组织市场化开放平台资源时，也就是平台界面已经植入在产业链的全过程时，平台的功能升级为产业平台。在商业生态系统的低级阶段，也就是开创阶段，互联网平台企业无论是新创企业还是转型企业，通常是依据自己的优势资源能力，建立交易平台或产品平台，作为初创商业生态系统的导流入口，要么导入用户资源，要么导入供应链资源。拥有一端资源的低级平台界面，在资源和能力的驱动下，实现向高一级别升级，相应地拥有两端资源。同时拥有交易功能界面和产品功能界面的交互界面网络结构，作为商业生态系统的基础商业设施，具备了对外开放吸引外部孵化企业资源的能力。此时，平台因其对跨行业、跨产业的要素整合，促使要素在产业平台界面的流动，从而能够主动地改造产业组织结构，形成自组织、自繁衍的商业生态系统。平台策略的变化，是从低级状态下单一的平台界面，只包括交易平台或产品平台；到具有多平台交错结构的网络形式，也即平台的中级形式，包括交易平台和产品平台界面；再到高级的平台界面形式，升级为产业平台，呈现网络节点结构，既包括交互界面形成的网络结构，也包括搭载在网络结构上的价值创造节点，节点间产生的无限连接的可能性，是价值共创的基础。

从韩都衣舍、海尔和小米三类互联网平台企业的发展情景中，我们拟合出了较为一致的平台界面周期性的变化表现。如表 5 – 14 所示，能清晰可见自变量“平台界面”以及子自变量“平台边界”“平台功能”“平台策略”在三个案例情景中的变化情况。

表 5 – 14　韩都衣舍、海尔和小米案例中平台界面的周期性变化汇总表

案例企业	平台界面 / 商业生态周期	平台边界		平台功能	平台策略
		内、外部	模糊性		
韩都衣舍	初步形成阶段	内部	清晰	交易平台	平台界面
	扩张成长阶段	内部到外部	模糊	交易平台 产品平台	网络形成
	权威成熟阶段	外部	高度模糊	产业平台	价值共创
海尔	初步形成阶段	内部	清晰	产品平台	平台界面
	扩张成长阶段	内部到外部	模糊	产品平台 交易平台	网络形成
	权威成熟阶段	外部	高度模糊	产业平台	价值共创

续表

案例企业	平台界面 / 商业生态周期	平台边界		平台功能	平台策略
		内、外部	模糊性		
小米	初步形成阶段	内部	清晰	产品平台	平台界面
	扩张成长阶段	内部到外部	模糊	产品平台 交易平台	网络形成
	权威成熟阶段	外部	高度模糊	产业平台	价值共创

我们将包含平台边界、平台功能和平台策略的平台界面演化升级如图 5－8 所示。

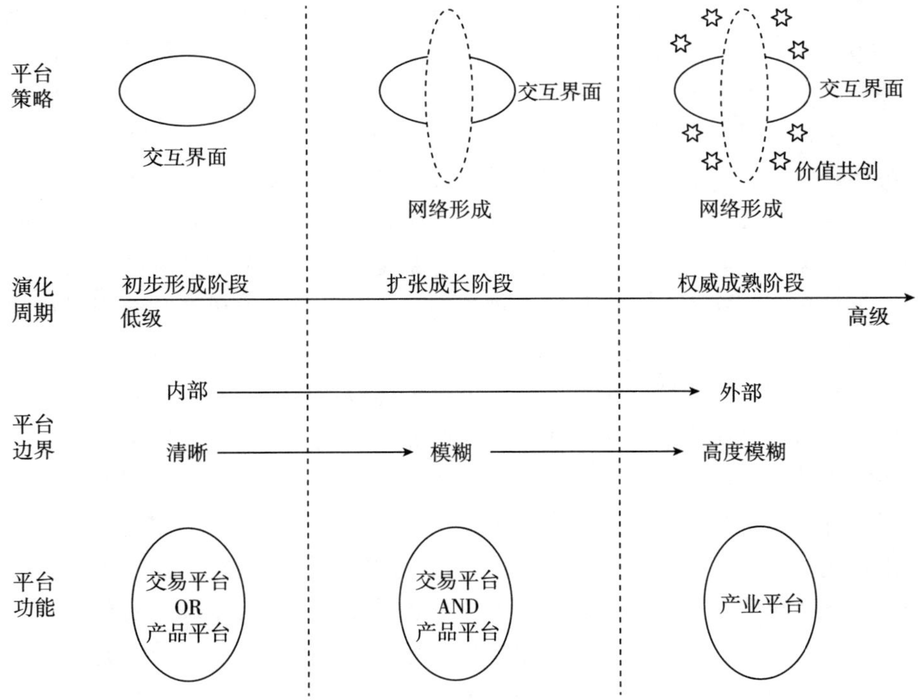

图 5－8　互联网平台企业商业生态系统的平台界面演化三阶段

四、商业生态系统演化中的主体表现——种群演化

根据 Iansiti 和 Levien（2004）的观点，审视互联网平台企业的商业生态系统，其属于网络核心者构建的商业生态系统。扮演网络核心角色的企业，注重整

合外部生产要素，构筑自身网络体系，通过标准化模块界面向网络成员开放，从网络体系的良性发展中获得自身发展。处于网络核心地位的互联网平台企业是领导整个商业生态系统初创构建、发展演化的角色，但整个商业生态系统的所有节点并不是它独自占据，它只是居于中心地位，和其他成员企业产生广泛的联结，开放自己的模块化界面给众多子系统和模块，为其他缝隙者创造广泛的市场联结条件，引入合作者要素共同构建商业生态系统。也就是说，对互联网平台企业的商业生态系统来说，构建者并不唯一。所以，在本研究中，我们引入了胡岗岚（2010）的观点，她认为在平台型电子商务生态系统中的“种群”可以按照其定位的不同划分为四类：领导种群、关键种群、支持种群和寄生种群。她认为在平台型电子商务生态系统中，领导种群是核心的平台型电子商务企业，是整个生态系统的领导者，扮演资源整合和协调的角色；关键种群是电子商务交易主体，包括消费者、零售商、生产商、专业供应商以及为网络交易提供增值服务的提供商等，是电子商务生态系统其他物种所共同服务的“客户”；支持种群，是网络交易必须依附的组织，包括物流公司、金融机构、电信服务商以及相关政府机构等；寄生种群，是为电子商务的在线交易提供增值服务的主体，寄生于电子商业的业务活动之上，与其共存亡，包括技术外包商、电子商务咨询服务商等。胡岗岚对四种种群的界定是根据平台型电子商务生态系统中的物种构成分析的，而本书的研究对象是互联网平台企业的商业生态系统，其构成层次和种群在第四章中做过详细分析。则在本章案例研究的理论构建中对种群的编码是结合胡岗岚的理论观点和本书研究对象的实际情景共同提出的。具体地说，领导种群是商业生态系统的构建主体，即互联网平台企业；关键种群包括核心业务价值链上的各个交易主体：消费者、核心业务员工团队、生产商、供应商等；互联网平台企业商业生态系统中的支持种群，是支持领导种群的核心业务发展和寄生种群的被孵化业务发展的种群。包括物流公司、金融机构、信息技术公司、相关政府机构等。它们以模块化的形式共同构建成了商业生态系统的基础商业设施界面，供核心业务和寄生业务共享使用。寄生在领导种群建立的系统内的商业基础平台界面上，利用领导种群的优势资源和能力来孵化自身业务，共同受到支持种群的支持。

在商业生态系统从低级到高级的每个阶段，种群的质量和数量都在变化。在商业生态系统的初创阶段，系统内的种群包括领导种群即互联网平台企业，例如，在本研究中的三个案例企业：韩都衣舍、海尔和小米；关键种群，此时的关键种群主要积聚在核心业务链条上，是核心业务的消费者、业务团队、供应链上的企业商家。其中，业务团队在韩都衣舍的案例中是“小组”，在海尔的案例中是“小微”，在小米的案例中是各个工程师、合伙创始人组成的团队。此时，在核心业务链条上也有支持性的业务功能存在，但它们还不够成熟与模块化，没有对外市场化运营。所以在这个阶段，我们仍然将这种具有支持性的业务功能纳入到领导种群的内部。直到商业生态系统的成长阶段，支撑种群发展到模块化的可对外开放共享的阶段，它们随着平台边界从内部到外部的延伸，一起从核心企业中独立出来，成为可以支持核心业务以及被孵化业务发展的基础商业设施。或者说，到了商业生态系统的成长扩张阶段，平台企业才更好地发挥了第三方的连接作用，对多个供需主体进行连接，对其系统内的商业基础设施进行模块化升级。因而，在商业生态系统的扩张阶段，我们认为系统种群为：领导种群、关键种群和支持种群。关键种群在这个阶段得到了进一步的发展，因为平台的升级，从产品平台或交易平台升级到产品平台和交易平台，所以消费者、供应商这两个种群的数量和质量得到很大改变，业务团队的数量和质量也随着业务量的增加而有所提升。其实这个阶段也已经逐渐出现寄生种群，只是对大多数企业来说，寄生种群的孵化业务是实验性的初步尝试。比如在韩都衣舍成立“智慧蓝海”和“韩都动力”之前，已经通过企业内部的战略合作部门尝试进行了数个代运营企业的线上业务运营；海尔在正式成立 COSMOPlat 之前，也已经逐步开放部分平台进行市场化资源的聚集，例如，HOPE 平台上的第三方孵化企业的加入；还有在小米的“生态链孵化部门”成立之前，小米也已开始了插线板、小米手环等生态链企业的业务孵化。但正是由于这些都发生在正式的孵化平台界面搭建之前，是尝试性的战略布局。所以本研究并未将寄生种群的出现划分到成长扩张阶段，而是以企业搭建的较为正式的孵化平台界面为划分依据，将寄生种群的出现划入了商业生态系统的权威成熟阶段。所以，在互联网平台企业商业生态系统权威成熟阶段的种群包括领导种群、关键种群、支持种群和寄生种群。各个种群的数量和质量在这个阶段都得到空前的繁盛，到达了最适合种群繁衍的阶段，尤其是在支持种群的支撑下，关键种群和寄生种群间会产生许多交互，产生新的物种企业或是新的价值增值。除了种群数量和质量的变化，随着平台的交互与种群的交互，种群的种类也会发生模糊与变化。我们在前文分析过，互联网平台企业商业生态系统内的平台界面会存在边界的模糊化趋势，主要原因之一就是平台上的种群在发生种类的变化。同一种群内的物种类型会发生交互和变化，例如，“用户员工化，员工用户化”；而不同种群内的物种也会发生交互与变化，又如，原本属于关键种群中的业务员工团队，会随着团队的壮大发展，独立到组织边界之外，成为在产品平台上独立存在的支持功能模块，从关键种群变为支持种群。这类种群内的物种发生变化的情况，在韩都衣舍的商业生态系统和海尔的商业生态系统内都有发生。综上所述，本书将互联网平台企业商业生态系统种群演化的三阶段总结如下（见图 5－9）。

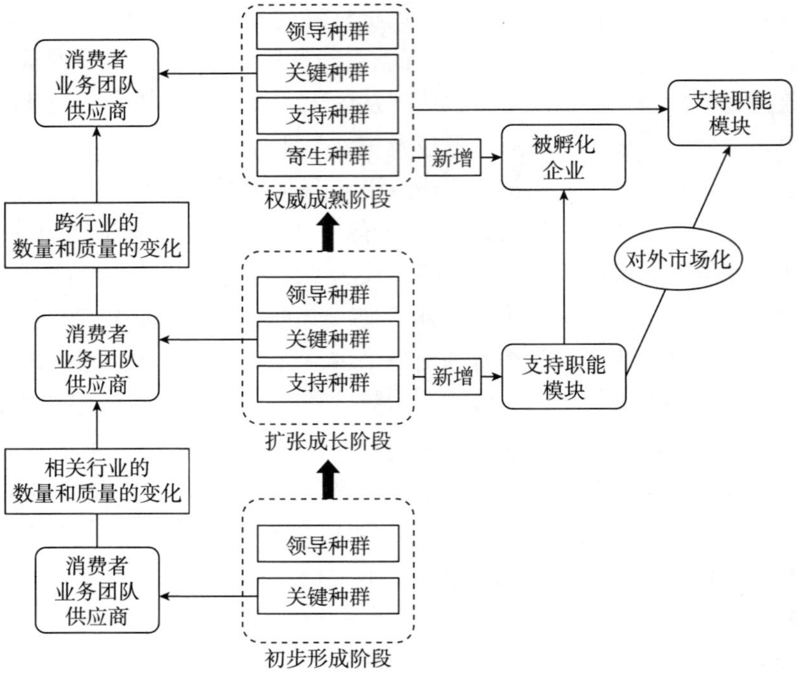

图 5－9　互联网平台企业商业生态系统的种群演化三阶段

第五节　案例结论

一、互联网平台企业商业生态系统演化机制模型

案例发现中依据三个类型的互联网平台企业商业生态系统的案例情景，分别阐释了核心资源、核心能力、平台界面、系统种群这四个自变量的变化过程，分析出了每个自变量在商业生态系统中从低级状态到高级状态的变化趋势。为了进一步进行结论提炼，在案例结论一节，我们将上述四个自变量置于同一个分析框架中，诠释互联网平台企业商业生态系统演化的，从而明确互联网平台企业商业生态系统演化周期各阶段的自变量形态与关系。本研究基于平台界面、系统种群、核心能力、核心资源这四个自变量的变化，构建了互联网平台企业商业生态系统演化周期的理论分析框架，如图 5－10 所示。

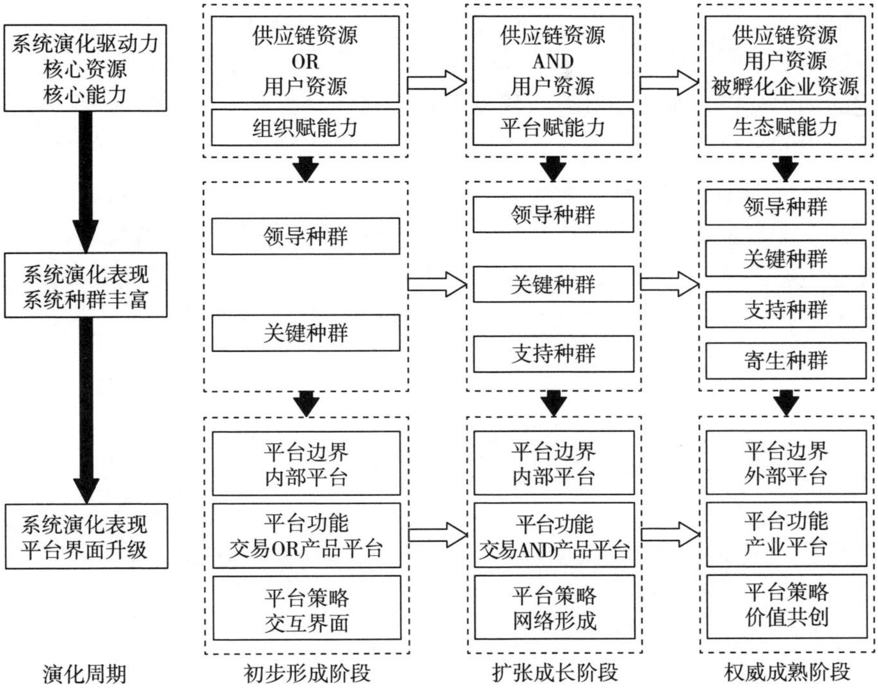

图5-10　互联网平台企业商业生态系统演化周期的理论框架

互联网平台企业商业生态系统演化过程的实质是基于核心企业所拥有的，以及沉淀在平台界面网络上的核心资源与核心能力驱动，实现平台界面升级和系统种群繁衍的过程。从战略理论的视角审视，其是核心资源与核心能力两个重要战略要素驱动的过程。首先，是两者交替升级的过程，即平台上积聚的资源的数量和质量得到改善，促使赋能力的主体和赋能范围升级，与此同时，赋能力升级后也会有利于平台上的资源积聚和流动，促使核心资源丰富和升级。其次，是资源支持、能力边界与规模边界的相互助推作用。当互联网平台企业的核心能力相对于核心资源过剩时，核心能力的溢出效益会助推互联网平台企业的规模边界扩张，然而在边界扩张的过程中，又会出现新一轮的核心资源与核心能力的不相匹配。倘若规模边界扩张对资源和能力产生正向刺激和驱动，则能力边界会随之扩张，匹配规模边界；从平台理论的视角审视，其是商业生态系统的核心架构——平台界面这一商业基础设施的提升过程。不断升级的平台界面具有更加复杂的构成元素，其边界从内部到外部、从清晰到模糊，有更强大的连接功能以及有更高级的平台策略和平台功能；从商业生态系统理论的视角审视，其是商业生态从少量、简单的种群构成到众多、复杂的种群构成的过程，从低级状态到高级状态的自驱动繁衍生息过程。因此，这三个理论视角中的理论构念在互联网平台企业商业生态系统演化中扮演着不同的角色。其中，战略理论中的核心能力与核心资源是商业生态系统演化的动力支持，是驱动其升级演变的最直接的动力来源，扮演了基础性角色；平台理论中的平台界面是商业生态系统演化的外在表现形式，扮演了外显性角色；商业生态系统理论中的种群构成是商业生态系统的构建者角色，既有核心的构建种群即互联网平台企业，也有支持性的、关键性的、寄生性的构建种群，它们共同支撑着商业生态系统的自繁衍、自组织。因此，我们在案例分析的基础上，提炼总结了互联网平台企业商业生态系统演化机制模型，如图 5－11 所示。

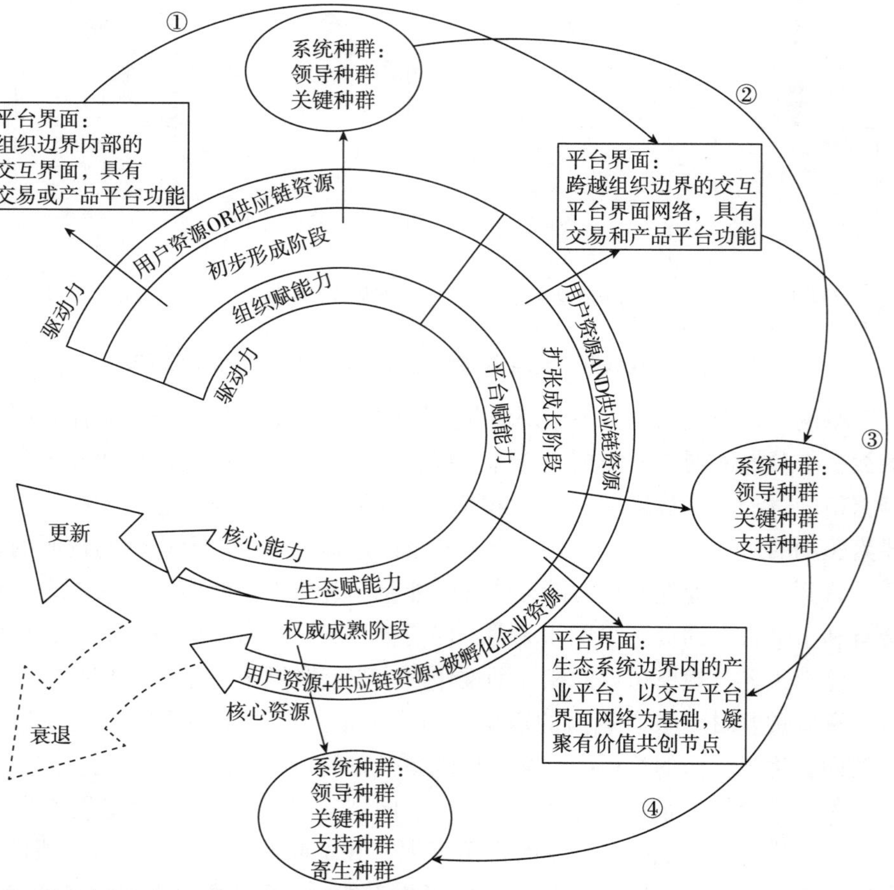

①平台边界突破组织边界，平台界面复制和包络，界面功能多元化；
②领导种群不变，关键种群数量增多、质量增强，新增支持种群；
③平台界面跨越产业边界，平台界面交错为价值网络，界面功能升级；
④领导种群不变，关键种群数量增加、质量增强，支持种群对外市场化，新增寄生种群。

图 5－11　互联网平台企业商业生态系统的演化机制模型

二、互联网平台企业商业生态系统演化周期模型

（一）互联网平台企业商业生态系统演化的初步形成阶段模型

互联网平台企业商业生态系统的初步形成阶段，也是其核心业务子系统的平台化构建阶段。构建主体是领导种群和关键种群。其中，领导种群即核心企业，可以是初创的新生互联网平台企业，也可以是从传统企业转型而来的已有企业。无论是前者还是后者，都要通过平台商业模式对其业务运营进行构建，采用交易平台或是产品平台的界面模式，连接供需双方的需求，形成交互界面。相应地，在组织内部采用平台组织模式来活化员工，赋能于员工团队，进行组织结构的平台化转型。领导种群作为平台主，以及未来商业生态系统的构造者，在初步形成阶段，会通过商业模式和组织结构的平台化，将自己作为独立的第三方中介，即从自身组织的管理和运营中独立出来，逐步成为平台的运营者。而此时的关键种群包括供应商、消费者和业务团队。其中，业务团队在初步形成阶段是从零开始培育的，处在形成与成长阶段，供应商与消费者物种会有一方相对较活跃、数量相对较多。一般来说，对于拥有交易平台的企业来说，交易平台是具有优势的用户导流入口，其关键种群中，最活跃的是用户种群，而供应商种群会在数量和质量上处于弱势；对拥有产品平台的企业来说，产品平台有利于凝聚供应链资源，相比较传统的供应链流转模式，平台模式能够将供应链资源模块化地并联在平台界面上，有利于对用户资源的需求满足。这时商业生态系统内的关键种群资源中，供应链资源丰富，用户资源有待激活。当然在这个阶段也存在通过产品平台聚集和拥有活跃用户资源的情况，例如，小米。由于平台界面具有的跨边网络效应，在初创期，优势的用户资源会驱动供应链资源的进入，而优势的供应链资源也会驱动用户资源的进入，则互联网平台企业商业生态系统的资源池逐渐丰富。此时，领导种群和关键种群在核心业务链上，通过组织赋能力来调动资源和整合资源，此时期的组织赋能是占据主要资源整合的主导地位的。因此，资源的撬动作用和组织赋能实现的资源要素的活化，推进着互联网平台企业商业生态系统向更高的阶段演进。另外，这一阶段的领导种群将平台边界搭建在组织边界之内，主要是通过单平台界面的搭建将核心业务链平台化，形成核心业务子平台系统，并且平台界面以产品平台界面或交易平台界面为主，单界面平台的边界清晰，尚未出现明显的平台交互与资源流动。因为处于平台生态化的初创期，所以支持平台界面仍然不具规模形态，在组织结构的平台化改造过程中，支持职能模块会从核心业务系统中分离出来，但其模块化程度还较低，整体未能形成完整的、系统的支持界面，并且还未对外市场化运营。所以在这个阶段，业务员工团队模块和支持性职能模块都还属于组织边界之内，是领导种群的一部分，还被独立为关键

种群和支持种群。综上所述，初步形成期的互联网平台企业商业生态系统模型如图 5－12 所示。

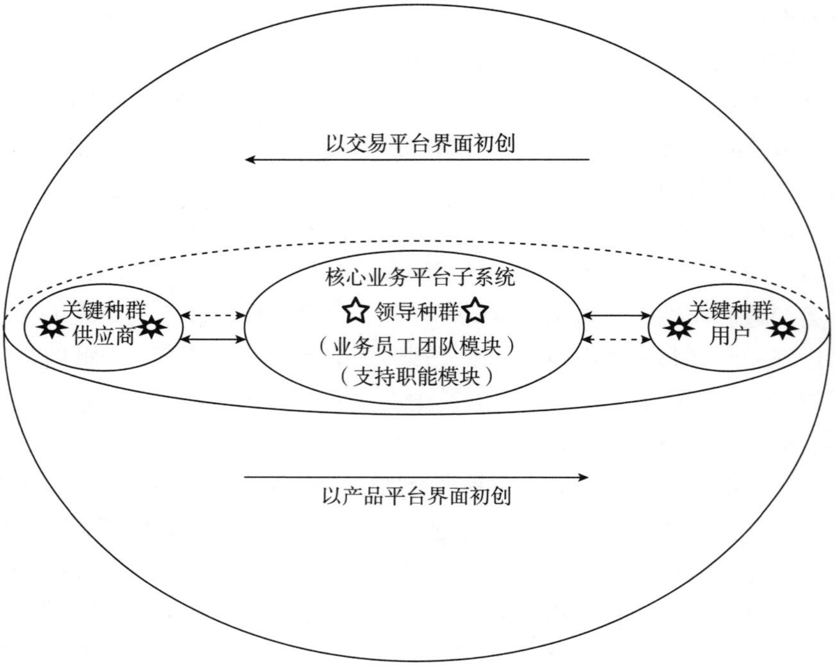

图 5－12　初步形成期的互联网平台企业商业生态系统模型

（二）互联网平台企业商业生态系统演化的扩张成长阶段模型

基于初步形成阶段的核心业务子系统的构建，平台界面逐渐成熟，如果互联网平台企业先天拥有的是交易平台界面，那么先天具有了用户资源的导流入口，用户资源的丰富驱动平台撬动供应链资源的融入，形成产品平台界面；如互联平台企业先天拥有的是产品平台界面，则拥有较好的供应链资源来驱动用户资源的融入，形成交易平台。这种纵向的扩展战略策略，使核心企业的核心业务界面跨度到整个供应链的幅度，既拥有产品平台也拥有交易平台，则多平台界面形成交互网络。形成的平台界面网络边界超过了组织边界，从供应端到需求端的资源都以模块化的方式整合到了平台界面网络上。随着多方资源之间的交互增加，平台界面之间的交互也增加，平台界面之间的边界模糊，例如，用户参与到价值提供过程中，即用户从需求子系统换边到核心业务子系统。所以此阶段多个平台界面之间的边界变得模糊和融合。在扩张成长阶段，互联网平台企业作为商业生态系统的核心构建企业，其成长性扩张必然也带来了商业生态系统的演进。核心企业开始开拓战略性业务，它们要复制自己成功的平台运营能力和凝聚的平台资源，将产品平台和交易平台上的支持模块资源尝试部分向外市场化运营，例如，韩都衣舍对多品牌的加盟和孵化运营。因此，从核心业务中分离出来的支持模块资源逐渐形成支持平台界面，服务于核心业务的同时也服务于封包业务。通过尝试，在确定平台的支持体系足以对外市场化运营时，核心企业便会跨越组织边界搭建支持业务平台子系统。在这个阶段，网络平台界面上的系统种群也得到极大丰富：关键种群中的用户与供应商和业务团队在供应链条上得到极大的丰富，支持种群已经形成。生态链上种群的丰富，使核心资源和核心能力得到提升。然而，供应链资源和用户资源在平台界面网络上的丰富，使多平台界面能以丰富的资源和空间渠道对平台上的价值创造节点赋能，形成以平台赋能力为基础和动力的边界扩张，则互联网平台企业商业生态系统向更高阶段演进。综上所述，成长扩张期的互联网平台企业商业生态系统模型如图 5－13 所示。

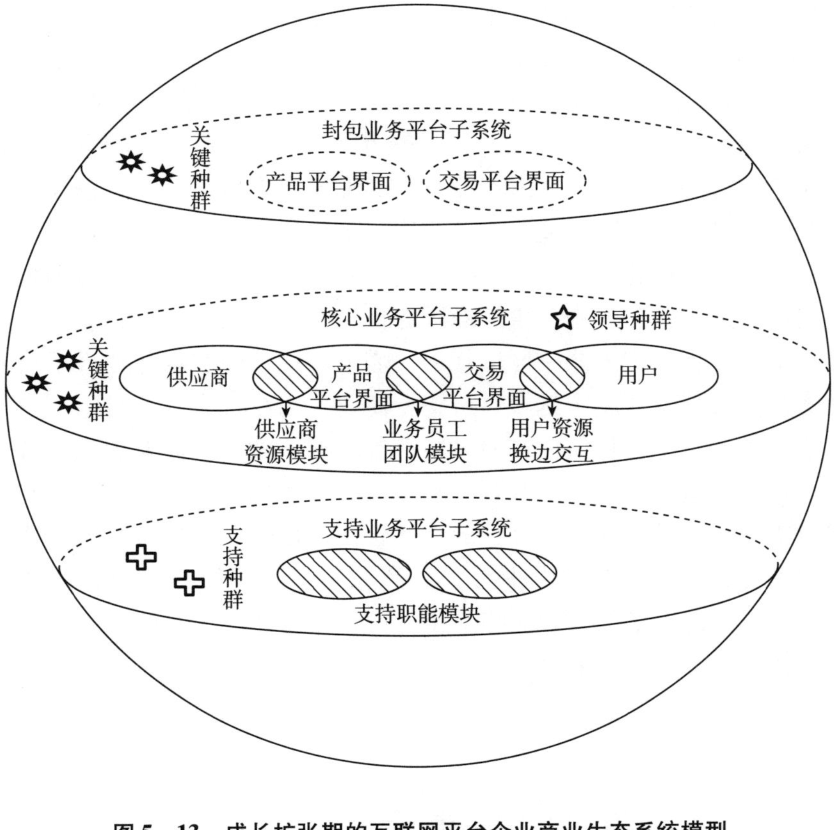

图 5－13 成长扩张期的互联网平台企业商业生态系统模型

（三）互联网平台企业商业生态系统演化的权威成熟阶段模型

互联网平台企业跨越企业边界，通过平台界面网络建立对外市场化运营被孵化企业的载体，核心企业会将优势的资源与能力模块化，共享在对外市场化的平台界面上，这一平台界面是孵化业务平台界面。在互联网经济的背景下，对于想要选择转型的企业和新初创的中小企业来说，它们可以选择不自主构建所有的价值创造环节，而是从成熟的、大型互联网平台企业的对外孵化界面上取用业务所需的资源模块和能力共享。只要从外部购买的交易成本低于从内部自制的管理成本，中小企业就会成为寄生种群，被大型互联网平台企业的孵化业务平台界面吸引。寄生种群加入到核心企业构建的商业生态系统内后，将自己的业务链条带入商业生态系统，加强了系统内的商业基础设施，也丰富了系统的资源池。尤其是在数字化运营的时代，数据对企业来说是宝贵的资源。凝聚多个跨行业、跨产业业务链条的商业生态系统，能够围绕特定用户需求场景沉淀用户需求的数据，这对精准捕捉用户需求、引领用户需求，用前端用户数据驱动后端供应，生产资源精准配备十分有益。相应地，这个阶段的平台界面网络已升级为产业平台，是具有价值节点的交互网络形式，能够服务于行业、产业融合，促进生产要素在产业间的流动，有效调整产业结构。在交互的平台界面网络中，除了有核心业务平台界面与孵化业务平台界面之外，在某些互联网平台企业商业生态系统中，还会出现封包业务平台界面，这是交易平台或产品平台横向扩张的结果，不是基于供应链的纵向扩张，对产业平台的形成影响较少，所以前文并未过多赘述。在产业平台中，除了交易平台与产品平台的融合以外，其他多个平台界面的边界进一步模糊化，出现高度模糊的边界，相应地，种群与资源模块的流动交互也越来越频繁。其中，供应商资源模块已经融入到产业平台中，与核心业务平台上的业务员工团队一同围绕用户需求创造价值。孵化业务平台界面的成熟使寄生的种群数量越来越多，对整个商业生态系统来说，价值创造节点的个数相应增加，产生新价值创造的可能性也增加，则整个商业生态系统形成了基于多个价值创造节点之间交互资源和能力的生态赋能力。核心企业在这个阶段要通过治理和维护，促进多种群的良性合作，促进商业生态系统内物质与能量的有效循环，以实现互联网平台企业商业生态系统的自组织驱动和健康繁衍，避免商业生态系统的衰败。综上所述，权威成熟期的互联网平台企业商业生态系统模型如图 5－14 所示。

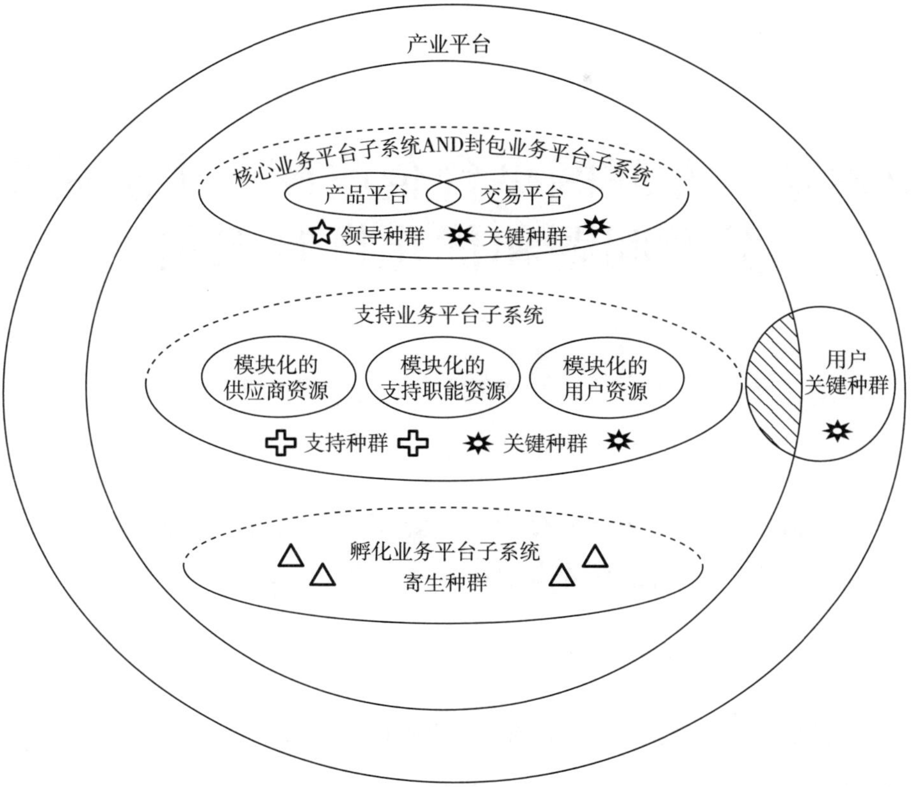

图5-14　权威成熟期的互联网平台企业商业生态系统模型

第六章　互联网平台企业商业生态系统关键问题和优化机制识别

第一节　互联网平台企业商业生态系统存在的问题及问题要素

一、互联网平台企业商业生态系统的静态问题分析

（一）新系统的产品或服务有待创新

互联网平台企业商业生态系统作为一种新型商业生态系统，致力于围绕用户的立体场景需求提供全方位的解决方案。全方位的解决方案，是有别于传统企业和传统商业生态系统的产品或服务的创新。崔晓明等（2014）在研究平台企业的价值创新时认为，平台能够提供基于网络价值的服务。然而，从平台情景发展到互联网平台企业主导的商业生态系统新情景，系统内的用户资源在迭代，用户需求也在迭代，互联网平台企业商业生态系统作为一个整体能为用户提供什么样的产品或服务创新，是其亟待解决的问题之一。

（二）缺少多样化的种群资源

我们对互联网平台企业商业生态系统内的种群资源进行分析时发现，其关键种群、支持种群和寄生种群的内容，较传统商业生态系统有了较大变化。研究在阐释种群内容的同时，也发现了不同种群资源的数量如何丰富、质量如何提高以及交互繁衍如何产生等关乎多样化种群资源的问题，这是影响互联网平台企业商业生态系统存续和发展的重要问题。

（三）种群生态位需要分离

社会网络理论中结构洞理论认为，结构洞只存在于网络中的各个参与者之

间，不存在直接联系，也不能同时拥有相同联系人的网络中。但在互联网平台企业商业生态系统中，平台以开放的界面允许各类价值创造节点企业或个人搭载，为其提供可共享的资源，形成了多节点之间的连接。这与占据结构洞位置的竞争优势是相矛盾的，因此需要在系统内重新构建结构洞位置。平台运营方在构建资源链接的同时要区分资源的生态位置，在实现交互共赢的同时也要保护各自的竞争位置。

（四）子系统需要区分和交互

商业生态系统内的子系统是围绕价值创造链条形成的业务子系统，在传统的商业生态系统内，价值创造链条单一，则子系统的维度与层次也相对单一。但在互联网平台企业商业生态系统内，价值创造的路径丰富为价值网络，则相应的业务子系统也存在分层。不同业务子系统、多条价值链之间的交互，促使用户资源、供应链资源和被孵化企业资源在交互系统内的共享，形成新的价值创新。简单的资本驱动的商业基础架构搭建，是难以实现子系统之间的交互的，也就难以形成能量和物质的循环。例如，在乐视的商业帝国中，虽然各类业务模块齐全，架构体系较为丰富，但其构建过程是资本驱动的一蹴而就，而不是价值链交互形成的繁衍生息，其最终因为资金链的断裂而分崩离析。

（五）缺少用户流量入口

在理论界对交易平台的研究中就已发现，大量的互联网平台通过免费策略吸引用户注意力，黏合用户在平台的驻留时长。用户对于平台价值网络而言，就如同血液对于生命一样重要。因此，在以产业平台为主导的互联网平台企业商业生态系统内，同样迫切需要对用户流量的导流。除了交易平台以渠道优势可以作为重要的导流入口之外，产品平台还可以凭借社群交互优势对用户导流，以用户对硬件终端的依赖形成用户导流。如何实现黏合用户，形成用户导流是互联网平台企业商业生态系统存续必须突破的首要问题。例如，在对农产品电商生态系统的考察中，我们发现国内的农产品电商生态系统发展困境之一，就是缺少对城市消费者的消费方式的引导和连接。借鉴美国、英国和日本的农产品电商商业模式，基于社群交互的用户导流，能够有效突破农产品上行困境的“最后一公里”防线。

（六）缺少平台文化

互联网平台企业构建商业生态系统的过程，既是一场商业时代的变革，也是一次时代文化的迭代。在商业情景巨变之际，理论界关注的创新、创业、商业模式、组织结构等问题都在围绕新商业情景重构理论框架，实践界也在新商业情景下探索如何实现“互联网+”“平台+”“生态化”的跨步式发展。新理论框架和新实践发展引导的思维巨变，彰显出新文化的出现和缺乏。平台文化是开放的、合作的，而不是独占的竞争；平台文化是利他的、共享的，而不是封闭的自我实现。互联网平台企业在构建和优化商业生态系统时，需要高度重视平台文化的塑造。

（七）组织结构平台化困难

相对于建立利益相关者之间的平台商业模式来说，在组织内部构建平台组织尤为困难。平台组织挑战的是科层制管理的文化和模式，是从职能部门到职能层级的全新布局。海尔之所以能够在制造业领域中率先践行平台化和生态化的转型，得益于多年来张瑞敏主导的组织结构改革。阿米巴管理思想、SUB管理模式、人单合一经营模式的尝试不断突破其科层体系，才能在平台经济时代，大步迈向平台组织模式的转型。所以，对于更多数的传统企业来说，平台组织的构建不是一蹴而就的，科层体系的难以逾越是制约互联网平台企业商业生态系统构建的重要桎梏之一。

由于本书对互联网平台企业商业生态系统优化要素的分析，意在以商业生态系统内部的多主体作为优化行动的主体，从战略布局的长远规划方面提出优化方案。因此，本节对静态结构的问题分析中，未过多涉及外部环境中诸多方面的问题，只单独讨论了环境影响中的文化问题，并未讨论经济、技术、产业、竞争者和法律等其他问题。

二、互联网平台企业商业生态系统的动态问题分析

（一）基于交易平台或产品平台难以构建新的产品平台或交易平台

在产品经济时代，企业基于市场定位和自有优势资源的限制，在产业链上有明确的位置区分。处于产业链上游的制造业无法直接连接到用户需求，而处于产业链下游的渠道商，也与优势供应商之间存在层层隔绝。所以，在平台经济时代，基于自身业务优势形成交易平台或产品平台的企业，很难同步建立起缺失的另一功能属性的平台。例如，小米做手机的初期，当以精准的市场定位、严格的成本控制和绝对的价格优势发布第一款手机时，获得了媒体关注和粉丝用户口碑，但却找不到渠道商、代理商销售手机，其无奈之下，只能在MIUI论坛里卖手机。

（二）平台边界的扩张与边界范围的确定

王节祥（2016）认为，平台边界的选择是基于交易费用理论、资源基础观和跨边网络效应三者的交互作用。通过前文的分析，我们发现平台边界的扩张与治理是互联网平台企业的战略选择，是区别于传统企业规模扩张的新探索。有资源溢出的诉求，也有资源拼凑的需求，有成本的限制，也有利润的驱使。并且，在平台生态化过程中，平台边界的选择问题有不同的情境，需要探索不同的作用

机理。

（三）平台界面的复制与整合难以形成交互的平台网络

平台包络是通过平台界面复制和整合，形成平台界面的过程，也即平台网络的形成过程。蔡宁等（2015）认为，平台包络的演进过程是基于平台界面间的共有用户基础。而在本书的前述研究中发现，从单平台界面向多平台界面发展的过程，除了以共有用户资源为基础的平台复制之外，还存在核心企业为了构建完整的商业生态系统基础架构，为了实现跨越产业边界的更大范围的合作，基于产业链构建产品平台界面或是围绕产业互联构建孵化业务平台界面等。在平台网络形成的过程中，难以处理的是战略性扩张平台界面后的多平台界面交互问题。

（四）连接多价值节点难以形成新价值创造路径

在本书的研究调研中，海尔家电产业集团职能制造部高副总经理提到，目前，海尔的COSMOPlat平台赋能企业转型的最大痛点是如何解决技术创新和产业价值的平衡问题。COSMOPlat的工业互联网技术发展迅速，而基于新技术和围绕用户需求去连接被孵化企业时，如何通过新的连接形成新的价值创造路径，并相应地产生新价值增值，是难以解决的问题。也就是说，如何将工业互联技术应用于相关产业或产品中创造新的价值增值，是难以突破的瓶颈。

（五）从赋权到赋能的转变以及赋能力的提升

在前文的研究中，我们提出了赋能力升级是互联网平台企业商业生态系统演化的重要驱动力之一，相应地，这也是桎梏许多互联网平台企业打造平台和使平台生态化的重要问题。从赋权到赋能的转变，是从传统组织管理模式到生态系统治理模式的重大转变。商业生态系统的多种群企业之间的关系处理、资源配置机制等诸多问题，都需要核心企业通过构建赋能力来解决，以实现从组织赋能到平台赋能，再到生态赋能的升级，从而驱动商业生态系统演化和优化。

（六）资源多样化后如何模块化与并行共享

互联网平台企业商业生态系统演化的另一重要驱动力是核心资源丰富，资源丰富的过程不仅是通过平台的杠杆作用和跨边网络效应来引入资源，还要通过设计资源的存在形式，使资源以并存的模块化形式为系统内的价值创造节点服务。这也是资源与能力交互作用的、促进商业生态系统演化的重要基础。所以，我们认为，资源的模块化并行共享是互联网平台企业优化其商业生态系统亟待解决的问题之一。

三、互联网平台企业商业生态系统的问题要素提炼

从互联网平台企业商业生态系统的关键问题分析中提取问题要素，归纳与梳理情况如表6－1所示。

表 6-1　互联网平台企业商业生态系统优化要素汇总

序号	问题	要素
1	新系统的产品或服务有待创新	(1) 创新的产品或服务
2	缺少多样化的种群资源	(2) 多样化的种群
3	种群生态位需要分离	(3) 种群生态位分离
4	子系统需要区分和交互	(4) 子系统区分
		(5) 子系统交互
5	缺少用户流量入口	(6) 用户导流
6	缺少平台文化	(7) 平台文化
7	组织结构平台化困难	(8) 平台组织
8	基于交易平台或产品平台难以构建新的产品平台或交易平台	(9) 交易平台和产品平台有其一
		(10) 交易平台和产品平台兼具
9	平台边界的扩张与边界范围的确定	(11) 平台边界
10	平台界面的复制与整合难以形成交互的平台网络	(12) 平台封包
		(13) 平台网络
11	连接多价值节点难以形成新价值创造路径	(14) 价值创造路径
		(15) 价值节点连接
12	从赋权到赋能的转变以及赋能力的提升	(16) 赋权向赋能转化
		(17) 赋能力升级
13	资源多样化后如何模块化与并行共享	(18) 资源模块化
		(19) 资源共享

第二节　基于德尔菲方法的互联网平台企业商业生态系统优化要素筛选

一、德尔菲方法的选择与研究设计

（一）德尔菲方法的选择

德尔菲方法是在 20 世纪 40 年代由赫尔默（Helmer）和戈登（Gordon）首创，1946 年，美国兰德公司为避免集体讨论存在的屈从于权威或盲目服从多数的缺陷，首次用这种方法来进行定性预测，后来该方法被迅速广泛采用。20 世纪 50 年代初期，当美国政府执意发动朝鲜战争时，兰德公司又提交了一份预测报告，预告这场战争必败。政府完全没有采纳，结果一败涂地。从此以后，德尔菲方法得到广泛认可。德尔菲方法最初产生于科技领域，后来逐渐被应用于任何领域的预测，例如，军事预测、人口预测、医疗保健预测、经营和需求预测、教育预测等。此外，还用来进行评价、决策、管理沟通和规划工作。德尔菲方法（Delphi Method）是选取一组有相关专业知识或实践经验的专家进行背对背通信方式的问题征询的决策技术，也称为专家意见法或专家函询调查法，是依据系统的程序，采用匿名发表意见的方式。组织者将研究问题和问题背景信息发函给专家，进行一对一征询，专家之间不面对面接触，没有相互的横向交流。以反复填写问卷的范式进行反复几轮征询和反馈，以集结问卷填写人的共识和意见的方式进行文本信息的归纳整理，当专家组成员的意见趋于集中和一致时，最终形成集体的判断或评价结果。采用德尔菲方法对征询专家的要求较高，需要专家具有与研究问题相关的专业知识和能力水平，能够对征询问题给出独立的专业判断。

由于本章的研究目的是基于前述研究发现，即互联网平台企业商业生态系统的静态机理和演化机制，探寻互联网平台企业商业生态系统优化的关键优化要素和优化机制。因此，首先要采用一定的方法对关乎互联网平台企业商业生态系统健康、健壮与自组织的关键问题的问题要素进行筛选和判断，也即对拟优化要素进行扩充、合并和筛选，从而确定优化要素体系，这是进一步采用 DEMATEL 方法从中识别关键要素的先行步骤。对比了头脑风暴法、名义小组法和德尔菲方法，这几种常用的集体决策技术方法，我们发现，德尔菲方法更加适合本研究的背景情景和研究问题的解决。

（二）专家组成员的选择

结合笔者能够联络到的理论与实践专家资源的限制，本书最终的征询专家组成员共 17 人，专家组成员基本信息见表 6－2。

表 6－2　专家组成员基本信息

专　长	职称或职务	单位	位数	类别
互联网企业的战略研究	教授	中国海洋大学	4	理论研究者
平台企业的管理决策研究	教授	中国海洋大学		理论研究者
平台型商业生态系统中的创业企业研究	教授	中国海洋大学		理论研究者
电子商务平台企业研究	副教授	中国海洋大学		理论研究者
平台创新与网络价值研究、平台设计与商业生态系统设计咨询	副教授	复旦大学	1	理论研究者 商业实践者
文化产业商业模式、商业生态系统研究	教授	山东大学	2	理论研究者
商业生态系统研究	教授	山东大学		理论研究者

续表

专　长	职称或职务	单位	位数	类别
平台企业的迭代创新研究	教授	山东财经大学	1	理论研究者
平台边界和平台包络研究	讲师	浙江工商学院	1	理论研究者
平台型商业生态系统构建的理论研究与实践经验	院长	海尔大学	2	理论研究者 商业实践者
平台型商业生态系统构建的实践经验	总经理	海尔战略规划部		商业实践者
平台型商业生态系统构建的理论研究与实践经验	院长	小米谷仓学院	1	理论研究者 商业实践者
平台型商业生态系统构建的实践经验	副总	韩都衣舍	2	商业实践者
平台型商业生态系统构建的实践经验	副总裁	韩都衣舍		商业实践者
平台型商业生态系统构建的实践经验	副总	酷特智能	2	商业实践者
平台型商业生态系统构建的理论研究与实践经验	院长	酷特云蓝·新动能治理工程研究院		理论研究者 商业实践者
平台型商业生态系统构建的探索经验	副秘书长；总经理	省纺织协会；青岛亿之源贸易发展有限公司	1	商业实践者

（三）数据统计分析方法

1. 专家积极系数

专家积极系数的计算是反映调查问卷回收率的指标，其计算公式是：回收率=反馈的调查问卷数/发放的全部调查问卷数。专家积极系数越高，说明专家对征询问题的了解越翔实，关系程度越高。

2. 专家意见的集中程度

专家意见的集中程度用均数 M_j 和满分比 K_j 来表示。

首先，均数 M_j 的计算公式是：

$$M_j = \frac{1}{m_j}\sum_{i=1}^{m} C_{ij} \quad (6-1)$$

在式（6－1）中，m_j 表示参加第 j 个指标评价的专家数，C_{ij} 表示第 i 个专家对第 j 个指标的评分，M_j 的取值越大，则对应的 j 指标的重要性越高。

其次，满分比的计算公式是：

$$K_j = \frac{m'_j}{m_j} \quad (6-2)$$

在式（6－2）中，m_j 表示参加第 j 个指标评价的专家数，m'_j 表示给满分的专家数。K_j 的取值为 0～1，K_j 可作为 M_j 的补充指标，越大说明该指标给满分的专家比例越大。

3. 专家意见的协调程度

专家意见的协调程度用变异系数 V_j 来表示。通过计算变异系数可以判断专家对每项优化要素的评价是否存在较大的分歧。计算方法如下：

$$V_j = \frac{\delta_j}{M_j} \tag{6-3}$$

在式（6－3）中，V_j 表示第 j 个指标的变异系数，δ_j 表示第 j 个指标的标准差，M_j 表示第 j 个指标的均数。变异系数说明专家对 j 指标评价意见的离散程度、波动性。V_j 越小，表明专家们的协调程度越高，意见统一性越好。

接下来，研究共进行了三轮专家意见的征询与反馈。其中，第一轮专家征询与反馈的过程，意在请专家对优化要素进行扩充，提出更多的建议要素，并对现有优化要素的表述进行修订；第二轮专家征询与反馈的过程，意在请专家对扩充修订后的优化要素进行深度剖析，通过要素背后的逻辑关系进行要素整合、简化；第三轮专家征询与反馈的过程，是基于第二轮专家反馈的不统一之处，进行再一轮征询，继而形成了相对较为一致的专家意见。

二、第一轮专家征询与反馈

本轮专家意见征询，是第一轮与专家交互意见。在向专家组成员发送征询函之前，我们做了两项准备工作：一是设计调查问卷，包括征询问题及相关要求的内容（见附录 2）；二是将与征询问题相关的背景材料进行了梳理，形成了电子版参考资料文件包（材料清单见附录 3）。本轮专家意见征询过程有两点：一是通过电话沟通的方式，逐一与专家组成员沟通本研究的目的、研究设计和征询问题等相关信息；二是获得了专家的认可和同意后，再以电子邮件的方式将征询问题和相关背景材料的文档包发给各位专家。请专家组成员依据相关资料对征询问题做出书面回答，并提出还需补充的材料内容。本次征询，共向 17 位专家发送了电子邮件，征询时间跨度为 1 个月。研究对收回的反馈邮件进行整理分析，视征询反馈认真、完整的问卷为有效问卷，统计得到有效征询反馈共 15 份。计算有效问卷回收率，得到专家积极系数为 88.2%。

第一轮专家意见征询的目的，是要扩充优化要素和修正已有优化要素的概念。要求专家对已有优化要素不做删减，只是结合本书提出的互联网平台企业商业生态系统的问题分析做出要素表述的修正，意在统一专家对要素的表述方式。并且提倡专家补充新的优化要素。研究对回收的征询结果的整理，是组织者对文字信息的处理过程。本轮征询是为了最大限度地获得需要考虑的优化要素，所以，对专家提出的新增优化要素的处理原则是，进行语意合并后保留。表 6－3

将此轮征询与反馈后有变化的要素进行了汇总。

表6－3　第一轮意见征询的反馈汇总

序号	要素	变化情况（修正或补充）	缘　由
1	创新的产品	修正	专家认为，系统面对的用户有变化，有消费者还有被孵化企业，可以分别为其提供产品和服务
2	创新的服务	补充	
3	生态占位	修正	表述修改
4	导流入口	修正	平台型商业生态系统不仅要导入用户资源，还有供应链资源和被孵化资源。关键是导入的方式和渠道
5	平台接口	补充	专家提出，互联网时代通过导流对消费者的争夺，已经变为通过将通用能力辐射给多元行业和多元场景，实现对外连接
6	价值共创	补充	专家提出，平台型商业生态系统构建复杂的商业架构，最终目的是实现价值共创，形成新价值。则如何通过商业架构的共享实现价值共创是优化的重点
7	系统动力	补充	专家提出，要探寻新系统的动力要素，助推新系统的迭代升级和繁衍生息
8	网络效应	补充	专家提出，要有效激发平台的网络效应，从而促进资源的丰富和平台网络的形成
9	治理机制	补充	专家提出，商业生态系统内部的企业关系是松散的联系，但这并不代表是无序、无组织的关系。所以应从治理的角度建立系统内的制度与机制，在实现优化秩序的同时，提高激励效果
10	品牌优势	补充	专家提出，打造生态品牌优势，以品牌辐射文化，可以凝聚商业生态系统的系统竞争力
11	生态系统边界	补充	有专家提出，生态系统的边界也是互联网平台企业的边界，这是有别于平台边界的，比平台边界更为重要
12	内部交易定价	补充	有专家提出，在系统内部恰当的地方定价，会产生对种群企业交互互动的阻碍作用
13	资源赋能	补充	有专家提出，种群资源的引入不是资本驱动的过程，是要基于资源给养的引入
14	金融支持系统	补充	有专家提出，平台型商业生态系统的盈利来源是核心企业为种群企业提供的金融服务
15	大数据系统	补充	有专家提出，信息化、大数据系统的重要性极为显著，应该独立作为优化要素

经过第一轮专家征询反馈后，共形成优化要素 31 个，在原有的 19 个优化要素基础上，修正要素表述 4 个，补充要素 12 个。至此，我们已经从理论界和实践界中，相对最大限度地获得了对互联网平台企业商业生态系统问题分析的关键点。接下来，将进入第二轮的专家征询阶段。

三、第二轮专家征询与反馈

第二轮专家意见征询的目的，是要对扩充后的优化要素，按照其背后的相关性逻辑进行精简整合，并需要专家给出合并的理由。我们将第一次汇总的结果再逐一反馈给各位专家，让专家了解第一轮征询的结果情况，并对专家提出第二轮的征询要求和发送参考材料。这一轮的调查问卷，请专家对 31 个优化要素的重要性进行判断分类，重要性的三个类别为“不纳入”“可纳入”和“须纳入”三项，分别赋予 0、1、2 共三种分值。此轮征询，共联系 15 位专家发放调查问卷。征询时间跨度为两周。发放 15 份，回收 15 份，计算专家积极系数为 100%。利用 SPSS 对专家评价意见的打分进行统计指标的计算。专家意见的集中度和协调程度汇总如表 6－4 所示。

表 6－4 第二轮意见征询的集中程度和协调程度汇总

优化要素	M_j	K_j（%）	V_j
价值共创	2	100	0.00
赋能力升级	2	100	0.00
平台组织	2	100	0.00
创新的服务	2	100	0.00
资源模块化	1.86	90	0.00
价值节点连接	1.86	90	0.00
多样化的种群	1.86	90	0.00
治理机制	1.8	80	0.00
交易平台和产品平台兼具	1.53	60	0.00
平台网络	1.53	60	0.00
平台文化	1.46	53	0.10
系统动力	1.46	53	0.10
平台接口	1.40	53	0.15
大数据系统	1.40	53	0.15
生态系统边界	1.33	53	0.20

续表

优化要素	M_j	K_j（%）	V_j
网络效应	1.33	40	0.25
价值创造路径	1.33	40	0.25
导流入口	1.2	40	0.30
平台边界	1.2	40	0.40
平台封包	1.13	33	0.45
创新的产品	1.06	33	0.45
生态占位	1.06	33	0.45
赋权向赋能转化	1.06	26	0.5
资源共享	1.06	26	0.5
品牌优势	1.00	26	0.55
金融支持系统	0.93	26	0.6
资源赋能	0.63	26	0.7
内部交易定价	0.53	20	0.75
交易平台和产品平台有其一	0.4	13	0.8
子系统交互	0.33	6	0.9
子系统区分	0.33	6	0.9

通过对第二轮反馈意见的统计分析，能够识别出专家意见的集中程度和协调程度。其中，K_j 的计算数值大于60%的优化要素，其 V_j 数值也都较小，均小于0.1。所以，我们认为这些要素的专家评价较为集中，得到专家较为一致的认可。这样的要素共有10个，分别为：①价值共创；②赋能力升级；③平台组织；④创新的服务；⑤资源模块化；⑥价值节点连接；⑦多样化的种群；⑧治理机制；⑨交易平台和产品平台兼具；⑩平台网络。另外，通过满分比和协调系数的分析，集中度也较好的要素有7个，分别为：①平台文化；②系统动力；③平台接口；④大数据系统；⑤生态系统边界；⑥网络效应；⑦价值创造路径。它们的 K_j 都大于40%，而 V_j 小于0.25。为了进一步统一专家意见，需要对这7个要素进行第三轮的专家意见征询。除此之外，剩余要素的满分比较低，协调系数较大，这些要素不纳入互联网平台企业商业生态系统优化方案的设计中。

四、第三轮专家征询与反馈

第三轮专家意见征询的目的，是对第二轮专家意见反馈中有待进一步统一意见的7个要素进行征询，将其与已确定的优化要素之间反复对比讨论，明确其逻辑关系，从而确定其是否纳入互联网平台企业商业生态系统的拟优化要素。由于此轮征询要素较少，所以，我们缩小了专家征询范围和变化了征询方式，不再采用邮件的方式征询意见，而是采用面对面单独讨论的方式。我们从前述的17位专家组成员中，有选择地筛选了青岛、济南两地的理论专家和实践专家，分别进行一对一的见面沟通。笔者录制了与每位专家的访谈录音，记录了关键信息，进行综合汇总。最终确定了互联网平台企业商业生态系统的拟优化要素为：价值共创、赋能力升级、平台组织、创新的服务、资源模块化、价值节点连接、多样化的种群、治理机制、交易平台和产品平台兼具、平台网络、平台文化、大数据系统。去掉系统动力要素，是因为系统动力要素包括了赋能力升级和种群资源多样化这两个要素。去掉生态系统边界这个要素，是因为治理机制这一要素涵盖的信息更广泛，包括了生态系统边界要素，并且，生态系统边界的选择就是生态系统治理的重要内容。去掉网络效应这个要素，是因为网络效应是构建平台界面过程中，由平台的连接性和杠杆作用形成的效应。另外，平台接口与网络效应是构建平台网络的重要组成部分，可以被平台网络要素涵盖。去掉价值创造路径这个要素，是因为它与价值节点连接要素重叠，价值创造路径就是基于价值节点连接形成的。

综上所述，我们采用德尔菲方法，借助理论专家和实践专家对互联网平台企业商业生态系统存在问题的认识，筛选出互联网平台企业商业生态系统的12个优化要素。接下来，我们将继续借助专家的经验判断，识别这12个要素中的关键优化要素，即区分这12个要素中的原因要素和结果要素以及建立原因要素和结果要素间的逻辑关系，也即识别优化机制，而为设计互联网平台企业商业生态系统的优化方案提供理论框架。

第三节　基于DEMATEL的互联网平台企业商业生态系统关键优化要素识别

一、DEMATEL方法的选择与研究设计

（一）DEMATEL方法的选择

决策试验与评价实验室（Decision Making Trial and Evaluation Laboratory，DEMATEL）是20世纪70年代由日内瓦特尔研究所提出的一种基于图论和矩阵分析进行复杂社会系统因素分析的方法。发展至今，该方法已在供应链管理、复杂管

理决策等诸多相关领域得到了广泛应用。该方法是充分利用专家的经验和知识来处理复杂的社会问题，尤其是对那些要素关系不确定的系统更为有效。为了解决复杂系统中难以决策的问题，采用此种方法可以通过专家对众多因素之间影响程度的赋权打分，构建出系统内复杂影响因素之间的关系矩阵。进一步通过矩阵的相关变换运算分析因素之间的相互制约关系，计算得到综合系统因素的中心度和原因度数值，从而判断出系统的关键影响因素。其中，中心度反映了该因素在系统中的地位与作用，而原因度用来区分判断该因素是原因因素还是结果因素。

由于复杂系统是由相互影响、相互作用的多层次子系统组成的，并且子系统具有多样性、不确定性和相互干扰性等特点，因此，针对影响因素较多的复杂系统，对判断多因素之间的相互影响关系，可以采用 DEMATEL 方法解决。在本章的研究中，我们在采用德尔菲方法对互联网平台企业商业生态系统存在问题进行专家集体判断决策的基础上，将对互联网平台企业商业系统存在的关键问题，也即互联网平台企业商业生态系统优化的关键着力点，进行深入挖掘与识别。基于采用德尔菲方法进行研究所呈现的研究结果，也鉴于 DEMATEL 方法能够解决复杂系统中关键要素识别问题，本书将选用此方法来识别互联网平台企业商业生态系统存在问题清单中的关键问题。并希望在原因度和中心度的分析中，结合象限法，能够识别问题清单中哪些是原因因素，哪些是结果因素，从而区分互联网平台企业商业生态系统的优化要素层次，提炼优化机制。

（二）DEMATEL 方法的标度选择

在 DEMATEL 方法中，对影响因素之间的影响程度标度的设计，不同的文献和学者给出了不同的标度方法。Wu 和 Chang（2015）、Lee 和 Hsieh（2013）分别在识别绿色供应链管理中的关键因素和研究大学图书馆网站建设行为模型时，采用 0、1、2、3 为标度，其中，0 表示“没有影响”，1 表示“较低的影响”，2 表示“适中的影响”，3 表示“较高的影响”。Lin、Yang 和 Kang（2011）和 Hsu、Kuo 和 Chen 等（2013）分别分析 IC 公司的核心能力和分析绿色供应链管理供应商在选择模式时，都采用了 0、1、2、3、4 为标度来表示因素之间的直接影响关系，其中，0 表示“没有影响”，1 表示“较小的影响”，2 表示“中等影响”，3 表示“较大的影响”，4 表示“强烈的影响”。另外，还有研究采用了 0 ~ 10 的特殊标度来反映要素之间从“没有影响”到“影响极大”的逐层递增程度。但鉴于用 0 ~ 4 的值来表示因素之间的直接影响关系的标度方法已得到广泛的应用，所以本研究中的标度选择也确定为 0 ~ 4 的取值标度。

（三）DEMATEL 的算法介绍

（1）假设某个复杂系统内有 N 个因素，分别为 a_1，a_2，a_3，…，a_N。因素之间的直接影响矩阵是 B^k。

$$B^k = [\beta_{ij}^k]_{n\times n} \tag{6-4}$$

在式（6-4）中，β_{ij}^k为矩阵 B^k 的第 i 行且第 j 列的值，若 $i=j$，则 $\beta_{ij}^k=0$。β_{ij}^k的取值表示因素 a_i 和因素 a_j 之间相互影响关系的有无和程度。k 为专家的数量，n 为因素的数量。$n\times n$ 的下标表示矩阵 B^k 为 n 行 n 列矩阵。B^k 必须为方阵，才可以对它进行逆矩阵的计算。

（2）对直接影响矩阵进行规范化变换，变换公式是：

$$\frac{\beta_{ij}}{\max_{1\leqslant i\leqslant n}(\sum_{j=1}^{n}\beta_{ij})}$$

变换结果是：

$$C = \left[c_{ij} = \frac{\beta_{ij}}{\max_{1\leqslant i\leqslant n}(\sum_{j=1}^{n}\beta_{ij})}\right] \tag{6-5}$$

在式（6-5）中，$\max_{1\leqslant i\leqslant n}(\sum_{j=1}^{n}\beta_{ij})$ 表示每行元素之和的最大值。对直接矩阵的规范化处理中，对每行元素之和的最大值的计算，也可以换成计算每列元素之和的最大值。

（3）计算综合影响矩阵 T：

$$T = [t_{ij}]_{n\times n} \tag{6-6}$$

$$T = C(I-C)^{-1} \tag{6-7}$$

在式（6-7）中，I 为单位矩阵。

（4）计算影响度 D 和被影响度 R：

$$D = \sum_{j=1}^{N} t_{ij}(i = 1,2,\cdots,N) \tag{6-8}$$

$$R = \sum_{i=1}^{N} t_{ij}(j = 1,2,\cdots,N) \tag{6-9}$$

（5）计算中心度向量 Z 和原因度向量 Y：

$$Z = D + R \tag{6-10}$$

$$Y = D - R \tag{6-11}$$

二、要素体系

通过德尔菲方法筛选出的互联网平台企业商业生态系统的优化要素，将构成 DEMATEL 方法识别的要素体系。我们通过三轮专家意见征询与反馈后，筛选出的价值共创、赋能力升级、平台组织、创新的服务、资源模块化、价值节点连接、多样化的种群、治理机制、交易平台和产品平台兼具、平台网络、平台文化、大数据系统共12个优化要素分别用a_1，a_2，a_3，…，a_{12}进行标记，形成采用DEMATEL方法进行关键优化要素识别的要素体系见表6－5。

表6－5　基于DEMATEL方法进行关键优化要素识别的要素体系

要素名称	要素标识	要素名称	要素标识
价值共创	a_1	多样化的种群	a_7
赋能力升级	a_2	治理机制	a_8
平台组织	a_3	交易平台和产品平台兼具	a_9
创新的服务	a_4	平台网络	a_{10}
资源模块化	a_5	平台文化	a_{11}
价值节点连接	a_6	大数据系统	a_{12}

其中，赋能力升级a_2、平台组织a_3、创新的服务a_4、资源模块化a_5、价值节点连接a_6、多样化的种群a_7、交易平台和产品平台兼具a_9、平台网络a_{10}、平台文化a_{11}共9个要素是本章在第一节已分析过互联网平台企业商业生态系统存在的问题，在此将不再赘述。而价值共创a_1、治理机制a_8和大数据系统a_{12}，是基于德尔菲方法从三轮的专家征询中识别到的问题要素。在此，将对这三个优化要素进行简要阐述。

（一）价值共创a_1

在产品经济时代和互联网经济时代，价值共创的互动多数聚焦于企业与顾客之间的二元关系。但在平台经济时代，由于平台界面网络的发展和多种群资源的积聚，互联网平台企业能够连接到的利益相关者越来越多元，通过价值节点连接形成的价值创造路径也随之多元，所以在平台型商业生态系统内，价值共创尤其是新机理和新路径。需要互联网平台企业重新构造价值共创路径，形成新价值来源，也即形成新的利润来源和竞争力来源。

（二）治理机制a_8

平台型商业生态系统的治理机制，是互联网平台企业对其联结的经济联合体的治理。有别于传统企业的管理模式，也不同于平台治理。平台型商业生态系统作为一个跨产业的经济联合体，其内部种群企业之间的关系是松散的缔结关系，资本驱动的产权缔结关系较少，而基于资源的交易或是交互形成缔结关系较多。平台型商业生态系统内的各类种群企业不是纯粹无序的存在，也不是无进入机制和退出机制。因此，平台型商业生系统内的治理机制要基于有序实现无序的创新。

（三）大数据系统 a_{12}

胡海波和卢海涛（2018）提出，数字化赋能能够促进企业的商业生态系统演化，进而促使价值共创由交换价值向平台价值，再向社会价值演化。近 20 年来，各行各业的互联网和移动互联网化，实现了各行各业大量的数据沉淀。例如，随着在线支付和美团等交易平台的发展，使许多 2C 的下线场景积累了此前不曾拥有的用户资源。基于这些用户资源数据，可以进一步挖掘数据信息和依托数据深化运营需求，能够实现供给与需求相互交互、促进和推高的过程。在以产业平台为基础的平台型商业生态系统中，也需要大数据系统来实现从供应链 B 端到消费者 C 端的连接，从被孵化企业 B 端到供应链 B 端以及消费者 C 端等的连接。

三、数据分析

基于前述的优化要素体系，结合 DEMATEL 方法对优化要素进行关键要素识别，请专家对优化要素体系中的要素关系进行判断打分，得到要素之间的直接影响矩阵。我们采用德尔菲方法筛选优化要素的研究中邀请到的专家组成员中，选择了位居青岛地区的理论专家和实践专家组成了实施 DEMATEL 方法研究的专家组成员，主要原因是便于采用集体沟通决策的方式判断优化要素体系中的要素间关系。经过 9 位专家的面对面集体沟通，我们最终确定了 12 个优化要素间关系的直接影响矩阵，如表 6－6 所示。

表 6－6　优化要素间关系的直接影响矩阵

要素	a_1	a_2	a_3	a_4	a_5	a_6	a_7	a_8	a_9	a_{10}	a_{11}	a_{12}
a_1	0	2	1	4	0	3	3	3	3	3	3	3
a_2	3	0	2	4	3	3	3	2	1	4	3	1
a_3	3	4	0	1	4	0	2	4	1	0	3	1
a_4	3	2	0	0	0	0	0	1	3	0	3	2
a_5	4	4	3	3	0	3	4	2	1	3	1	2
a_6	4	2	0	1	1	0	0	2	3	2	0	1
a_7	4	4	1	3	1	3	0	3	3	3	2	3
a_8	2	2	1	1	3	3	3	0	0	2	3	0
a_9	4	4	3	4	2	3	3	1	0	4	0	3
a_{10}	4	4	1	3	0	3	3	1	3	0	0	4
a_{11}	2	3	3	1	0	1	2	4	0	1	0	0
a_{12}	4	4	2	4	2	3	0	4	4	3	0	0

对表 6－6 中的直接影响矩阵做矩阵变换，得到反映优化要素间关系的综合影响矩阵，如表 6－7 所示。

表 6－7　优化要素间关系的综合影响矩阵

要素	a_1	a_2	a_3	a_4	a_5	a_6	a_7	a_8	a_9	a_{10}	a_{11}	a_{12}
a_1	0.397	0.424	0.208	0.448	0.171	0.373	0.338	0.376	0.351	0.374	0.303	0.323
a_2	0.500	0.378	0.244	0.458	0.260	0.381	0.355	0.358	0.300	0.409	0.316	0.275
a_3	0.429	0.435	0.165	0.319	0.277	0.255	0.298	0.376	0.240	0.256	0.292	0.225
a_4	0.300	0.256	0.105	0.185	0.093	0.157	0.142	0.191	0.227	0.161	0.209	0.185
a_5	0.560	0.522	0.285	0.460	0.192	0.407	0.403	0.383	0.323	0.409	0.278	0.323
a_6	0.371	0.290	0.116	0.251	0.138	0.188	0.170	0.238	0.257	0.251	0.138	0.186
a_7	0.555	0.517	0.228	0.460	0.220	0.408	0.282	0.405	0.377	0.410	0.299	0.348
a_8	0.352	0.328	0.163	0.270	0.212	0.300	0.282	0.215	0.188	0.271	0.250	0.171
a_9	0.582	0.542	0.293	0.511	0.260	0.421	0.383	0.364	0.310	0.452	0.255	0.369
a_{10}	0.516	0.479	0.206	0.432	0.173	0.378	0.337	0.317	0.360	0.294	0.216	0.358
a_{11}	0.300	0.312	0.199	0.229	0.118	0.206	0.225	0.302	0.151	0.205	0.148	0.137
a_{12}	0.554	0.514	0.255	0.487	0.253	0.405	0.288	0.426	0.403	0.407	0.243	0.259

根据综合影响矩阵的数据结果，进一步计算影响度、被影响度、中心度和原因度。具体见表 6－8。

表 6－8　DEMATEL 算法计算结果

要素	影响度	被影响度	原因度	中心度	中心度排序
a_1	4.087	5.416	－1.329	9.503	1
a_2	4.234	4.996	－0.762	9.230	2
a_3	3.565	2.467	1.098	6.032	10
a_4	2.211	2.467	－0.256	4.678	12
a_5	4.545	2.367	2.178	7.651	6
a_6	2.594	3.880	－1.286	6.474	9
a_7	4.509	3.503	1.006	8.012	4
a_8	3.003	3.949	－0.946	6.952	7
a_9	4.741	3.486	1.255	8.227	3
a_{10}	4.064	3.899	0.165	7.963	5
a_{11}	2.531	2.948	－0.417	5.479	11
a_{12}	4.493	3.158	1.335	6.912	8

由 DEMATEL 算法可知，中心度的数值反映了优化要素的重要程度，而原因度反映了该要素是否受其他要素影响。如果原因度的数值为正值，那么表示该要素对其他要素的影响大，是原因要素；如果为负值，那么说明该要素受到其他要素的影响大，是结果要素。为了更加形象地区分本研究中 12 个优化要素之间的因果关系，以中心度为横坐标，原因度为纵坐标，绘制优化要素的原因—结果象限图（见图 6－1）。横纵坐标的交叉点处，纵坐标原因度的取值为 0，而横坐标中心度的取值为 12 个要素的中心度的均值。

四、结果分析

由表 6－8 和图 6－1 可知，原因度取值为正值，也即位于四象限上半部分的要素有六个：平台组织 a_3，资源模块化 a_5，多样化的种群 a_7，交易平台和产品平台兼具 a_9，平台网络 a_{10}，大数据系统 a_{12}。它们是互联网平台企业商业生态系统优化要素体系中的原因要素，它们对其他要素的影响较大，是通过影响其他要素从而间接影响互联网平台企业商业生态系统的优化。而原因度取值为负值，也即位于四象限下半部分的要素有：价值共创 a_1，赋能力升级 a_2，创新的服务 a_4，价值节点连接 a_6，治理机制 a_8，平台文化 a_{11}，它们是互联网平台企业商业生态系统优化要素体系中的结果要素，受其他要素影响比较大。

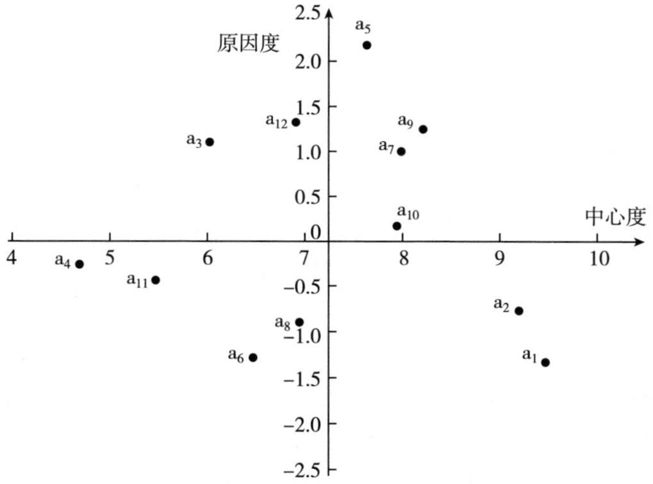

图 6－1 优化要素的原因—结果象限图

由表 6－8 和图 6－1 可知，中心度最大的是 a_1 要素，其中心度的值是 9.503。而中心度最小的要素是 a_4，其中心度的值是 4.678。中心度的均值是

7.259，相对于中心度的均值，中心度取值小于均值的要素为：平台组织 a_3，创新的服务 a_4，价值节点连接 a_6，治理机制 a_8，平台文化 a_{11}，大数据系统 a_{12}。而中心度取值大于均值的要素有：价值共创 a_1，赋能力升级 a_2，资源模块化 a_5，多样化的种群 a_7，交易平台和产品平台兼具 a_9，平台网络 a_{10}。这六个要素的中心度值排名前六位，对互联网平台企业的商业生态系统优化来说是重要因素，是对关键优化要素识别的基础要素。

综上所述，关键优化要素的首要选择是从中心度大于均值的要素中选择原因度为负值的要素。从 a_1，a_2，a_3，…，a_{12} 这 12 个要素中，根据其原因度和中心度的综合考量，确定了价值共创 a_1 和赋能力升级 a_2 这两个要素为互联网平台企业商业生态系统的关键优化要素。价值共创 a_1 和赋能力升级 a_2 这两个要素，对互联网平台企业来说，也恰恰是其构建商业生态系统的出发点和落脚点。

第四节　基于 DEMATEL 的互联网平台企业商业生态系统的优化机制识别

一、因果关系识别

在对互联网平台企业商业生态系统优化的关键要素关系进行识别时，首先对各要素的中心度进行分析，其次分析原因要素和结果要素，最后根据影响度和被影响度作出综合判断。在 12 个优化要素中（见表 6－8），中心度大于均值的要素有 a_1，a_2，a_5，a_7，a_9，a_{10}。其中，a_1 的中心度是 9.503，影响度是 4.087，被影响度是 5.416；a_2 的中心度是 9.230，影响度是 4.234，被影响度是 4.996。则 a_1 和 a_2 这两个要素被视为重要性较显著的结果因素。另外，a_5 的中心度是 7.651，影响度是 4.545，被影响度是 2.367；a_7 的中心度是 8.012，影响度是 4.509，被影响度是 3.503；a_9 的中心度是 8.227，影响度是 4.741，被影响度是 3.486；a_{10}的中心度是 7.963，影响度是 4.064，被影响度是 3.899。则 a_5，a_7，a_9 和 a_{10}这四个要素被视为重要性较显著的原因要素。中心度小于均值的要素有 a_3，a_4，a_6，a_8，a_{11}，a_{12}。其中，a_3 的中心度是 6.032，影响度是 3.565，被影响度是 2.467；a_4 的中心度 4.678，影响度是 2.211，被影响度是 2.467；a_6 的中心度是 6.474，影响度是 2.594，被影响度是 3.880；a_8 的中心度是 6.952，影响度是 3.003，被影响度是 3.949；a_{11}的中心度是 5.479，影响度是 2.531，被影响度是 2.948；a_{12}的中心度是 6.912，影响度是 4.493，被影响度是 3.158。因此，a_4，

a_6，a_8 和 a_{11} 是重要性相对较弱的结果要素，而 a_3 和 a_{12} 是重要性相对较弱的原因要素。

我们将重要性较显著的结果要素称为强结果要素，这样的要素有 a_1 和 a_2，即价值共创和赋能力升级这两个要素；将重要性相对较弱的结果要素称为弱结果要素，这样的要素有 a_4，a_6，a_8 和 a_{11}，即创新的服务、价值节点连接、治理机制和平台文化这四个要素；将重要性较显著的原因要素称为强原因要素，这样有四个要素，a_5，a_7，a_9 和 a_{10}，即资源模块化、多样化的种群、交易平台和产品平台兼具、平台网络；将重要性相对较弱的原因要素称为弱原因要素，这样的要素有 a_3 和 a_{12}，即平台组织和大数据系统两个要素（见表6－9）。

表6－9　互联网平台企业商业生态系统的优化要素间关系列表

要素关系描述	要素名称
强结果要素	价值共创 a_1、赋能力升级 a_2
弱结果要素	创新的服务 a_4、价值节点连接 a_6 治理机制 a_8、平台文化 a_{11}
强原因要素	资源模块化 a_5、多样化的种群 a_7 交易平台和产品平台兼具 a_9、平台网络 a_{10}
弱原因要素	平台组织 a_3、大数据系统 a_{12}

二、优化机制识别

根据上述分析，我们得知：价值共创 a_1 和赋能力升级 a_2 是互联网平台企业商业生态系统优化的首要关键要素，而创新的服务 a_4、价值节点连接 a_6、治理机制 a_8 和平台文化 a_{11} 这四个要素是互联网平台企业商业生态系统优化的次要考虑要素。进一步分析 a_1，a_2，a_4，a_6，a_8 和 a_{11} 这六个要素，我们发现，首先，首要关键要素中的价值共创 a_1 要素与次要考虑要素中的创新的服务 a_4 和价值节点连接 a_6 两个要素共同组成了互联网平台企业商业生态系统的价值创新的逻辑，即通过价值节点之间的连接，为用户提供创新的服务价值，从而实现新系统的价值共创；其次，首要关键要素中的赋能力升级 a_2 要素是互联网平台企业商业生态系统演化的重要驱动力，它体现的是系统优化的系统动力逻辑；最后，次要考虑要素中治理机制 a_8 和平台文化 a_{11} 这两个要素，共同体现了互联网平台企业商业生态系统优化的保障治理逻辑。

然而，在 a_3、a_5、a_7、a_9、a_{10} 和 a_{12} 这六个原因要素中，多样化的种群 a_7、交

易平台和产品平台兼具 a_9、平台网络 a_{10} 和资源模块化 a_5 这四个要素作为强原因要素，通过影响价值创新（价值共创 a_1、创新的服务 a_4、价值节点连接 a_6）和系统动力（赋能力升级 a_2）两个关键优化模块来影响互联网平台企业商业生态系统优化。我们将其作为分析互联网平台企业商业生态系统优化的关键方案中的具体着力点，并且这四个要素与价值创新的逻辑和系统动力优化的逻辑共同构建出价值共创优化机制和系统动力优化机制。需要特别说明的是，资源模块化 a_5 这一原因要素的归属问题，在 DEMATEL 方法的计算结果中，资源模块化 a_5 的原因度极高（取值为 2. 178），是所有要素中原因度最高的一个要素。我们认为，它对结果要素集合的解释性极强。并且依据前述章节构建的互联网平台企业商业生态系统的静态机理和动态演化的理论框架，我们将资源模块化 a_5 这一要素分别归属到了价值共创优化机制和系统动力优化机制中。因此，互联网平台企业商业生态系统优化中的价值共创优化机制要素包括价值共创 a_1、创新的服务 a_4、价值节点连接 a_6、交易平台和产品平台兼具 a_9、平台网络 a_{10} 和资源模块化 a_5。其中，价值共创 a_1、创新的服务 a_4 和价值节点连接 a_6 是结果要素集合，而交易平台和产品平台兼具 a_9、平台网络 a_{10} 和资源模块化 a_5 是原因要素集合，原因要素集合作用于结果要素集合，从而作用于互联网平台企业商业生态系统优化的逻辑是：通过构建产业平台网络，重塑价值流转的路径和价值创造的空间，从而实现价值共创与系统优化；而互联网平台企业商业生态系统优化中的系统动力优化机制包括赋能力升级 a_2、资源模块化 a_5、多样化的种群 a_7 三个要素。其中，结果要素是赋能力升级 a_2，原因要素集合是资源模块化 a_5 和多样化的种群 a_7，原因要素集合作用于结果要素，从而作用于互联网平台企业商业生态系统优化的逻辑是：通过资源丰富的和赋能力升级的相互促进作用，共同作用于商业生态系统的架构升级和种群繁衍，实现互联网平台企业商业生态系统的升级；互联网平台企业商业生态系统优化的保障治理优化机制包括治理机制 a_8、平台文化 a_{11}、平台组织 a_3 和大数据系统 a_{12} 四个要素，其中，结果要素是治理机制 a_8，而原因要素集合是平台组织 a_3、平台文化 a_{11} 和大数据系统 a_{12}。原因要素集合作用于结果要素，从而作用于互联网平台企业商业生态系统优化的逻辑是：以大数据系统和平台文化为底层保障，发挥平台组织的赋能作用和使能作用，从而实现对系统的保障治理。并且，保障治理机制是辅助关键优化机制发挥作用的，也就是说，保障治理机制通过作用于系统动力机制和价值共创机制，间接作用于系统优化。为了更清晰地呈现 a_1，a_2，a_3，…，a_{12} 这 12 个要素间的逻辑关系，我们整理了表 6 - 10，分别列示了基于 DEMATEL 方法识别和基于理论框架推演出的互联网平台企业商业生态系统优化的三方面关键优化机制。关于互联网平台企业商业生态系统优化的总体逻辑，是建立在这三方面关键优化机制基础上的逻辑。对此，我们将在第七章继续展开分析和构建。

表 6-10 互联网平台企业商业生态系统的关键优化机制

优化要素	原因要素集合	结果要素集合	要素间关系逻辑	优化机制
赋能力升级、资源模块化、多样化的种群	资源模块化、多样化的种群	赋能力升级	资源丰富和赋能力升级的交互作用实现系统演化驱动力升级	系统动力优化机制
价值共创、创新的服务、价值节点连接、平台网络交易平台和产品平台兼具、资源模块化	平台网络、资源模块化、交易平台和产品平台兼具	价值共创、创新的服务、价值节点连接	基于产业平台网络重塑价值流转的路径和拓宽价值创造空间	价值共创优化机制
平台组织、大数据系统、治理机制、平台文化	平台组织、平台文化、大数据系统	治理机制	以平台文化和大数据系统为底层保障，发挥平台组织的赋能作用和使能作用	保障治理优化机制

至此，我们已经通过德尔菲方法和 DEMATEL 方法筛选并识别出了互联网平台企业商业生态系统的关键优化要素，建立了优化要素间的相互关系；识别出互联网平台企业商业生态系统优化的三个关键优化机制，分别是价值共创优化机制、系统动力优化机制和保障治理优化机制，并构建了三个关键优化机制间的逻辑关系。这三大机制将作为我们对互联网平台企业商业生态系统展开优化设计的基础逻辑。而诸如平台网络、资源模块化、多样化的种群、大数据系统、平台组织等多个优化要素将分别作为对优化方案展开设计的主要策略方向。

第七章 互联网平台企业商业生态系统的优化方案设计

第一节 互联网平台企业商业生态系统优化的思路

从第六章的研究中，基于 DEMATEL 方法对关键优化要素的筛选与判定，识别出了互联网平台企业商业生态系统优化的三个核心逻辑，即价值共创优化逻辑、系统动力优化逻辑和保障治理优化逻辑。本节将围绕这三个重要逻辑，阐述对互联网平台企业商业生态系统优化的总体思路。在此之前，我们将针对乐视及其商业生态系统展开分析，因为在对互联网平台企业商业生态系统的现实观察中，乐视的失败案例引起了我们的格外关注。我们试图从乐视构建商业生态系统失败的案例中，探析和验证我们对互联网平台企业商业生态系统优化的认识。

一、乐视的平台型商业生态系统的失败案例分析

乐视在 2011 年以前，以视频网站的运营实现了稳定的利润增长，在同类型的国内视频网站中是首先实现盈利的。可以说当时的乐视已成为一个优秀的互联网平台企业，其下的视频平台是集用户、广告商和内容商于一体的产品平台，借助版权优势凝聚了大量的用户资源，达到引爆用户的临界点。自 2012 年开始，乐视基于用户资源优势的共享，向终端平台界面进行封包，推出新产品“超级电视”并成功进军电视领域。第一次平台界面扩张的成功让乐视获得了较好收益，2012 年乐视的收入达到 12 亿元，是此前 2010 年的近 6 倍，是 2011 年的近 2 倍之多。2013 年开始，乐视快速扩张商业生态系统的边界，向供应链的上下游以及跨行业的领域进行平台包络。2013 ~ 2016 年，乐视的平台界面扩张动作频繁：2013 年购买东阳花儿影视文化有限公司，实现了向内容制造商的平台封包；

2014 年，乐视开始涉及互联网金融平台和“乐视商城”电子商务平台的运营，并开始接触汽车制造产业；2015 年，乐视推出乐视手机这一产品终端，又形成一个产品平台界面，并开始探索医疗服务领域；2016 年成立乐视汽车这一产品平台……一系列的在资本驱动下的平台界面扩张，很快就显现出了弊端。乐视的终端业务出现大范围亏损，至 2016 年，乐视净利润亏损 2 亿元。

乐视在构建平台型商业生态系统的过程中，做了许多有益尝试，包括形成产品平台界面和交易平台界面。乐视在其产品平台界面成功后，在向供应链上游扩张的同时，也注意到了连接到 C 端的重要性，自建交易平台界面——“乐视商城”；形成了几个主要的导流入口，以视频内容导流和硬件终端导流为主；跨越行业边界，进行平台界面包络，形成平台界面网络。但乐视的失败，也恰恰就在它所形成的平台界面网络并没有引入价值创造节点，未能为新的价值创造路径和价值形态搭建有效的商业基础架构。

乐视从“视频网站”升级转型成为“垂直整合的商业生态圈闭环”，再到一个开放式的“生态化反公司”，以满足顾客的全方位体验为战略重心，层层布局与核心业务（视频、手机、电视）有关的多个业务平台：终端平台、内容平台、应用平台、电商平台、LePar 平台、金融平台等。尽管乐视的商业生态系统主张以“平台 + 内容 + 终端 + 应用”的垂直整合模式，以“硬件协同”与“视频极致化”为核心优势向其他产业强势跨界，但乐视的商业生态系统构建最终还是失败了，我们质疑乐视的商业生态系统是真正的生态圈吗？还是传统的相关多元化？乐视商业生态系统的构建，看似也遵循了平台界面从单一到多元，种群从简单到多样的逻辑，试图以平台包络的模式从初创阶段开始向更繁盛的状态发展。但深入探究其商业生态系统构建的每一个阶段都漏洞重重，急于求成的速度导致其商业生态系统的基础商业设施和缔结关系不稳定。如果说商业生态系统是一个场景，那么垂直价值链整合模式和平台模式只是其搭建方法。商业生态的场景早就存在于传统工业时代和早期的互联网时代，企业会围绕自己业务链条的上下游扩张并整合资源，或是会围绕核心产品多元化向外辐射边界，这些我们熟知的横向、纵向一体化战略，差异化战略，成本领先战略等战略策略，都是商业生态场景的构建与优化路径。然而，在互联网经济发展的背景下，在平台经济时代，企业对商业生态的构建路径发生了颠覆性的改变，因为互联网平台企业的发展逻辑发生了变化，边界扩张方法、资源和能力外溢路径等都在变化，可以说是核心企业与所有的利益相关者的缔结方式发生了变化，建立起新时代的结盟关系。核心企业对商业生态系统这一战略布局的要素谋划和商业模式的构造，会改变商业生态系统的成员结构、相互关系及功能，致使整个系统的价值创造体系和共同演化的机制变化。因此，我们认为乐视商业生态系统的失败就是在平台情景和平台生态化的框架下，又重走老套路，将传统商业时代的战略策略作为平台情境下的战略布局，最终未能成功。其实像乐视这样，虽然试图尝试平台生态化，但又摆脱不掉原有商业逻辑和文化的企业不在少数。很多企业都想变，也都在试图变，有的变到一定程度就进行不下去了，很难开拓新的市场和摆脱原有业务市场；还有的连变革的勇气也没有，对平台生态化持有观望的态度。在过去平台商业模式横扫一切之时，就鲜有企业能真正兼顾内部组织结构再造和外部商业模式创新。而当下在商业生态模式一马平川之时，仍然只有凤毛麟角的企业能建立生态型组织结构和以生态模式缔结与利益相关者间的关系，从而实现生态赋能。实践者们都很容易陷入一个陷阱，在战略愿景上高瞻远瞩，在战略策略上却止步不前。这种止步，既源于对传统战略策略的留恋，更源于对如何践行平台生态化战略的陌生。基于此，我们设计了互联网平台企业构建和治理其商业生态系统，即优化互联网平台企业商业生态系统的思路框架。

二、互联网平台企业商业生态系统优化的总体思路

在第五章中，探索了互联网平台企业商业生态系统的演化路径，从交易互联网平台企业、工业互联网平台企业、应用服务互联网平台企业的平台型商业生态系统构建中，推演出了演化周期模型和演化机制模型，勾勒出从初创到成熟的平台型商业生态系统构建的可靠性路径，以期为试图尝试平台生态化的践行者们增添一份信心和参考。也许，实践者们还会有疑问，遵从路径的一致性规律，就能自然而至互联网平台企业商业生态系统的成熟阶段吗？其实不然，成熟的互联网平台企业商业生态系统也存在健壮与否的区别，存在是否有可持续繁盛的风险。例如，在酷特智能与海尔的案例情景对比中，我们发现，同样是从产品平台起家，以智能制造为依托，海尔的商业生态化布局的改革彻底而迅速，而酷特智能的改革却有些迟疑。不排除在规模体量上两者的差距，但我们认为，差异背后的原因更多的是改革者能否大刀阔斧地实施平台生态化的战略策略，以及在平台情境下，是否用平台商业模式和平台组织结构支撑平台生态化战略的实施？而不是在沿用旧的商业模式和组织结构中徘徊前行。酷特智能的前身是红领集团，是位于青岛即墨的一家西服定制企业。企业长期从事国内西装定制的 OEM 业务，随着集体定制订单的积累而沉淀了大量的西装剪裁数据，企业以此为基础将量体裁衣、制衣的过程数据化，打造了全流程的智能制造系统。酷特智能建立的大数据驱动下的全流程智能化制造体系，被工信部树立为典范。随着我们对这个案例的深度观察，我们发现，酷特智能是以产品平台为生态系统构建起点的企业，企业在构建其产品平台界面后，就开始了平台的对外市场化运营，以自己的智能制造体系为优势资源和能力对外进行同行业以及跨行业的孵化。虽然企业也在尝试进

行连接 C 端的交易平台，但企业的大量业务订单还是来源于原来的 OEM 模式，在国内市场并没有真正打开 C 端市场。在没有建立跨越全价值链的平台界面之前，即没有健全交易平台和产品平台的网络平台界面体系，就急于升级为有孵化能力的所谓的产业平台，实际上，企业并不能在平台升级之后，有效地拥有丰富的资源池和平台赋能力，也就很难实现走向成熟的商业生态系统阶段，即无法构建成具有生态赋能力、多物种资源、可自组织繁衍的健康商业生态系统。所以说，演化路径是互联网平台企业构建其商业生态系统要遵从的基本规律，企业不能生搬硬套地临摹路径，不能摆设状地将每个阶段的战略要素设置出来，也不能错序地颠覆能力边界和规模边界的相互促进逻辑。对于互联网平台企业来说，构建其商业生态系统的质量比速度更重要。

第二节　互联网平台企业商业生态系统优化的目标

一、互联网平台企业商业生态系统优化的健康性目标

Rapport 等（1999）指出，生态系统健康的概念为“以恰当的目标为标准定义的一个生态系统的状态、条件或表现”。基于这个概念的描述，国内学者杜国柱（1999）将商业生态系统健康性的内涵描述为：满足人类社会合力要求的能力以及其本身自我维持与更新的能力。前者是系统存在的整体目标与意义，后者是实现前者的必要基础。研究商业生态系统的重要学者杨西蒂和莱维恩（2005），提出了衡量商业生态系统绩效或健康状况的三个基本指标是：生产率、强健性和缝隙市场创造力。其中，生产率指标是指生态系统中的成员要能以较低的成本获得较高的生产率，要有创新的交付；强健性指标是指生态系统要有稳定的中心和持续性的商业基础设施结构；强健性和生产率并不能完全捕捉健康的生态系统的特征，在生态文明的观念中，同样重要的指标是物种的多样性，即缝隙市场创造力指标。在杨西蒂和莱维恩的思想中，我们可以洞察到影响商业生态系统健康性的六个基本要素：低交易成本、高生产效率、创新、核心企业、商业基础设施、物种企业多样性。虽然这些战略要素的提出，是杨西蒂和莱维恩根据当时的商业实践情景提出的，并不针对互联网平台企业商业生态系统。然而，万变不离其宗，互联网平台企业商业生态系统演化的过程和优化的要素也是围绕商业基础架构、价值创新、种群丰富等方面展开的。本书构建的互联网平台企业商业生态系统优化的战略画布，也体现了杨西蒂和莱维恩认为的商业生态系统健康的三大指标。

在杨西蒂和莱维恩对商业生态系统健康性的三方面描述中，生产率的指标反映了商业生态系统追求价值创新的需要，包括满足用户需求的交付价值创新和企业利润增长的价值增值创新，反映的是商业生态系统的创新能力；强健性的指标反映的就是生态系统的健壮性指标，都是强调系统商业基础设施架构的稳定性，反映的是商业生态系统的抵抗能力；而缝隙市场创造力强调的是商业生态系统保持多种群的繁衍生息，是自我维持能力的体现，反映的是系统的自组织驱动能力。所以我们认为，健康性目标，是互联网平台企业商业生态系统优化的总体目标，而总体目标中又涵盖了健壮性的目标要求、价值创新的目标要求、自组织驱动的目标要求。下文，我们将详细阐述这三个具体目标要求。

二、互联网平台企业商业生态系统优化的健壮性目标

目前理论界对商业生态系统健壮性的界定尚处于纷杂状态，没有明确的统一认识。著名的数学生物学家 Erica Jen（2000）指出，“大家对健壮性的认识都有一个直觉认识，并且认为它对系统的生存和特性至关重要”。国内学者杜国柱（2008）在对商业生态系统健壮性构建评估模型的研究中，明确界定过健壮性的概念。该学者提出的健壮性是指生态系统抵抗外部环境变化的能力和结构发生变化后恢复原有功能的能力。肖风劲等（2002）和姚艳玲等（2004）在对生态系统健康性的测量中都将系统结构和恢复力作为重要指标。可见，健壮性目标着重强调互联网平台企业商业生态系统的架构稳健性和应对环境变化的恢复力，反映的是健康性目标的首要要求。在理论界对商业生态系统治理的研究中，早期的商业生态系统治理研究倡导者就提出要通过治理行为，保证系统目标的实现和提高对外部变化的应对能力。聚焦互联网平台企业商业生态系统出现以及传统商业生态系统的消失，在市场环境和消费需求巨变之时，诸多新的互联网平台企业商业生态系统如竹林般出现，呈现繁盛的生命力和强劲的市场竞争态势。与此同时，许多传统商业生态系统分崩离析，例如，在 IT 行业中大家所熟知的诺基亚的商业帝国，故步自封的结果是被市场淘汰。当然，还有些传统的商业生态系统在面对时代变迁之时，能够从容地转型，重构新型商业生态系统，例如，海尔的商业帝国。所以说，互联网平台企业商业生态系统要具有应对环境变化的稳健的结构和抵抗外界环境变化的能力，是核心企业对其进行优化的首要追求。

三、互联网平台企业商业生态系统优化的自组织目标

随着商业生态系统治理研究的深入发展，学者们对商业生态系统治理目标的认识，从应对环境变化逐渐发展到关注如何平衡系统内部利益相关者之间的紧张关系。也就是说，如何采用合理的激励与约束，使商业生态系统内部众多种群的

存续避免机会主义行为、避免无序的耗散状态，实现有序地引入利基创造者、引导多生态位种群企业价值共创。学者们对系统能够自发、自主、自觉地进行物质和能量转化的循环过程，界定为自组织的过程，认为自组织的输出对输入的反馈是系统演化的机制和结构形式。通过前文对互联网平台企业商业生态系统的研究，我们发现互联网平台企业构建起平台型商业生态系统的基础商业架构，在引入多样化种群资源后，需要以生态赋能力辐射资源模块和价值节点，使其能够产生自组织驱动的能力。虽然互联网平台企业商业生态系统是由核心主导的，其演化过程是与核心企业的战略选择有关的，但其作为复杂自适应系统的本质，是基于开放建立自身的反馈机能，使其能够自动调整、自我组织，从而驱动系统的演化升级。因此，自组织目标是重要的平台型商业生态系统优化目标。另外，互联网平台企业商业生态系统优化的自组织目标，也体现了竞合思想。因为在实现自组织驱动系统演化的同时，其系统内部各个子系统之间是通过竞争与协同，促进系统熵的变化，而不是通过外部指令实现系统内的有序与变化。合作共赢，是以让利与合作者的态势实现更大范围的合作和盈利，是以高效的资源配置模式和创新的价值创造路径，联合更多的利益相关者进行价值共创。互联网平台企业创建的平台型商业生态系统，其模式是创设一个开放、共享的商业环境，使众多利益相关者对资源的调用与整合，不受核心构建者的指令驱动，而是受消费者需求的驱动，能够自主地围绕用户需求的满足来获得资源和能力。

四、互联网平台企业商业生态系统优化的创新性目标

创新迭代，是互联网平台企业商业生态系统存续的根基。商业生态系统是有生命周期的，经历过初创与成长，进入成熟期的商业生态系统，将面临衰退的危机。成熟期的商业生态系统内部的架构过于稳定，种群企业间的竞争与投机主义行为显现，系统正熵升高。此时，倘若不进行自我迭代创新，从外部环境中吸取高值负熵，系统将面临耗散衰败。使商业生态系统摆脱衰败命运的有效路径是，要围绕用户需求迭代不断提供创新的产品或服务。在对互联网平台企业商业生态系统的用户分析中，我们发现，用户的范围在扩张，超越了传统的消费者用户的范围，还出现了被孵化企业用户、员工用户、供应商用户等。这是因为互联网平台企业商业生态系统围绕市场需求进行的商业模式创新和价值创新，实现了其能够提供的产品或服务的创新。提供创新的服务和产品并不是创新目标的终点，只是起点。倘若企业把创新产品和服务作为终点，忽略设计创新产品、服务与创新价值创造之间的关系，那难免会走向乐视的失败道路。乐视对硬件终端的创新和视频内容的创新，可以说是投入了大量资本，但其创新的终端之间并没有产生价值创造节点之间的连接，形成价值生成、转移和增值的价值创造路径。互联网平

台企业商业生态系统的商业基础架构铺设是其必经之路，但企业要巧妙地设计平台界面交互的共享和盈利模式，为尽快实现运营收益做好创新性设计。所以说，互联网平台企业商业生态系统追求创新的需要，要在追求满足用户需求的交付价值创新基础上，追求有助于实现企业利润增长的价值增值创新。

第三节　互联网平台企业商业生态系统优化的原则

一、主体联动原则

互联网平台企业商业生态系统的优化，是系统内各类种群企业共同实施的过程。相对于战略联盟、企业集团等联合体的形式，其成员种群拥有不同的生态占位，也就拥有不同的关键资源。每个种群企业对商业生态系统的存续和优化，都有举足轻重的作用。缺少任何一类种群企业，都会影响价值创造网络的形成。所以，我们认为，对平台型商业生态系统的优化，要秉持多主体联动的原则。其关键是核心企业如何协调多个利益相关者之间的关系。具体地说，核心企业要激励多生态位种群企业发挥主观能动性，使它们能够把自己当成整个系统的重要组成部分，以系统的整体利益为出发点，形成共生关系和共生的价值观；核心企业要调动系统内的多个利益相关者，以共同面对特定用户群体的立体场景需求为落脚点，从各个利益相关者处汇聚用户数据，挖掘用户的精准需求，为其提供解决问题的整体解决方案；要激励利益相关者，在核心企业制定的规则约束和提供的资源给养下，参与到系统优化的过程中来，形成种群之间的双向或多项互动赋能，在有能力实现自我成长的同时，滋养其他种群企业的成长。利益相关者之间相互调用彼此的资源，有利于形成新的业务合作和新的价值创造路径；核心企业还要为不同生态位的种群间构造结构嵌入，形成资源和能量的转移渠道，即是价值共创的基础。王倩倩（2012）指出，商业生态系统治理的实质是基于嵌入结构的核心成员企业的关系安排，嵌入关系的业务往来是商业生态系统治理的基础。

二、统筹平衡原则

对互联网平台企业商业生态系统的优化，要兼顾多视角的统筹平衡。

首先，要兼顾正式优化机制和非正式优化机制的平衡，即制度优化和文化优化的统筹。彭正银（2002）在对网络治理的界定中认为，网络治理是以正式或非正式的组织和个人通过经济合约的联结与社会关系的嵌入所构成的以企业间的制度安排为核心的参与者间的关系安排。互联网平台企业商业生态系统也兼具网络组织的特征，在对商业实践中的平台型商业生态系统的观察中，我们也发现了非正式优化机制的作用。尤其是在小米的商业生态和乐视的商业生态对比中，核心企业的创始人的特质的明显不同，影响了两者所构建的商业生态系统的成败。风险偏好型的贾跃亭对资本的高风险运作以及洞察市场机会、利用市场机会的机会主义行为，导致了乐视的平台文化过于激进，其商业生态系统的构建过于追求速度，缺乏稳健性；而奉献回避型的雷军，专注产品细节，对发展生态链企业亲力亲为，适应市场时机顺势而为，其领导着小米不断扩大业务边界，建立了小米的生态竹林。所以，对于互联网平台企业商业生态系统内构建松散型的缔结关系，非正式的优化机制会起到良好效果。则在对其实施优化时，要统筹正式机制和非正式机制的平衡。

其次，要建立起多生态位种群共存机制，平衡和优化多种群关系。在美国著名的黄石公园，曾经就出现过狼、羚羊、柳树丛、河狸和水文的生态关系平衡问题。在“顶级捕食者决定论”的理论支持下，人们倾向于把大型食肉动物当作整个生态系统的关键物种保护起来，认为其控制着其他动物的数量和行为，甚至影响植被，以“营养级联”的方式塑造整个食物网。然而，黄石公园物种生态位的相互影响关系，并没有人类想象得如此简单和线性。自然界的平衡是一个复杂的制约过程，过多的人为干涉只会破坏平衡本身。同理，对互联网平台企业商业生态系统也是如此。平台运营主要通过有效的治理机制，平衡系统内的种群数量和质量，为自组织驱动奠定生态基础。

三、开放自治原则

互联网平台企业商业生态系统，有别于传统企业商业生态系统之处是资源共享模式不同。其资源共享的逻辑是基于核心企业优势资源的溢出效应，通过核心企业的优势资源横向或纵向地向外围辐射，与系统内的其他利益相关者形成的资源交换与交易。其可共享的资源越来越轻资产、虚拟化，既可以是生产要素资源，还可以是用户资源，甚至是企业的文化资源，例如，在小米塑造的生态圈中，其为生态链企业输出的就是企业自身运营的价值观、方法论等。因此，对互联网平台企业商业生态系统来说，需开放系统边界并引入多种和大量的种群企业，作为系统的活化资源和负熵资源是有利于繁衍生息的。

互联网平台企业商业生态系统开放的同时，还要坚持自治。不自治的平台型商业生态系统仍将陷入科层体系的僵局中，即庞大的体系中存在大量权利层级和职能模块，存在层层隔热墙和效率低下。不自治的平台型商业生态系统是难以有效捕捉用户需求和传导用户需求的。尤其是在平台型组织结构的变化中，资源都以模块化的方式并行在系统的平台架构上，只有通过有效的自治模式，才能建立更合理的连接机制，实现信息流、物质流、能量流、知识流、资金流等的有效传递，共同形成并行合力面对用户需求，满足用户需求。

四、动态性原则

互联网平台企业的商业生态系统不是一个静态实体，是从初创到成熟的构建演化过程，以及从形成态到自我迭代创新的自组织驱动过程。在这个动态过程中，会有种群的不断变化，包括种群企业或团体、个人进出生态系统，种群间关系的变化以及种群置换等调整；也会有平台界面功能的升级和界面的复制；还会有系统驱动力的变化与升级等动态性表现。总之，在平台型商业生态系统演化的过程中，诸多战略要素会表现出周期性变化。所以，对平台型商业生态系统的优化，要把握动态性原则，针对战略性要素的动态变化，分阶段实施优化措施。对互联网平台企业商业生态系统每个阶段的优化，都是为了促进其向更高级的阶段演化，实现系统的迭代升级。升级后的系统将会出现新的态势，在更高的状态阶段呈现新的规律和问题，则此时，应该针对战略要素的变化实施新层次的优化策略。

另外，动态优化还体现在基于生态位置设计基础上，资源占位的动态优化。在海尔的产业平台上，如果小微的运营不能产生高绩效，不能满足用户需求，不能有利服务于其他节点小微等情况的发生，都会被动态化识别和优化，会有优胜劣汰的机制来确保整个生态系统的生生不息。海尔还在系统优化中贯彻了“引入负熵”和“正反馈循环”的思路，以实现系统的动态优化。

五、系统性原则

互联网平台企业构建的平台型商业生态系统是一个复杂系统，我们从中提取的关键优化要素，也形成了一个系统性问题。传统的企业问题优化是集中于单个企业的研究对象，其优化侧重点在科层治理和市场治理两个方面。其中，市场治理是依靠价格机制的调节作用，而科层治理是依托权利体系和制度安排的规范作用。平台型商业生态系统所连接的利益相关者类型多、形成的系统层次多，交互关系复杂、交互频率频繁，所以，对其实施的优化也是相对复杂和多维的过程。其优化方案的设计是针对一个多层次、多维度治理的机制设计。在此情景中，单一的价格机制或是命令机制都难以发挥有效的显著作用。只有多个机制的交互作用，才能从系统层面和整体性上取得优化效果。我们在对互联网平台企业商业生态系统实施优化方案设计时，强调应该秉持系统性原则。另外，我们在前述章节提炼出的平台型商业生态系统优化的三大机制：系统动力优化机制、价值共创优化机制和保障治理优化机制，其实施路径强调需要保持动态调整性，保持三者之间是相互配合和相互促进。虽然三者各自有利于实现不同的优化目标，但三者从系统层面整合实施，才能使各自所涵盖的多方面具体策略，在平台型商业生态系统演化的不同阶段，通过有效组合起到整体系统优化的作用。因此，也强调系统性原则。

第四节　互联网平台企业商业生态系统优化的总体方案

一、互联网平台企业商业生态系统的总体优化方案

互联网平台企业商业生态系统是一个复杂系统，它存在多个层次与要素。而互联网平台企业商业生态系统的优化，也是一个系统工程，存在多个关键要素间的相互作用与影响，形成不同的优化系统。对互联网平台企业商业生态系统的优化，可以采取逐要素、逐层优化的模式，以各个子系统为优化单位进行优化方案设计；也可以从整体、系统的层面建立关键要素之间的优化逻辑与机制，形成整理优化的合力，按照优化系统的不同来设计优化方案。在陈志伟（2015）对GS公司的商业生态系统优化研究中，就针对GS公司的商业生态系统存在的问题，提出了基于商业生态系统层次的优化设计：核心商业圈、扩展商业圈、支持维护圈和外部环境圈。本书认为，从整体、系统的层次建立关键优化要素之间的优化机制以及建立关键优化机制之间的逻辑关系，从而依据优化机制所反映的要素间关系设计互联网平台企业商业生态系统的优化方案，将更适合解决互联网平台企业商业生态系统的复杂问题。

（一）互联网平台企业商业生态系统的总体优化机制

对互联网平台企业商业生态系统优化机制的认识，在第六章已经做了关键优化机制的识别和总体优化机制的识别，详细内容见本书第六章第四节的阐释。其中，三大关键优化机制涵盖的要素及要素间关系描述见表6－10。互联网平台企业商业生态系统的总体优化机制，是建立在三大关键优化机制“各司其职”的基础上的。在三大关键优化机制中，保障治理优化机制是辅助关键优化机制发挥作用的，也就是说，保障治理优化机制通过作用于系统动力优化机制和价值共创优化机制，间接作用于系统优化的，它是整个优化机制的底层保障；系统动力优化机制，是实现整个系统优化的核心驱动，就如同系统动力是驱动互联网平台企业商业生态系统演化一般；而价值共创优化机制是对互联网平台企业商业生态系统实施优化的中级结果，也就是说，打造价值共创优化机制，是建立在打造系统动力优化机制和保障

治理优化机制的基础之上的，是构建总体优化机制的高级阶段。

在三大优化机制涵盖的 12 个优化要素中，大数据系统、平台组织、多样化的种群、资源模块化、交易平台和产品平台兼具、平台网络作为间接影响互联网平台企业商业生态系统优化的原因要素，分别支撑着或是作用于三个结果要素集合，分别是保障治理优化机制的结果要素集合、系统动力优化机制的结果要素集合和价值共创优化机制的结果要素集合。需要特别指出的是，资源模块化这一间接影响因素，对系统动力优化机制的结果要素和价值共创优化机制的结果要素均有影响。对资源模块化这一要素归属的说明可见第六章第四节的详细阐释。

综上所述，本书构建的互联网平台企业商业生态系统总体优化机制，建立了 12 个优化要素间的关系以及三大关键优化机制间的关系，其模型如图 7－1 所示。

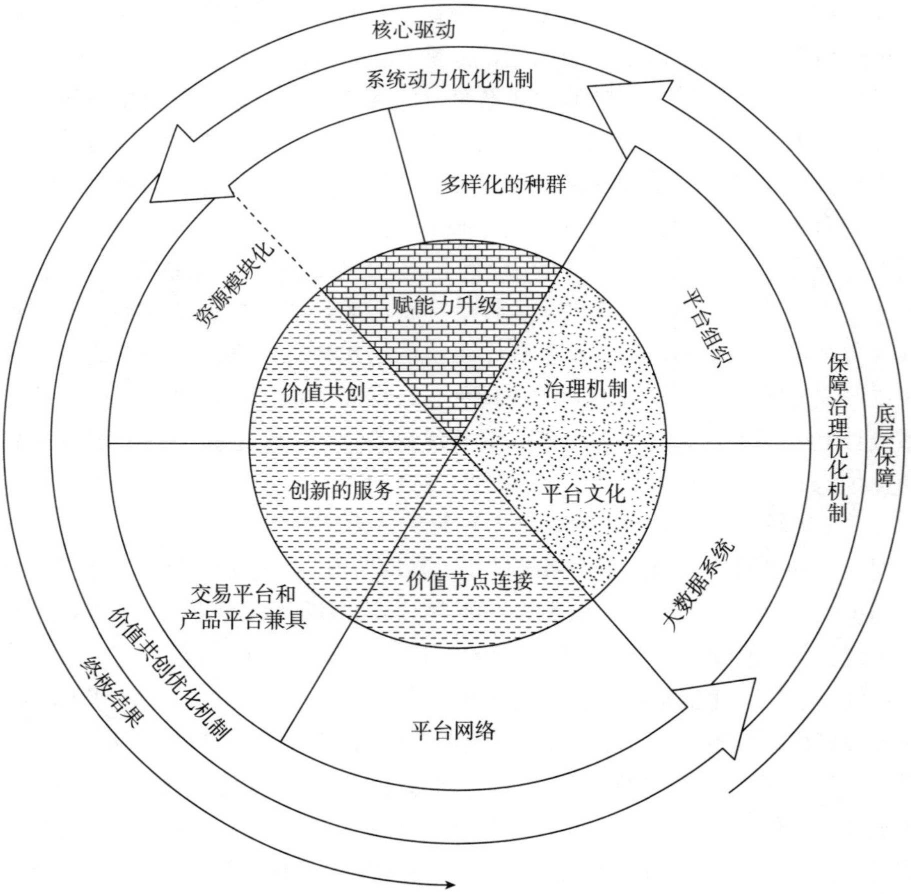

图 7－1　互联网平台企业商业生态系统优化的优化机制模型

（二）互联网平台企业商业生态系统的总体优化设计

互联网平台企业商业生态系统优化的总体设计，是结合互联网平台企业商业生态系统的优化思路、优化目标和优化原则，基于优化机制的三个模块及其相互关系，形成的相应三方面的优化设计及其关系。总体来说，是通过系统动力优化、价值共创优化和保障治理优化的设计，以期能够实现各自不同的优化子目标。其中，系统动力优化的设计，以期有利于实现自组织目标和创新性目标。系统动力的优化，通过提升赋能力和丰富资源池，从而为互联网平台企业的商业生态系统引入了关键种群资源、支持种群资源和寄生种群资源，在丰富其资源数量的同时，也实现了资源的模块化并行。互联网平台企业通过产品策略和用户策略实现资源的持续导流，并促使资源能够在系统的平台架构上实现流动和繁衍，这是互联网平台企业商业生态系统实现自组织驱动的基础，也是实现创新的基础；价值共创优化的设计，以期有利于实现健壮性和创新性目标。互联网平台企业商业生态系统的价值共创，是基于产业平台结构对利益相关者的连接，构建价值共创的多条价值链条的过程。通过产业平台架构的搭建，实现了健壮性目标，而通过价值节点的连接和新价值形态的创造，实现了创新性目标；保障治理系统模块的优化，是对动力系统升级和实现价值共创的保障，有利于自组织、创新和健壮性目标的实现。保障治理优化的设计，以期通过文化、大数据、组织激励等方面作用，实现对动力系统和价值共创的保障。综合来看，三者的相互配合，相互促进，共同有利于实现互联网平台企业商业生态系统的健康性目标。系统动力优化、价值共创优化和保障治理优化如同“三驾马车”，驱动互联网平台企业商业生态系统的升级演化，也实现对其健康性的优化。三条路径并行，实现的是三管齐下的效果，最终促使互联网平台企业商业生态系统走向繁衍生息、创新迭代的状态。三管齐下的优化体系，能避免互联网平台企业商业生态系统在经历权威成熟期后走向衰败，也避免其在受到外部环境巨变之时顷刻坍塌。因此，本书对互联网平台企业商业生态系统优化的总体方案设计是：在明确的优化目标指导下，秉承多项优化原则，厘清互联网平台企业商业生态系统的关键优化要素间的逻辑关系，构建系统动力优化机制、价值共创优化机制和保障治理优化机制这“三驾马车”的优化机制，从系统动力、价值共创和保障治理这三个方面设计优化方案，以打造健康的互联网平台企业商业生态系统。互联网平台企业商业生态系统优化的总体方案设计（见图7－2），按照图7－2的设计思路，我们将在下文展开阐述系统动力优化方案、价值共创优化方案和保障治理优化方案。

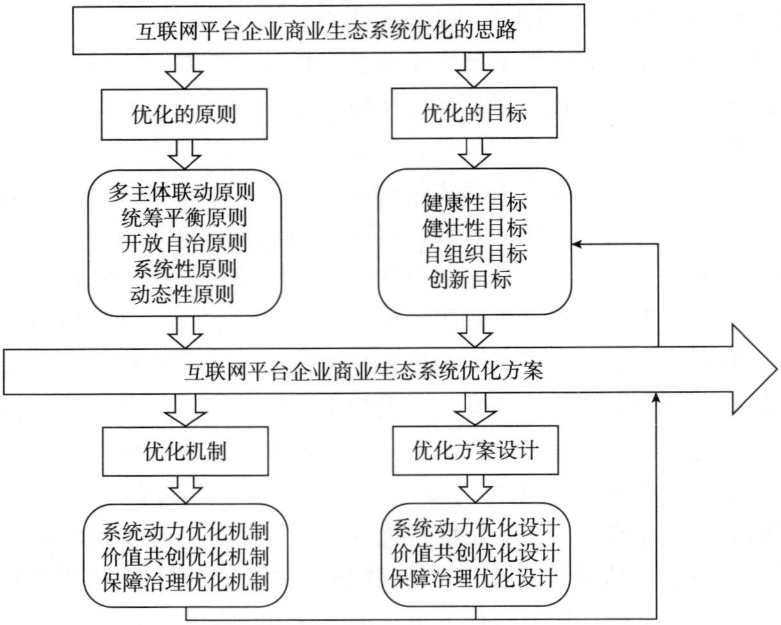

图7-2　互联网平台企业商业生态系统的总体优化设计

二、互联网平台企业商业生态系统的系统动力优化方案

（一）互联网平台企业商业生态系统的系统动力优化机制

在自然生态系统中，积聚在一定空间中的生物群落及其生存环境共同组成了一个动态平衡的系统，其中，各个种群成员借助物质流和能量流的循环变换而形成一个高度有序的功能复合体。自然生态系统的自组织驱动过程，是以系统与外界环境的物质、能量交换为基础的，不断地产生正熵，吸收负熵，以此抵消正熵的增加，保护系统稳定，实现系统升级。对互联网平台企业商业生态系统来说，也要借助资源和能量的循环流动、交替促进、往复提升来促使自身形成一个有序的、功能复合的价值创造体系。从一个成功的互联网平台企业发展为一个成熟的平台型商业生态系统，互联网平台企业要经历几次蜕变，不断突破边界，联结更大范围的利益相关者，助力利益相关者能调动更大范围的资源，形成更高级别的能力。每一次蜕变，都需要动力机制发挥作用，促使系统从低级状态升级到高一级的状态。

我们绘制了互联网平台企业商业生态系统的系统动力优化机制示意图。将赋能力升级和资源丰富同框，展示了在商业生态系统演化的每一个周期阶段，两者之间的相互促进的机理。并进一步揭示了通过两者的相互促进作用，驱动当个周期阶段的互联网平台企业商业生态系统向更高一级的阶段进化（见图7-3）。在互联网平台企业商业生态系统内部，资源和赋能力的相互作用，实现的是资源和能力的导入、流动、积聚以及升级。具体过程是：在互联网平台企业商业生态系统的低级阶段，也就是初步形成期，互联网平台企业拥有的内部资源和外部资源共同作用于企业的组织边界之内。不论关键种群积聚于供应链资源还是用户资源，种群的积聚促使单平台界面逐渐形成。而单平台界面的杠杆作用，是以渠道为优势将用户资源导入，或以供应链为优势将供应商资源导入。用户资源的导入或供应商资源的导入，是互联网平台企业商业生态系统实现的资源和能力流动的基础。由于单平台界面的边界并没有超越组织边界的范围，此时单平台界面上的被导入的资源节点或是价值创造节点共享的是组织赋能力。组织赋能力形成的基础是前期导入资源的模块化。资源模块化有助于实现价值创造节点对资源的调用和取用，有助于资源整合后一起满足用户需求。所以，对单平台界面上积聚的资源进行模块化处理，是实现资源和能力流动与积聚的重要环节，能够促进组织赋能力的形成。组织赋能力将进一步活化组织的内外部资源，使关键种群得到丰富和演化，逐渐形成支持种群；同时，组织赋能力也能激增平台界面的杠杆作用，以供应链资源或用户资源撬动两者的共同积聚。由此，互联网平台企业商业生态系统从低级阶段演化到中级阶段，即扩张成长期，相应地，资源和能力在平台型商业生态系统内部的呈现形式也得到升级。资源的呈现形成升级为供应链资源和用户资源共存，其积聚于领导种群、关键种群和支持种群三种存在形态。在资源升级的作用下，关键种群分化为关键种群和支持种群，也相应地促使组织边界扩张到平台边界，多平台界面逐渐形成。多资源节点和价值创造节点能够调用的资源范围扩张到平台范围，组织赋能力升级为平台赋能力。与低级状态相比，互联网平台企业商业生态系统中级状态的资源与能力的流动、积聚和升级机制是大体一致的。这个阶段的资源和能力在多平台界面的范围内往复流动，同样是基于资源模块化来激活平台赋能力，而平台赋能力又进步一激活种群的演化和新资源的引入。如此的相互作用与循环将逐渐促进形成更高级的资源和能量形式，在更高级的资源形式中引入了被孵化企业资源，与供应链资源、用户资源一同积聚于更丰富的存在形式：领导种群、关键种群、支持种群和寄生种群。而此时的互联网平台企业商业生态系统也进入高级阶段，即权威成熟期。成熟的互联网平台企业商业生态系统的边界已能扩张到生态边界的范围，这是基于多个平台界面形成的价值共创网络而得到的跨产业边界的扩张。在生态边界之内，资源和能力的流动、积聚形式呈现生态赋能。即多个资源节点和价值创造节点之间对资源的调用与整合，不仅局限于平台界面上的可共享的模块化资源，还扩大范围到生态系统边界内的所有参与价值共创的价值节点。也就是说，寄生种群之间的资源也可以借助平台界面的连接作用实现共享。这也是生态赋能力超越平台赋能力的地方。此时的资源和能力的流动和积聚效果被大大扩大，互联网平台企业商业生态系统才得以呈现生态级的态势，即呈现自组织驱动、繁衍生息、迭代创新的态势。

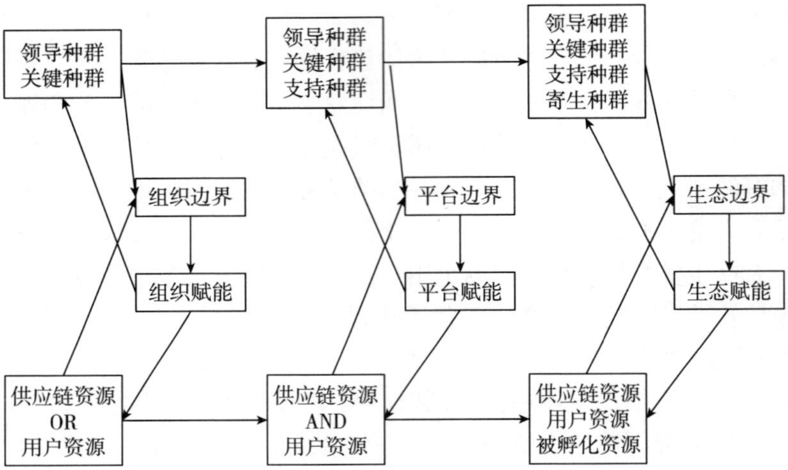

图7－3　互联网平台企业商业生态系统的系统动力优化机制模型

（二）互联网平台企业商业生态系统的系统动力优化设计

从上述对互联网平台企业商业生态系统的动力优化机制的分析中，我们发现，对互联网平台企业商业生态系统的动力机制进行优化，需要从资源池丰富和赋能力升级两个方面展开优化设计。优化的核心思想是提升核心资源与核心能力，保证互联网平台企业商业生态系统演化驱动力的动力来源。然而，通过分析还发现，资源池丰富的优化设计与赋能力升级的优化设计，其落脚点有相互促进和贯通之处。通过优化措施促使资源池丰富的过程，是促进资源流动和调配的基础，相应地会促使赋能力升级；而通过优化措施促进赋能力升级的过程，也会促进资源的流动与调配，从而促进资源池的丰富。我们认为，对互联网平台企业商业生态系统的系统动力的优化应从促进资源与能力的导入、流动、积聚和升级等方面入手，这是驱动商业生态系统演化升级的核心逻辑。因此，对互联网平台企业商业生态系统系统动力优化机制的构建，应该聚焦于如何实现资源和能力的导入、流动、积聚和升级。本书的观点是创新有助于实现资源和能力导入的产品策略和用户策略；构建有助于实现资源和能力流动和积聚的模块化资源和“赋能”

型平台组织。

三、互联网平台企业商业生态系统的价值共创优化方案

（一）互联网平台企业商业生态系统的价值共创优化机制

通过对互联网平台企业商业生态系统的系统动力优化机制的分析，我们知道，围绕用户需求在互联网平台企业商业生态系统内部进行资源整合和调用的资源编排机制较传统的资源匹配模式发生了颠覆。相应地，系统内的价值创造过程、路径和价值的存在形态也发生了巨变。在产品经济时代的，以价值链为基准来定位企业价值创造方式的思维模式已经过时。在平台经济时代，互联网平台企业商业生态系统通过纵向整合全链资源和横向整合跨产业资源，基于价值共创的逻辑重塑价值创造，构建起一个由利益相关者组成的价值生成、分配、转移和使用的关系与结构，即价值创造系统。在“平台生态化”情境下的价值创造大大区别于基于价值链的价值创造，包括价值存在形态的变化、价值流转方式的变化和价值增值方式的变化。而本书对价值共创优化机制的基本认识，聚集于通过优化价值存在形态，奠定价值流转的基础载体；通过重塑价值流转路径，奠定价值增值的可能性；通过创新价值增值空间，奠定企业的利润源泉和持续竞争力。

1. 重塑价值存在形态，奠定价值流转的价值载体基础

互联网平台企业商业生态提供的价值存在形态较以往商业时代的价值存在形态，发生了很大变化。从产品经济时代到互联网经济时代，再到平台经济时代，企业为社会提供的价值形态呈现从简单形态到复杂形态的不断迭代，其形态维度呈现出从一元线性到二元平面，再到三元立体的拓展。相应地，企业的利润空间也从单一到多元，不断扩展利润来源。产品经济时代，价值的存在形态是物化的使用价值，其创造基础是基于价值链的资源整合；互联网经济时代，价值的存在形态是被感知的使用价值，其创造基础是基于社群网络的交互资源整合；而在平台经济时代，价值的存在形态被扩展到传递服务的网络价值，其创造的基础是基于立体价值网络的资源整合。在互联网平台企业商业生态系统内，产业链从垂直演变为圈环形，多平台界面交错形成的界面网络，产生了正的网络外部性。并且，这部分网络外部性能够以价值形式传递给消费者，也即产生并激发了网络价值。网络价值并不是物化的价值形态，它以产品终端为导入入口，但并不融合于产品终端，其真正的融合的形态是服务。互联网平台企业商业生态系统为消费者用户和被孵化企业用户提供的产品已经升级到了整体解决方案这一服务层次。我们认为，在平台经济时代的价值存在形态是传递服务的网络价值，其已替代产品价值和服务价值成为新的价值来源。所以，对互联网平台企业商业

生态系统的价值共创的优化，首先要以重塑价值存在形态为逻辑起点，以适应市场和消费者立体场景需求的价值形态为企业创新业务系统和价值共创系统的出发点和落脚点。

2. 重塑基于三边产业平台的价值流转路径，奠定价值增值的可能性

互联网平台企业商业生态系统内的价值流转方式发生了变化，相继价值创造呈现出新的过程与模式。互联网平台企业通过平台界面的升级和种群资源的丰富构建的平台型商业生态系统，其价值流转的载体是产业平台架构。产业平台能够连接到消费者、供应链企业和被孵化企业，三者借助产业平台产生相互之间的连接路径，由此形成了三边产业平台架构，也相应地形成了互联网平台企业商业生态系统内的价值流转路径。互联网平台企业商业生态系统内的三边产业平台架构模型如图 7－4 所示。例如，在韩都衣舍的产业平台架构上，其交易平台连接到 C 端用户，产品平台连接到供应链 B 端用户，而孵化业务平台（智慧蓝海和韩都动力）连接到被孵化企业 B 端用户。如此的连接，使价值流转方向多元化，价值共创方式也多元化。在智慧蓝海这个孵化平台界面上，就已出现被孵化企业之间的合作形式，它们基于彼此的已有业务优势资源找到合作的契机，再借助韩都衣舍的产业平台为其提供的几大基础模块的支持服务，将合作契机快速转化成可落地的运营模式。管理大师 Prahalad（2000）等于 21 世纪初提出了价值共创理论，认为在未来的竞争中，企业将依赖于一种以个体为中心的全新价值创造方式，即由消费者与企业共同创造价值，这一观点打破了价值仅是由企业创造的传统价值创造理论。在互联网平台企业商业生态系统内，所有的利益相关者群体被重新赋予位置、责任和权利，其中，消费者和员工的权利上升，而生产者的重心下移，供应商能够直接参与用户交互，跨产业的合作企业能借助平台资源与能力连接到平台业务的消费端和供应商端，核心企业即互联网平台企业从机械地整合资源和管控资源的角色独立出来，成为产业平台的运营主。因此，互联网平台企业商业生态系统内的价值创造的过程不再是核心企业主导的，而是由所有利益相关者占据的价值节点之间连接形成的价值共创模式所主导的。

由于产业平台上的资源模块化存在，且资源模块大抵可以分为两类：业务模块和支持模块。所以不同的资源模块可以产生与消费者、供应链企业和被孵化企业的不同连接，从而形成多条价值流转路径。价值流转路径的开拓与创新，为价值共创和新价值增值带来了无限可能。产业平台上的业务模块资源和支持模块资源，就形成了两类价值节点，它们借助三边产业平台能够与消费者、供应商和被孵化企业这些价值节点直接产生多条价值流转的路径，形成不同的价值增值。为了进一步清晰地描述互联网平台企业商业生态系统内部价值增值的可能性路径，也即互联网平台企业商业生态系统价值网络的价值创造与转移路径模型，本书绘

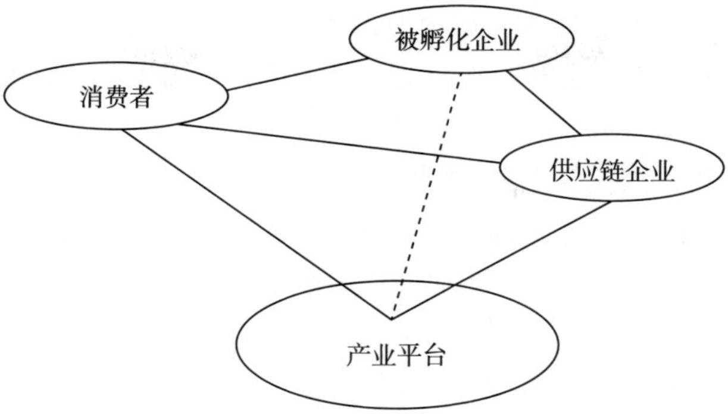

图7－4　互联网平台企业商业生态系统的三边产业平台模型

制了互联网平台企业商业生态系统价值网络的价值共创机制的模型（见图7－5）。

在图7－5中，我们能够识别出多条互联网平台企业商业生态系统的价值链条。除了较为常见的供应链企业和消费者的价值连接链条之外，还出现新型的消费者和被孵化企业之间以及被孵化企业与供应商企业之间的这类价值转移与创造链条。这在以价值链为基础的传统商业生态系统内是不常见的，在互联网平台企业商业生态系统中，基于产业平台的连接作用、资源的模块化并行、核心企业独立为平台运营主等多种模式创新下，其奠定了价值共创和生态繁衍的基础。在本书的案例研究对象韩都衣舍、小米和海尔的商业生态系统中，这些创新的价值创造路径已经可见，甚至取得了很好的价值流转与增值效果。

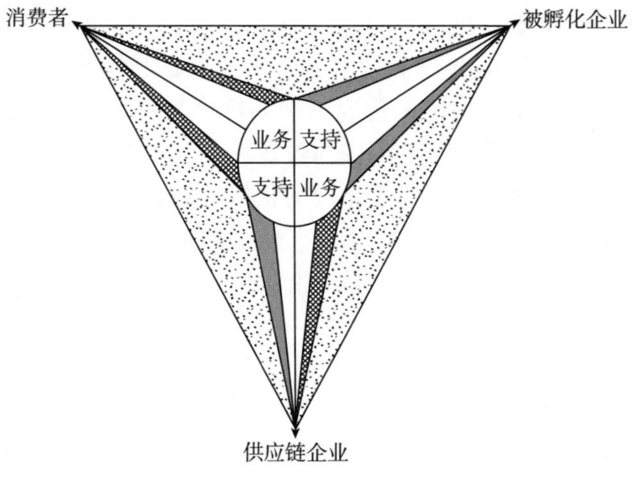

图7－5　互联网平台企业商业生态系统的价值创造与转移路径模型

3. 重塑新价值空间，奠定系统的利润源泉和竞争优势

本书创新性地基于三边产业平台的三个维度，提出了互联网平台企业商业生态系统价值空间模型（见图7－6）。在模型中，价值的空间形态构建的三个维度，分别是消费者、供应链与被孵化企业，它们在图7－6中分别是X、Y、Z轴。在不同的互联网平台企业商业生态系统中，三个维度上能够产生的价值量的大小不同。在特定的互联网平台企业商业生态系统中，三个维度的价值量有一个基准水平，分别用X_0、Y_0和Z_0表示。则OX_0、OY_0和OZ_0与产业平台界面$X_0Y_0Z_0$围成的空间区域的体积就是互联网平台企业商业生态系统价值形态的大小，即$OX_0Y_0Z_0$的三角锥形体积。其中，OX_0和OY_0、OX_0和OZ_0以及OY_0和OZ_0组成的三个二维平面OX_0Y_0、OX_0Z_0和OY_0Z_0，都是整合相应的维度资源形成的平面价值形态，三个平面可以分别与产业平台上的价值节点组成价值空间。产业平台界面上有业务团队模块和支持服务模块，它们都是参与价值共创的价值节点，在图7－6中的平台界面上分别表示为A_n、B_n这样的点，A_n的取值可以有A_1、A_2、A_3……多种可能，B_n的取值也是如此。所以$OX_0Y_0A_n$、$OX_0Y_0B_n$、$OX_0Z_0A_n$、$OX_0Z_0B_n$、$OY_0Z_0A_n$、$OY_0Z_0B_n$都是整个互联网平台企业商业生态的价值空间的组成部分，是依据上文阐述的价值创造与转移路径实现的共创价值空间。从模型上还可以进一步分析出，互联网平台企业商业生态的价值空间存在多种拓展的可能性。首先，当二维价值平面OX_0Y_0、OX_0Z_0和OY_0Z_0确定时，第三个维度即产业平台界面的价值水平就决定了整个互联网平台企业商业生态系统价值空间的大小。其次，当二维价值平面OX_0Y_0、OX_0Z_0和OY_0Z_0确定时，产业平台上A_n和B_n价值节点的个数，也决定了整体价值空间的大小，因为此时互联网平台企业商业生态系统整体价值空间的大小，是$OX_0Y_0A_n$、$OX_0Y_0B_n$、$OX_0Z_0A_n$、$OX_0Z_0B_n$、$OY_0Z_0A_n$、$OY_0Z_0B_n$的加合。最后，当产业平台界面价值水平确定时，也可以通过改变另外两个价值维度构成的平面价值来改变总体价值空间的大小。所以，任何产业组织拓展价值空间都要通过在一个或多个维度进行创新实现。从长期来看，互联网平台企业商业生态系统的整体进化促进了每一个维度基本水平的延伸，从而拓展了整体价值空间。然而，从短期来看，产业平台主可以采取措施激增价值空间中的某一个或某几个易改变维度，实现价值空间拓展效率的最大化与投入产出效益的最大化。

（二）互联网平台企业商业生态系统的价值共创优化设计

企业的利润来源于价值创造和成本节约，在产品经济时代，传统企业通过产品使用价值和服务的增值价值来实现价值创造最大化，并通过企业联盟、集团化等形式，试图减少企业网络外部性的负效应，以此降低交易成本、增加企业的利润创造。在平台经济背景下，产品不再是利润的来源，而是互联网平台企业商业

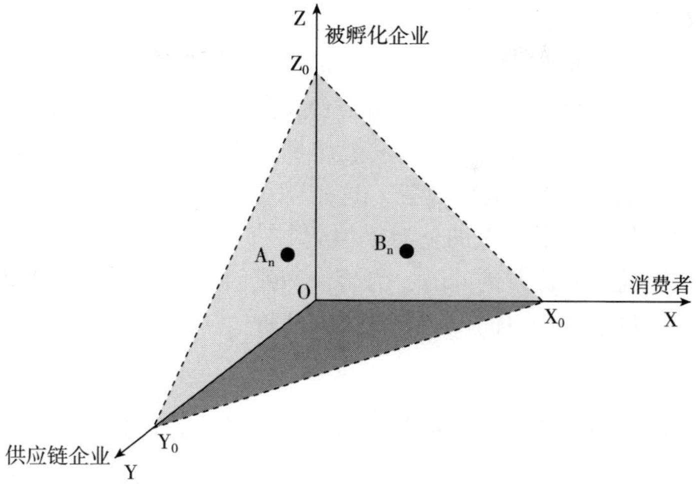

图7－6　互联网平台企业商业生态系统的新价值空间模型

生态系统的导流入口。相对于通过产品的使用价值获取利润的逻辑，取而代之的是通过网络的使用价值而获取利润的逻辑。这里的网络是基于单个或多个平台界面构建起来的能够连接供需的网络，平台网络将供应链资源、支持体系资源以模块化的组合对接用户需求的模块化组合，平台网络对供需的匹配产生了网络价值，网络价值为用户带来了针对用户需求提供解决方案的服务，这才是平台经济下企业利润创造的实现途径。在平台经济背景下，平台作为一种制度安排形式，既可以激发出正的网络外部性，也就是上文讲到的网络价值，还可以有效降低负的网络外部性，即交易费用，为企业的利润来源降低成本。所以，在平台模式下，较传统的产业链模式、网络外部性发挥了极其有效的作用。在过去的产品经济时代，企业与利益相关者形成的网络外部性，不能向消费者有效传递价值增值，只是能作为一种降低外部交易成本的合作形式。然而，在平台经济时代，当利益相关者群体能以模块化的机制并存在平台界面上时，互联网平台企业作为运营方独立出去，用户的权利上移，产业链条从垂直演变为平台界面，所以消费者与原产业链条上的各个环节可以在现在的产业平台界面上并行互动，通过交互产生价值，为用户提供满足需求的整体解决方案，而不是单一的产品或是服务，这就是平台网络价值创造出利润的逻辑。因此，对于互联网平台企业来说，要优化其平台型商业生态系统，需要从利润创造的根源上优化其价值共创系统。

综上所述，对价值共创的优化设计，可以从以下三个方面着力实施有效措施：一是要建设互联网平台企业商业生态系统的商业基础架构，即三边产业平台。具体地说，是构建具有产业平台功能的多平台界面网络，将产业平台界面上的业务资源和支持服务资源模块化，以及凝聚产业平台的三边资源（用户资源、供应链资源和被孵化企业资源）。在具体策略的谋划上，可以发挥网络效应机制的作用，不断升级平台界面功能，包络平台界面形成平台界面网络，并不断引入种群资源进入产业平台资源池，以及将各类资源模块化并联。二是要基于三边产业平台，实现价值节点的连接和交互。这需要互联网平台企业作为平台运营主构建系统结构洞，将产业平台上的资源模块化并存，使自身处于信息流、知识流、资源流和能量流的有利位置的同时，为价值增值创设可能性。三是要基于价值节点连接形成的新价值共创空间，明确扩大空间价值的方向，实施优化空间价值的有效策略。

四、互联网平台企业商业生态系统的保障治理优化方案

（一）互联网平台企业商业生态系统的保障治理优化机制

本书认为互联网平台企业商业生态系统的保障治理优化机制构建，要着力于形成“赋能”和“使能”机制，并建立必要的保障体系，促进“赋能”和“使能”发挥机制作用。其中，“赋能”和“使能”是互联网平台企业商业生态系统自组织治理的核心逻辑，而平台组织是实施“赋能”和“使能”的基础载体，必要的保障体系是指构建信息数据系统和重塑文化价值观。首先，穆胜（2018）提出的平台型组织构件模型（见图7－7）的构建逻辑是借助精神底层的非正式治理作用，支撑和助推共享机制发挥杠杆作用，实现对核心资源能力的撬动。这一平台组织的构建逻辑正是互联网平台企业治理商业生态系统的核心逻辑之一，体现的是平台组织的“赋能”机制。其次，前述研究中优化要素中的治理机制要素，体现的是趋同于传统网络组织治理中的激励和监管思想。正如彭正银（2002）提出了网络治理机制中的互动机制，是指通过直接或间接纽带影响和激励参与者的参与性。因此，本书认为，优化要素中的治理机制这一要素体现的是互联网平台企业商业生态系统治理中的“使能”机制。最后，大数据系统是互联网时代的特殊产物，又在产业互联网的情景中发挥了特殊作用。它如同整个互联网平台企业商业生态系统的神经系统，为系统内的资源节点即价值创造节点，提供各类信息和数据，是系统运行的重要技术支持，也是挖掘用户需求和实现价值共创的重要手段。对于技术赋能价值共创的内容，本书在价值共创优化机制中，做了详细阐述。对保障治理优化机制来说，大数据系统同平台文化一样，是促进和保障“赋能”机制和“使能”机制运行的。

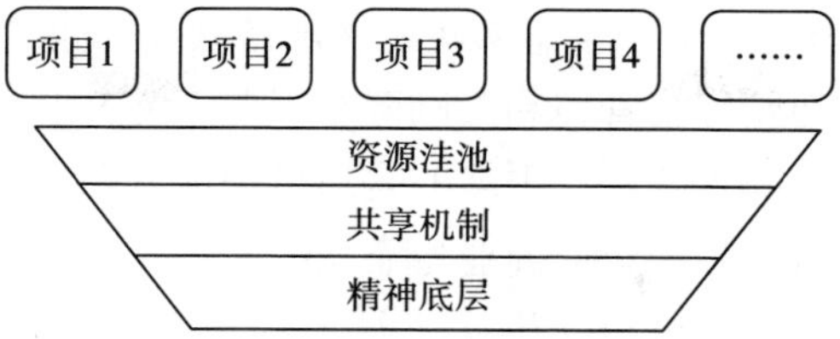

图7－7　平台型组织的构件模型

赋能和使能的区别，是授权和激励的区别。赋能是基础，使能是升华。赋能是让人有能力干，使能是让人有意愿干。赋能是将资源的调用机制设计为可以便于平台使用者整合使用，而使能是要将激励机制设计为能动地去围绕满足用户需求调用资源。互联网平台企业商业生态系统不是智能系统，而平台上的自主经营体也不是超人性地具有成就动机。所以，在互联网平台企业商业生态系统内建立使能的激励机制，甚至比赋能还要重要。只有赋能，才能让业务员工团队有能力去识别需求，调动资源，撮合供需。因此，在互联网平台企业商业系统内的平台型组织要赋予基层员工更多的责权利，通过赋能使它们在需求侧获取用户刚需、在供给侧整合各类资源；同时，平台型组织要建立好使能机制，也就是激励机制。只有激励，才能让业务员工团队有动力去跳出传统的思维模式，从听从指令到自主决策。互联网平台企业需用“分好钱”的机制去激活个体充当自己的CEO，能动地整合各类资源形成供需之间的直接连接。

综上所述，对互联网平台企业商业生态系统的保障治理机制的优化，应着力于：打造提升赋能力的平台组织，建立提升使能力的有效激励机制，建设大数据处理系统，并塑造平台文化以形成组织变革的精神底层。互联网平台企业商业生态系统保障治理优化机制的模型见图7－8。

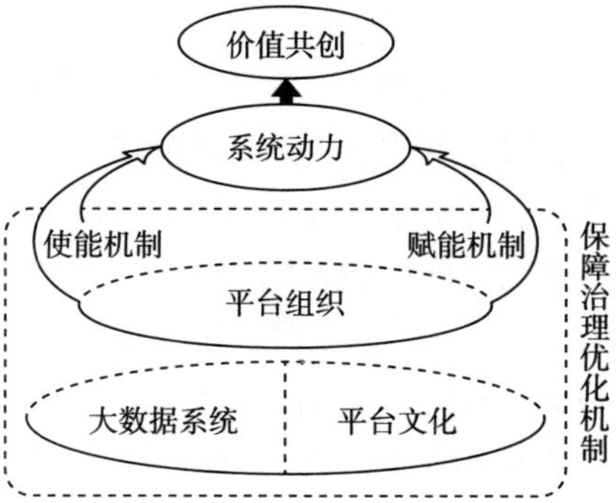

图7－8　互联网平台企业商业生态系统保障治理优化机制模型

（二）互联网平台企业商业生态系统的保障治理优化设计

传统企业的治理问题包含管控和激励两个环节，而互联网平台企业对平台型商业生态系统的治理不限于两者，更多的是通过使能和赋能机制实现的系统内部的自主治理。所谓互联网平台企业商业生态系统，绝不仅是供需交易的场所，或是仅有平台架构体系，而是要成为相互滋养、多方共享的“永续生命体”。互联网平台企业商业生态系统内，需要储备能够滋养价值创造节点创造价值的基础资源，还需要构建起搭载资源间的相互滋养体系。因此，要建立起赋能型平台组织架构以实现资源以最无摩擦的形式输送到理想的位置。这一逻辑，同我们在系统动力机制中，构建的系统动力机制不谋而合，也是要通过赋能型平台组织，实现资源的流动与积聚。以此来实现互联网平台企业商业生态系统内的种群繁衍，生生不息，形成自组织驱动状态。

在互联网平台企业商业生态系统内，价值创造节点之间的关系趋于松散的弱关系，传统的激励机制脱离科层的依托后，难免会徒劳失效。适应互联网平台企业商业生态系统发展需要的新型激励机制，需要重新探索和构建。在这方面，每一个成熟的互联网平台企业商业生态系统都有其各自的探索。在韩都衣舍，有针对小组和平台的严苛的绩效考核体系，事实上，韩都衣舍的商业生态系统之所以能快速成长，也是受益于其灵活高效的考核体系。优胜劣汰的激励考核，倒逼小组快速成长，其商业生态系统才得以快速壮大。在海尔，更是颠覆了财务传统三表，创造性地采用了二维点阵表、顾客价值表和共赢损益表，形成了战略损益评估模型，并在“微观”层面有效量化了小微的真实绩效。海尔的新三表中，二维点阵表反映了小微项目的真实绩效，包括表内损益和表外损益。表内损益反映的是市场竞争力水平，相当于传统损益表。表外损益反映的是实现市场竞争力的战略驱动因素，相当于对网络价值的计量；顾客价值表，反映传统转型小微是否为终端顾客创造了价值；共赢损益表，反映的是核心企业与利益相关者共创共赢的具体实践路径和检验标准。

在互联网平台企业商业生态系统内，平台的文化价值观，是要将核心企业的“顶层权威控制”变成“底层创客自治”，是要颠覆企业的管理逻辑，改为奉行治理逻辑。所谓“管理”，是属于金字塔组织的，其职能是计划、组织、领导、控制。企业需要做的是，基于自己的整体目标，组织各类资源，分配相应的任务，再用领导的方式进行牵引，并防止过程中出现各类偏差。这种方式往下走，一定是走向基于权威的控制，而且会逐渐控制到每个被管理者最微观的动作，是一种典型的“他组织”。而所谓的“治理”，是属于平台制的，其职能是划分清楚各方的责权利。企业需要做的，是把资源拿出来，吸引创客等被孵化企业进入平台，一起构建盈利模式，协商分享机制。这种方式走下去，一定是走向基于内部创客和外部被孵化企业的自治，对于其创造价值的过程则是相对开放的，是一种典型的“自组织”。当组织自治时，创客团队和被孵化企业是直接面对市场的，其决策是由市场机制调整的，而不是核心企业左右的。它们不用疲于应付核心企业，在内耗中处于零和博弈，而是一起做增量的正和博弈。这样的平台生态才能够无限扩张，扩张的是整体规模的“大”，精益的是作战单元的“小”。

互联网平台企业商业生态系统内收集到的大量企业群体、消费者群体的商业数据往往是孤立的、分散的直观数据，需要进一步对收集数据进行连接和整合。探索其中所蕴含的各种要素间的相互关系，并且洞悉数据规律背后的消费行为特征，是互联网平台企业商业生态系统建立大数据系统的出发点和落脚点。建立从C端到B端的全链数据化信息系统，可以有效、实时和精准地洞察市场需求，并将精准需求转化为技术语言信息向产业链上游传递；跨企业、跨行业、跨地域的数据信息分享，可以提高商业生态系统内的协同效益和运作效益，实现资源的优化、动态组合和共享，并促进行业间的耦合和企业间的合作；建立与用户深度交互的信息收集系统，有利于变消费者为产消者，促进产品和服务的持续创新与改进，引发社群效益和平台的网络外部效应。

第八章　结论与展望

第一节　研究结论

本书的研究选题较为新颖，相关研究中较少有以博士论文的框架阐释此类研究问题的，并且，关于互联网平台企业商业生态系统的理论框架亟待丰富。因此，本书不惜笔墨，从互联网平台企业商业生态系统的概念框架开始，详尽阐释和探索其静态机理和动态演化，并继续深化理论框架至系统优化机制层。结合研究对象的发展现状，本研究受限于采用量化研究方法，只得以理论抽样的方式采用多案例研究的方法展开理论构建。与此同时，鉴于商业生态系统的研究方法近年来一直停留在质性研究领域，本书尝试借助专家经验判断的方法量化研究系统优化机制这一问题。本书得到以下研究结论：

（1）构建了互联网平台企业商业生态系统的基本理论框架，奠定了研究互联网平台企业商业生态系统的层次框架和维度区分。互联网平台企业、平台和平台型商业生态系统，是三个相互关联又相互区别的概念。目前，实践界对平台和平台型商业生态系统存在大量的混用现状。本书基于对平台的概述提炼出：平台战略是基于平台组织和平台商业模式二元基础的演化方向；产业平台是基于交易平台和产品平台二重属性的演化方向；平台包络是基于横向封包和纵向封包二维空间的演化方向。因此，互联网平台企业通过战略布局促进平台演化，形成的产业平台界面网络是平台型商业生态系统的基础商业架构。另外，基于互联网平台企业的由来与发展脉络，本书对其进行了理论分类，分别为交易互联网平台企业、工业互联网平台企业和应用服务互联网平台企业。三类互联网平台企业在基于平台演化构建平台型商业生态系统方面呈现出较为一致的趋势和战略布局。

（2）构建了互联网平台企业商业生态系统的静态机理理论框架，勾勒出其构成要素模型和构成层次模型。基于一般性的商业生态系统理论和对商业实践情境的调研与观察，采用理论推演的方法，对互联网平台企业商业生态系统的静态机理进行了理论勾勒。互联网平台企业商业生态系统的环境特征、资源特征、商业架构特征和进化升级特征等表现，决定了其静态构成的复杂性。本书从构成要素和层次两个维度对其内部构成进行窥探，形成了互联网平台企业商业生态系统的构成模型。互联网平台企业商业生态系统的构成要素主要包括核心企业和缝隙企业。核心企业即领导种群，而缝隙企业包括关键种群、支持种群和寄生种群。互联网平台企业商业生态系统的核心层包括需求子系统、支持子系统、供应链子系统、核心业务平台子系统、封包业务子系统和孵化业务平台子系统。其中，需求子系统中的用户分别隶属于不同的平台子系统，但又交叉共享于多个平台子系统；支持子系统和供应链子系统支撑各个平台子系统的发展和需求子系统的需求。平台界面的存在与扩张颠覆了传统商业生态系统中的种群内容和生态占位，为核心层中各个子系统的交互奠定了基础。而各个子系统的层次交错与种群交互，决定了系统中能量流动与价值转移的创新。

（3）构建了互联网平台企业商业生态系统的动态演化理论框架。基于对互联网平台企业、平台和平台型商业生态系统的分析，明确了互联网平台企业构建平台型商业生态系统的“此岸”和“彼岸”。然而，如何实现从“此岸”到“彼岸”的构建，是实践界和理论界共同关注的话题。本书以互联网平台企业为起点，基于平台理论框架和商业生态系统的理论框架，从战略视角审视互联网平台企业商业生态系统的演化过程。认为，互联网平台企业商业生态系统的演化机制是在赋能力升级和核心资源丰富的驱动下，表现为平台架构演化升级和系统种群丰富繁衍的交互关系。其中，赋能力的升级表现为从组织赋能到平台赋能，再到生态赋能的过程；而核心资源丰富表现为用户资源、供应链资源和被孵化企业资源逐一被撬动到系统资源池中的过程。赋能力作用于平台界面，能够升级平台界面的边界、功能和策略，而平台界面的演化升级则带动了系统种群的丰富，使其从领导种群、关键种群、支持种群和寄生种群四个方面呈现出数量和种类的变化规律；与此同时，核心资源作用于平台界面，能够以已有资源撬动未有资源进入系统资源池，核心资源池逐渐丰富至用户资源、供应链资源和被孵化企业资源。而核心资源在平台界面的聚集与流动，进一步促进了赋能力的演化升级。因此，赋能力与核心资源的交互促进与升级，促使了平台界面的演化和系统种群的丰富，也即互联网平台企业商业生态系统逐渐演化升级。

（4）勾勒出互联网平台企业商业生态系统的演化周期模型。互联网平台企业构建商业生态系统的过程呈现出初步形成期、成长扩张期和权威成熟期的周期性表现。本书基于互联网平台企业商业生态系统周期性变化的演化机理，清晰地勾勒出了系统在各个周期阶段的平台架构表现、赋能力状态、核心资源内容和种群类别等要素，以此构建了互联网平台企业商业生态系统各个周期阶段的周期模型。

（5）识别出互联网平台企业商业生态系统优化的关键优化机制。本书基于探究到的互联网平台企业商业生态系统的理论框架，试图进一步解锁其运行和优化逻辑，以期更好地诠释互联网平台企业如何构建健康的平台型商业生态系统。有鉴于此，本书针对互联网平台企业商业生态系统从静态和动态两个方面呈现出来的层次交互、能量流动、价值转移、演化路径、演化动力和演化表现等多方面的特殊性，梳理出互联网平台企业优化其商业生态系统的关键问题，并提炼出优化要素共 19 个。采用德尔菲方法进行扩充、合并至 31 个，并进一步筛选至 12 个优化要素；而后采用 DEMATEL 方法构造出反映这 12 个优化要素间关系的直接影响矩阵，通过矩阵变换与计算来识别出关键优化要素及要素间的因果关系。其中，共识别出价值共创、赋能力升级、创新的服务、价值节点连接、治理机制和平台文化共 6 个结果要素，以及平台组织、资源模块化、多样化种群、交易平台和产品平台兼具、平台网络和大数据系统共 6 个原因要素。并根据中心度和原因度的分析，确定了要素间的强弱因果关系，以此勾勒出互联网平台企业商业生态系统优化的三大关键机制，即系统动力优化机制、价值共创优化机制和保障治理优化机制。

（6）构建了互联网平台企业商业生态系统优化机制的理论框架。根据对商业生态系统治理文献的梳理，本书认为，对互联网平台企业商业生态系统的优化，健康性是总体目标。在总体目标指导下形成的具体目标包括：对商业架构优化的健壮性目标，对自我维持能力优化的自组织驱动目标以及对价值创新优化的创新性目标。本书识别到的互联网平台企业商业生态系统的三方面关键优化机制符合健壮性、组织驱动性和创新性这三个具体优化目标的要求。则本书围绕互联网平台企业商业生态系统的系统动力优化机制、价值共创优化机制和保障治理优化机制展开深入阐释，分别构建了优化机制模型，为后续的优化方案设计奠定了理论基础，其中，系统动力优化机制是：基于资源和赋能力的相互作用，实现资源和能力的导入、流动、积聚以及升级，从而实现互联网平台企业商业生态系统的架构升级、种群繁衍和系统演化；价值共创优化机制是：缔结三边产业平台的平台界面和消费者、被孵化企业与供应商三边的连接，基于产业平台界面上的业务模块和支持模块的分化，形成多个价值创造节点之间的组合连接，从而拓展价值空间形态和价值共创策略，实现互联网平台企业商业生态系统的利润源泉和演化升级；保障治理优化机制是：以大数据系统和平台文化为底层保障，以平台组织中的“使能”机制和“赋能”机制为双驱动力，推动系统动力优化和价值共创优化的实现，从而实现互联网平台企业商业生态系统的自组织驱动。

（7）设计了互联网平台企业商业生态系统优化的总体方案。围绕系统动力、价值共创和保障治理三方面优化机制及其相互关系，本书设计了用于指导互联网平台企业构建健康平台型商业生态系统的总体方案，其中，以保障治理优化为底层保障，以系统动力优化为核心驱动，实现价值共创优化的终极结果。

第二节　理论贡献

（1）基于多案例研究方法和 SPS 案例研究方法，对成熟的互联网平台企业商业生态系统进行理论抽样与实地调研，构建了互联网平台企业商业生态系统的演化机制框架。将交易互联网平台企业、工业互联网平台企业和应用服务互联网平台企业的生态化布局，以战略视角、平台视角、商业模式和组织模式视角统一为较为一致的平台型商业生态系统战略布局。从理论高度构建出的互联网平台企业商业生态系统演化机制，聚焦于演化驱动力、演化表现和演化路径的交互关系，丰富了商业生态系统的演化理论以及互联网平台企业商业生态系统的理论框架。

（2）基于德尔菲方法和 DEMATEL 方法，采用多轮专家意见征询的数据收集方法，识别出互联网平台企业商业生态系统的关键优化要素及其因果关系，从而构建和阐释了其优化机制的理论框架。围绕赋能力和种群资源的交互促进关系，构建了系统动力优化机制；围绕产业平台、价值转移路径和价值空间形态形成的价值共创关系，构建了价值共创优化机制；围绕赋能和使能的双驱治理作用与大数据系统和平台文化的双层保障作用，构建了保障治理优化机制。以此丰富了商业生态系统的治理理论，以及为后续开展互联网平台企业商业生态系统的评价研究奠定了理论基础。

第三节　实践启示

（1）平台战略的实施和生态化战略的扩张，要兼顾组织变革和商业模式创新。平台商业模式有利于互联网平台企业开放组织边界，与利益相关者缔结并联模式的联结关系，但倘若不采用平台组织模式重塑组织边界之内的管理层级与秩序，组织内部的隔热墙终将阻碍资源和能力在组织边界内外的流动与积聚。平台界面不能积聚跨组织和跨产业边界的资源和能力，也难以形成生态化的扩张之势。平台生态化是建立在跨产业边界的资源和能力相互交互的基础之上，才得以实现繁衍生息的自组织驱动之态。因此，对互联网平台企业来说，要想构建平台型商业生态系统，需兼具平台型组织模式和平台式商业模式，才能得以站在平台战略的高度，实施生态战略的布局。

（2）互联网平台企业商业生态系统的构建和优化，要兼顾架构升级和价值共创。产业平台架构的边界、功能和策略的升级，是平台型商业生态系统完善商业基础设施的过程，有利于吸引更多的利益相关者，联结跨产业的资源和能力。但仅有商业基础设施的铺设，还不足以形成互联网平台企业商业生态系统的利润源泉，关键在于构建系统内的价值共创体系。互联网平台企业，要基于价值创造节点的连接，重构自身的结构洞位置，形成新的价值转移路径和价值共创空间的同时，也要保持自身的生态位置优势。互联网平台企业，要致力于构造多条价值链条的交互，从而促进价值创造节点间的价值共创，形成新的价值增值的可能性，以重塑利润来源。

（3）互联网平台企业商业生态系统的构建和优化，要兼顾“赋能”和“使能”的治理。“赋能”是通过赋予产业平台上的个人、团体或企业调动整合资源的可能性，促使其形成自主整合资源满足用户需求的能力，是各个价值创造节点可以或可能从产业平台上获得的开展价值共创的资源和能力。仅有“赋能”机制不足以促使产业平台上的价值创造节点能动地开展价值共创的活动，必须匹配相应的“使能”机制，才能激发价值创造节点参与价值共创的积极性。“使能”是使产业平台上的个体、团体或企业愿意发挥主观能动性，调动产业平台上的资源和能力开展满足用户需求的活动，其程度主要受到互联网平台企业制定的激励机制的影响。对互联网平台企业来说，着力于“赋能”和“使能”机制的配合，才能杜绝互联网平台企业商业生态系统运行的无效与低效，驱动其逐渐形成自组织驱动的态势。

第四节 研究展望

聚焦于本书的研究问题，在互联网平台企业商业生态系统演化机制的研究中，案例研究样本的大范围筛选尚存在困难，由于调研资源有限，本书仅对符合理论抽样原则的、可展开便利调研的成熟互联网平台企业商业生态系统的案例企业进行了多次访谈和实地参观。在未来的研究中，可展开更大范围的样本选择和调研，以期能够获取更多的阐释互联网平台企业商业生态系统演化机制的理论构念；在互联网平台企业商业生态系统优化机制的研究中，对互联网平台企业商业生态系统关键问题的征集，受限于研究时间和资源的困难，仅采用了专家意见征集的方法收集数据；还可考虑采用发放调查问卷的方式展开大样本的数据收集。除此之外，基于本书已完成的研究内容和探索到的研究结论，未来的研究选题方向可聚焦于以下三点：

（1）聚焦于以产业平台为架构的互联网平台企业商业生态系统的理论框架，亟待丰富。相对于平台研究的众多相关文献，对互联网平台企业商业生态系统的研究文献仍然较少。平台研究经历了产品平台和交易平台的大量研究后，已呈现对产业平台研究的追捧趋势，而产业平台作为商业生态系统的基础架构已得到理论界的认可。所以，进一步的研究，可以围绕产业平台的多重理论视角展开平台型商业生态系统的研究。本书只起到抛砖引玉的作用，在后续研究中，除需着重关注资源和能力视角之外，还可引入社会网络理论以及制度经济学的相关理论等更多的理论视角，以丰富互联网平台企业商业生态系统的静态机理和动态演化的理论框架，为开展相关的量化研究奠定理论基础。

（2）对互联网平台企业商业生态系统的研究，有待突破质性研究的方法。随着商业实践中互联网平台企业商业生态系统的案例情景增加，对其内部机理开展研究的可用样本得到大大扩充。因此，结合具体的研究问题，聚焦特定的研究对象，可以尝试使用组态研究方法和定量研究方法。尤其是基于组态思维的 QCA 研究方法，在解决样本量相对较少的研究问题时，能够从一组影响因素的共性影响中分析出因果关系，将更适合应用于互联网平台企业商业生态系统这一新兴商业情景的理论探索。在本研究的后续研究中，将尝试聚焦互联网平台企业商业生态系统中的被孵化企业，以“赋能”和“使能”机制为研究选题，应用 QCA 研究方法甄选研究问题。

（3）构建互联网平台企业商业生态系统的评价模型是此研究领域中具有挑战性的研究选题，有待突破。目前，此研究选题主要受限于理论研究中对互联网平台企业商业生态系统内部的关键要素探索不足，也受限于商业实践中互联网平台企业商业生态系统的案例数量不足。而本书的研究，虽然尝试探索互联网平台企业商业生态系统内部的关键要素，但也只采用了专家经验判断的方法识别关键要素。在未来的研究中，可以依据本书初探的优化要素体系，进一步扩展和筛选要素指标作为评价指标，尝试构建互联网平台企业商业生态系统的评价指标体系，以期能从整体系统的层面指导互联网平台企业构建和治理平台型商业生态系统。

参考文献

[1] Hagiu A, Wright J. Multi – sided Platforms [J]. International Journal of Industrial Organization, 2015, 43 (11): 162 – 174.

[2] Ansari S, Garud R, Kumaraswamy A. The Disruptor's Dilemma: TiVo and the US Television Ecosystem [J]. Strategic Management Journal, 2016, 37 (9): 1829 – 1853.

[3] Armstrong M. Competition in Two – sided Markets [J]. The Rand Journal of Economics, 2006, 37 (3): 668 – 691.

[4] Armstrong M, Wright J. Two – sided Markets, Competitive Bottlenecks and Exclusive Contracts [J]. Economic Theory, 2007, 32 (2): 353 – 380.

[5] Baars A, Jansen S. A Framework for Software Ecosystem Governance [C]. International Conference of Software Business. Berlin: Springer, 2012: 168 – 180.

[6] Bai C G, Sarkis J. A Grey – based DEMATEL Model for Evaluating Business Process Management Critical Success Factors [J]. International Journal of Production Economics, 2013, 146 (1): 281 – 292.

[7] Baldwin C Y, Clark K B. Design Rules: The Power of Modularity [M]. Massachusetts: Mit Press, 2000.

[8] Barney J B. Firm Resources and Sustained Competitive Advantage [J]. Journal of Management, 1991, 17 (1): 99 – 120.

[9] Barney J B, Ketchen D J, Wright M. The Future of Resource – based Theory: Revitalization or Decline? [J]. Journal of Management, 2011, 37 (5): 1299 – 1315.

[10] Ben – Menahem S M, Kwee Z, Volberda H W, et al. Strategic Renewal over Time: The Enabling Role of Potential Absorptive Capacity in Aligning Internal and External Rates of Change [J]. Long Range Planning, 2013, 46 (3): 216 – 235.

[11] Boudreau K. Open Platform Strategies and Innovation: Granting Access

vs. Devolving Control [J]. Management Science, 2010, 56 (10): 1849 – 1872.

[12] Burt R. Structure Holes: The Social Structure of Competition [M]. Cambridge: Harvard University Press, 1992.

[13] Caillaud B, Jullien B M. Chicken and Egg: Competition among Intermediation Service Providers [J]. Rand Journal of Economics, 2003 (34): 309 – 328.

[14] Casciaro T, Piskorski M. Power Imbalance, Mutual Dependence, and Constraint Absorption: A Closer Look at Resource Dependence Theory [J]. Administrative Science Quarterly, 2005, 50 (2): 167 – 199.

[15] Cho H J, Pucik V. Relationship between Innovativeness, Quality, Growth, Profitability, and Market Value [J]. Strategic Management Journal, 2005, 26 (6): 555 – 575.

[16] Cusumano M A. Staying Power: Six Enduring Principles for Managing Strategy and Innovation in an Uncertain World [M]. Oxford: Oxford University Press, 2010: 17 – 52.

[17] Cusumano M. The Evolution of Platform Thinking [J]. Communications of the ACM, 2010, 53 (1): 32 – 34.

[18] Prahalad C K, Hamel G. The Core Competence of the Corporation [J]. Harvard Business Review, 1990 (1): 5 – 6.

[19] Teece D J, Pisano G, Shuen A. Dynamic Capabilities and Strategic Management [J]. Strategic Management Journal, 1997 (18): 509 – 533.

[20] Evans D S, Noel M D. The Analysis of Mergers That Involve Multisided Platform Businesses [J]. Journal of Competition Law & Economics, 2008, 4 (3): 663 – 695.

[21] Erik D H, Michiel J, Wouter V. The Health Measurement of A Business Ecosystem [C]. ECCON 2006 Annual Meeting, 2006 (10): 20 – 21.

[22] Leonard – Barton D. Core Capabilities and Core Rigidities: A Paradox in Managing New Product Development [J]. Strategic Management Journal, 1992 (13): 111 – 125.

[23] Du S M. Effect of Digital Enablement of Business – to – Business Exchange on Customer Outcomes: The Role of Information Systems Quality and Relationship Characteristics [M]. Atlanta: Georgia State University, 2010.

[24] Reibstein D J. A Broader Perspective of Network Effects [J]. Journal of Marketing Research, 2009, 46 (2): 154 – 156.

[25] Eisenhardt K M, Graebner M E. Theory Building from Cases: Opportunities

and Challenges [J] . Academy of Management Journal, 2007, 50 (1): 25 -31.

[26] Eisenhardt K M. Building Theories from Case Study Research [J] . Academy of Management Review, 1989, 14 (4): 532 -550.

[27] Eisenmann T, Parker G, Van Alstyne M. Platform Envelopment [J] . Strategic Management Journal, 2011, 32 (12): 1270 -1285.

[28] Evans D S, Schmalensee R. Failure to Launch: Critical Mass in Platform Business [J] . Review of Network Economics, 2010, 9 (4): 1 -28.

[29] Florida R. The Rise of the Creative Class: And How Its Transforming Work, Leisure Community, and Everyday Life [M] . New York: Basic Books, 2002.

[30] Garnsey E, Leong Y. Combining Resource - based and Evolutionary Theory to Explain the Genesis of Bionetworks [J] . Industry and Innovation, 2008, 15 (6): 669 -686.

[31] Gawer A. Platforms, Markets and Innovation [M] . Cheltenham, UK. Northampton, MA, US: Edward Elgar, 2009.

[32] Gawer A, Cusumano M A. How Companies Become Platform Leaders [J] . Mit Sloan Management Review, 2008, 49 (2): 28 -35.

[33] Gawer A, Cusumano M A. Industry Platforms and Ecosysterm Innovation [J] . Journal of Product Innovation Management, 2014, 31 (3): 417 -433.

[34] Gawer A, M A Cusumano. Platform Leadership: How Intel, Microsoft, and Cisco Drive Industry Innovation [M] . Boston: Harvard Business Press, 2002.

[35] Gawer A. Bridging Differing Perspectives on Technological Platforms: Toward an Integrative Framework [J] . Research Policy, 2014, 43 (7): 1239 -1249.

[36] Gawer A. Platforms Dynamics and Strategies: From Products to Services [J] . // In Gawer, A. (ed.), Platforms, Markets & Innovation, Chapter 3, Cheltenham, UK and Northampton, MA, US: Edgard Elgar, 2009.

[37] Gawer A. The Organization of Platform Leadership: An Empirical Investigation of Intel's Management Processes Aimed at Fostering Complementary Innovation by Third Parties [M] . Massachusetts: Massachusetts Institute of Technology, 2000.

[38] G Hamel, C K Prahalad. Competing for the Future [M] . Boston: Harvard Business School Press, 1994.

[39] Hansen R, Sia S K. Hummel's Digital Transformation toward to Michannel Retailing: Key Lessons Learned [J] . Mis Quaterly Executive, 2015, 14 (2): 51 -66.

[40] Hsu C W, Kuo T C, Chen S H, et al. Using DEMATEL to Develop a Ca-

ron Management Model of Supplier Selection in Green Supply Chain Management [J]. Journal of Cleaner Production, 2013 (56): 164 –172.

[41] Huber G P, Power D J. Retrospective Reports of Strategic – level Managers: Guidelines for Increasing Their Accuracy [J]. Strategic Management Journal, 1985 (6): 171 –180.

[42] Huber G P. Temporal Stability and Response – orderbiases in Participant Descriptions of Organizational Decisions [J]. Academy of Management Journal, 1985 (28): 943 –950.

[43] Iansiti M, Levien R. Keystones and Dominators: Framing the Operational Dynamics of Business Ecosystems [EB/OL]. http: //citeseerx. ist. psu. edu/viewdoc/download? doi10. 1. 1. 173. 99, 2010 –10 –13/2018 –12 –12.

[44] Nonaka I, Byosiere P, Borucki C C, Konno N. Organizational Knowledge Creation Theory: A First Comprehensive Test [J]. International Business Review, 1994, 3 (4): 337 –351.

[45] Iansiti M, Levin R. Keystones and Dominators: Framing the Operational Dynamics of Business Ecosystem [M]. Boston: Estados Unidos, 2002.

[46] Iansiti M, Levien R. The Keystone Advantage: What the New Dynamics of Business Ecosystems Mean for Strategy, Innovation and Sustainability [M]. Boston: Harvard Business Press, 2004.

[47] Iansiti M, Levien R. Strategy as Ecology [J]. Harvard Business Review, 2004, 82 (3): 68 –81.

[48] Jarillo J C. On Strategic Networks [J]. Strategic Management Journal, 1988 (9): 33 –49.

[49] Jean – Charles R, Jean T. Platform Competition in Two – sided Markets [J]. Journal of the European Economic Association, 2003, 1 (4): 990 –1029.

[50] Jick T D. Mixing Qualitative and Quantitative Methods: Triangulation in Action [J]. Administrative Science Quarterly, 1979, 24 (4): 602 –611.

[51] Jones C, Hesterly W S and Borgatti S P. A General Theory of Network Governance: Exchange Conditions and Social Mechanisms [J]. Academy of Management Review, 1997, 22 (4): 911 –945.

[52] López – Sánchez J I, Arroyo – Barrigüete J L, Ribeiro D. Development of a Technological Competition Model in the Presence of Network Effects from the Modified Law of Metcalfe [J]. Service Business, 2008, 2 (2): 83 –98.

[53] Kapoor R, Lee J M. Coordinating and Competing in Ecosystems: How Or-

ganizational Forms Shape New Technology Investments [J] . Strategic Management Journal, 2013, 34 (3): 274 –296.

[54] Ronga K, Shi Y J, Shang T J, Chen Y T and Hao H. Organizing Business Ecosystems in Emerging Electric Vehicle Industry: Structure, Mechanism, and Integrated Configuration [J] . Energy Policy, 2017 (8): 234 –247.

[55] Boudreau K J, Jeppesen L B. Unpaid Crowd Complementors: The Platform Network Effect Mirage [J] . Journal of Stragegic Management, 2015, 36 (12): 1761 –1777.

[56] Kim H, Lee J N, Han J. The Role of IT in Business Ecosystems [J] . Communications of the ACM, 2010, 53 (5): 151 –156.

[57] Kim K, et al. The Healthiness of Business Ecosystem and Its Effect on SME Sperformance [R] . International Coucil for Small Business (ICSB), 2010: 1 –17.

[58] King J L, Kraemer K L. , Kenneth L. Information Infrastructure, National Policy and Global Competitiveness [J] . Information Infrastructure and Policy, 1995 (1): 134 –161.

[59] Konczak L J, Stelly D J, Trusty M L. Defining and Measuring Empowering Leader Behaviors: Development of an Upward Feedback Instrument [J]. Educational and Psychological Measurement, 2000, 60 (2): 301 –313.

[60] Krishnan V, S Gupta. Appropriateness and Impact of Platform –based Product Development [J] . Management Science, 2001, 47 (1): 52 –68.

[61] Lee Y C, Hsieh Y F, Guo Y B. Construct DTPB Model by Using DEMATEL: A Study of a University Library Website [J] . Program, 2013, 47 (2): 155 –169.

[62] LePine J A, Wilcox –King A. Editors' Comments: Developing Novel Theoretical Insight from Reviews of Existing Theory and Research [J] . Academy of Management Review, 2010, 35 (4): 506 –509.

[63] Lin Y T, Yang Y H, Kang J S, et al. Using DEMATEL Method to Explore the Core Competences and Causal Effect of the IC Design Service Company: An Empirical Case Study [J] . Expert Systems with Applications, 2011, 38 (5): 6262 –6268.

[64] Andreozzi L. A Note on Critical Masses, Network Externalities and Convweters [J] . International Journal of Industrial Organization, 2004, 22 (5): 647 –653.

[65] Maines L A, Bartov E, Fairfield P M, et al. Recommendations on Disclo-

sure of Nonfinancial Performance Measures [J] . Accounting Horizons, 2002, 16 (4): 353 -362.

[66] Mary Meeker. Internet Trends 2015 Code Conference [EB/OL] . http: //www. kpcb. com/internet, 2015 -05 -27/2018 -04 -21.

[67] McGrath M E. Product Strategy for High - Technology Companies [M] . New York: McGraw - Hill, 2000.

[68] Meyer M H, Utterback J M. The Product Family and the Dynamics of Core Capability [J] . Sloan Management Review, 1993, 34 (3): 29 -47.

[69] Meyer M H, Lehnerd A P. The Power of Product Platforms: Building Value and Cost Leadership [J] . Research Technology Management, 1997, 40 (4): 59 -60.

[70] Meyer M H, Lehnerd A P. The Power of Product Platforms: Building Value and Cost Leadership [M] . New York: Free Press, 1997.

[71] Michnik J. Weighted Influence Non - linear Gauge System (WINGS) - An Analysis Method for the Systems of Interrelated Components [J] . European Journal of Operation Research, 2013, 228 (3): 536 -544.

[72] Moore J F. Predators and Prey: A New Ecology of Competition [J] . Harvard Business Review, 1993 (3): 75 -86.

[73] Moore J F. The Death of Competition: Leadership and Strategy in the Age of Business Ecosystem [M] . New York: Harper Collins Publishers, 1996.

[74] Muffato M, M Roveda. Product Architecture and Platforms: A Conceptual Framework [J] . International Journal of Technology Management, 2002, 24 (1): 1 -16.

[75] Mäkinen S J, Kanniainen J, Peltola I. Investigating Adoption of Free Beta Applications in a Platform - based Business Ecosystem [J] . Journal of Product Innovation Management, 2014, 31 (3): 451 -465.

[76] Katz M, Shapiro C. Network Externalities, Competition, and Compatibility [J] . The American Economic Review, 1985, 75 (3): 424 -440.

[77] Katz M, Shapiro C. Systems Competition and Network Effects [J] . Journal of Economic Perspectives, 1994, 8 (2): 93 -115.

[78] Katz M, Shapiro C. Technology Adoption in the Presence of Network Externalities [J] . Journal of Political Economy, 1986, 94 (4): 822 -841.

[79] Paker G, Alstyne M V. Information Complements, Substitutes, and Strategic Product Design [J] . SSRN Electronic Journal, 2000 (11): 37 -58.

[80] Pan S L, Tan B. Demystifying Case Research: A Structured - Pragmatic - Situ-

ational (SPS) Approach to Conducting Case Studies [J]. Information and Organization, 2011, 21 (3): 161 - 176.

[81] Patton M Q. Qualitative Evaluation and Research Methods (2nd ed.) [M]. London: Sage Publications, 1990.

[82] Peltoniemi M Cluster. Value Network and Business Ecosystem: Knowledge and Innovation Approach [R]. Paper Presented at "Organizations, Innovation and Complexity" Conference, 2004.

[83] Peltoniemi M. Preliminary Theoretical Framework for the Study of Business Ecosystems [J]. Emergence: Complexity & Organization, 2006, 8 (1): 10 - 18.

[84] Peltoniemi M. A Preliminary Theoretical Framework for the Study of Business Ecosystems [A]. Complexity, Science and Society Conference, Liverpool, Great-Britain, 2005.

[85] Peng M. The Resource - based View and International Business [J]. Journal of Management, 2001 (6): 232 - 257.

[86] Penrose E T. The Theory of the Growth of the Firm [M]. New York: Oxford University Press, 1959.

[87] Pierce L. Big Losses in Ecosystem Niches: How Core Firm Decisions Drive Complementary Product Shakeouts [J]. Strateg Managment Journal, 2009, 30 (3): 323 - 347.

[88] Prahalad C K. Coopting Customer Competence [J]. Harvard Business Review, 2000, 25 (1): 79 - 90.

[89] Rapport D J. What Constitute; Ecosystem Health [J]. Perspectives in Biology and Medicine, 1989, 33 (1): 120 - 132.

[90] Robertson D, Ulrich K. Planning for Product Platform [J]. Sloan Management Review, 1998, 39 (4): 19 - 31.

[91] Rochet J, Tirole J. Platform Competition in Two - side Markets [J]. Journal of the European Economics Association, 2003, 1 (4): 990 - 1029.

[92] Rohlfs J. A Theory of Interdependment Demand for a Communications Services [J]. Bell Journal of Economics, 1974, 5 (1): 16 - 37.

[93] Rong K, Lin Y, Shi Y, et al. Linking Business Ecosystem Lifecycle with Platform Strategy: A Triple View of Technology, Application and Organisation [J]. International Journal of Technology Management, 2013, 62 (1): 75 - 94.

[94] Roson R. Auctions in a Two - sided Network: The Market for Meal Voucher Services [J]. Networks and Spatial Economics, 2005, 5 (4): 339 - 350.

[95] Sanchez R, Mahoney J T. Modularity, Flexibility, and Knowledge Management in Product and Organization Design [J]. Strategic Management Journal, 1996, 17 (S2): 63-76.

[96] Scholten S, Scholten U. Platform-based Innovation Management: Directing External Innovational Efforts in Platform Ecosystems [J]. Journal of the Knowledge Economy, 2012, 3 (2): 164-184.

[97] Shanker V, Bayus B L. Network Effects and Competition: An Empirical Analysis of the Home Video Game Industry [J]. Strategic Management Journal, 2003, 24 (4): 375-384.

[98] Stabell C B, Fjeldstad O D. Configuring Value for Competitive Advantage: On Chains, Shops, and Networks [J]. Strategic Management Journal, 1998, 19 (5): 413-437.

[99] Suarez F F, Kirtley J. Dethroning an Established Platform [J]. MIT Sloan Management Review, 2012, 53 (4): 35-41.

[100] Nambisan S, Sawhney M. The Global Brain: Your Roadmap for Innovating Faster and Smarter in a Networked World [M]. New Jersey: Wharton School Publishing, 2007.

[101] Nambisan S, Sawhney M. A Buyer's Guide to the Innovation Bazaar [J]. Harvard Business Review, 2007, 85 (6): 109-118.

[102] Teece D J, Pisano G, Shuen A. Dynamic Capabilities and Strategic Management [J]. Strategic Management Journal, 1997, 8 (7): 509-533.

[103] Gawer, Annabelle. The Rise of the Platform Enterprise: A Global Survey [EB/OL]. https://www.thecge.net/.

[104] Tiwana A, Konsynski B, Bush A A. Research Commentary: Platform Evolution: Coevolution of Platform Architecture, Governance, and Environmental Dynamics [J]. Information Systems Research, 2010, 21 (4): 675-687.

[105] Tiwana A. Platform Ecosystems: Aligning Architecture, Governance, and Strategy [M]. Waltham MA: Elsevier, 2013.

[106] Tiwana A. Evolutionary Competition in Platform Ecosystem [J]. Information Systems Research, 2015, 26 (2): 266-281.

[107] Vos E. Business Ecosystems: Simulating Ecosystem Governance [D]. Delft, University of Technology, 2006.

[108] Xing W, Ye X, Kui L. Measuring Convergence of China's ICT Industry: an Input-output Analysis [J]. Telecommunications Policy, 2011, 35 (4): 301-

313.

[109] Wareham J, Fox P B, Cano Giner J L C. Technology Ecosystem Governance [J]. Organization Science, 2014, 25 (4): 1195 – 1215.

[110] West J, Wood D. Evolving an Open Ecosystem: The Rise and Fall of the Symbian Platform [A]. Emerald: Emerald Group Publishing Limited, 2013 (30): 27 – 67.

[111] Weyl E G. A Price Theory of Multi – sided Platforms [J]. American Economic Review, 2010, 100 (4): 1642 – 1672.

[112] Wheelwright S C, Clark K B. Creating Project Plans to Focus Product Development [J]. Harvard Business Review, 1992, 70 (2): 70 – 82.

[113] Williamson O E. The Ecomomics of Organization: The Transaction Cost Approach [J]. American Journal of Sociology, 1981, 87 (3): 548 – 577.

[114] Williamson O E. The Economic Institutions of Capitalism: Firms, Markets, Relational Contracting [M]. New York: Free Press, 1985: 54 – 70, 83 – 84.

[115] Wu H H, Chang S Y. A Case Study of Using DEMATEL Method to Identify Critical Factors in Green Supply Chain Management [J]. Applied Mathematics and Computation, 2015 (256): 394 – 403.

[116] Yin R K. Case Study Research: Design and Methods [M]. Los Angeles: Sage Publications, 2009.

[117] Ying W C, Jia S L, Du W Y. Digital Enablement of Blockchain: Evidence from HNA Group [J]. International Journal of Information Management, 2018 (39): 1 – 4.

[118] Zahra S A, Nambisan S. Entrepreneurship and Strategic Thinking in Business Ecosystems [J]. Business Horizons, 2012, 55 (3): 219 – 229.

[119] Zhu F, Iansiti M. Entry into Platform – based Markets [J]. Strategic Management Journal, 2012, 33 (1): 88 – 106.

[120] [英] 安德鲁·坎贝尔，凯瑟林·萨姆斯·卢克斯．战略协同[M]．任通海等译．北京：机械工业出版社，2000.

[121] [英] 霍恩比．牛津高阶英汉双解词典 [M]．李旭影译．北京：商务印书馆，2018.

[122] [美] 埃玛·马里斯，张博然．狼拯救了黄石公园? [EB/OL]. http://www.doc88.com/p – 6743254805400.html.

[123] 艾瑞咨询．2018 年中国网络经济年度洞察报告 [EB/OL]. (2018 – 11 – 05) [2018 – 12 – 20]. http://www.199it.com/archives/791160.html.

［124］安树青．生态学词典［M］．哈尔滨：东北林业大学出版社，1994.

［125］［美］拜瑞·内勒巴夫，亚当·布兰登勃格．合作竞争［M］．王煜昆，王煜全译．合肥：安徽人民出版社，2002.

［126］［比利时］伯努瓦·里豪克斯，查尔斯·C. 拉金．QCA 设计原理与应用：超越定性与定量研究的新方法［M］．杜运周，李永发译．北京：机械工业出版社，2017.

［127］蔡宁，王节祥，杨大鹏．产业融合背景下平台包络战略选择与竞争优势构建——基于浙报传媒的案例研究［J］．中国工业经济，2015（5）：96－109.

［128］曹俊浩，陈宏民．基于双边市场的 B2B 垄断平台自网络效应强度研究［J］．上海交通大学学报，2010（6）：62－64.

［129］陈健聪，杨旭．互联网商业生态系统及其内涵研究［J］．北京邮电大学学报（社会科学版），2016（1）：45－52.

［130］陈玲．基于平台理论的市场平台组织体系及其构建［J］．求索，2010（9）：35－37.

［131］陈威如，余卓轩．平台战略——正在席卷全球的商业模式革命［M］．北京：中信出版社，2013.

［132］陈扬森．基于柔性价值网视角下的小米生态系统发展路径研究［D］．广东工业大学硕士学位论文，2018.

［133］陈志伟．GS 公司商业生态系统优化研究［D］．山东大学硕士学位论文，2015.

［134］程贵孙，陈宏民，孙武军．双边市场视角下的平台企业行为研究［J］．经济理论与经济管理，2006（9）：55－60.

［135］程贵孙，陈宏民，孙武军．网络外部性与企业纵向兼并分析［J］．中国管理科学，2005（6）：131－135.

［136］程贵孙，陈宏民．基于双边市场的传媒产业政府规制［J］．上海交通大学学报，2008（9）：1479－1482.

［137］程立茹．互联网经济下企业价值网络创新研究［J］．中国工业经济，2013（9）：82－94.

［138］崔淼，李万玲．商业生态系统治理：文献综述及研究展望［J］．技术经济，2017（12）：53－62.

［139］崔晓明，姚凯，胡君辰．交易成本、网络价值与平台创新——基于 38 个平台实践案例的质性分析［J］．研究与发展管理，2014（6）：22－31.

［140］丁宏，梁洪基．互联网平台企业的竞争发展战略——基于双边市场理

论［J］．世界经济与政治论坛，2014（4）：118－127.

［141］丁琼瑶．基于二阶段博弈的移动医疗平台商业生态系统演化机理研究［D］．浙江工业大学硕士学位论文，2017.

［142］杜国柱．企业商业生态系统健壮性评估模型研究［D］．北京邮电大学博士学位论文，2008.

［143］方军，程明霞，徐思彦．平台时代［M］．北京：机械工业出版社，2018.

［144］付媛．基于生态学视角的平台型电子商务集群的共生演化研究［J］．未来与发展，2014（5）：59－64.

［145］傅瑜，隋广军，赵子乐．单寡头竞争性垄断：新型市场结构理论构建——基于互联网平台企业的考察［J］．中国工业经济，2014（1）：140－152.

［146］高保卫．COSMOPlat 平台赋能企业转型——全价值链集成解决方案［J］．中国工业和信息化，2018（9）：54－58.

［147］葛国庆，徐琛，高登．基于 RBF 神经网络与德尔菲方法的小微企业估值方法研究［J］．商场现代化，2017（11）：235－236.

［148］龚丽敏，江诗松．平台型商业生态系统战略管理研究前沿：视角和对象［J］．外国经济与管理，2016（6）：38－50.

［149］［美］哈肯·H. 高等协同学［M］．郭治安译．北京：科学出版社，1998.

［150］工业互联网产业联盟．工业互联网平台白皮书（2017）［EB/OL］．http：//www. aii－alliance. org/index. php？ m＝content&c＝index&a＝show&catid＝23&id＝186，2017－11－01/2018－04－30.

［151］韩福荣，徐艳梅．企业仿生学［M］．北京：企业管理出版社，2002.

［152］何山．产品创新平台理论与方法研究［D］．武汉理工大学博士学位论文，2003.

［153］侯汉坡，何明珂，庞毅，郑国梁．互联网资源属性及经济影响分析［J］．管理世界，2010（3）：176－177.

［154］胡斌．企业生态系统健康的基本内涵及评价指标体系研究［J］．科技管理研究，2006（1）：59－61.

［155］胡岗岚，卢向华，黄丽华．电子商务生态系统及其演化路径［J］．经济管理，2009（6）：110－116.

［156］胡岗岚．平台型电子商务生态系统及其自组织机理研究［D］．复旦大学博士学位论文，2010.

［157］胡海波，卢海涛．企业商业生态系统演化中的价值共创研究——数字化赋能视角［J］．经济管理，2018（8）：55－71.

［158］嵇登科．企业网络对企业技术创新绩效的影响研究［D］．浙江大学硕士学位论文，2006.

［159］纪婷琪，张颖，孙中元．打造孵化小微创客的平台组织［J］．中国人力资源开发，2015（10）：10－18.

［160］贾兆颖，王哲璇，张金乐，王双进．美国、英国、日本生鲜电商行业发展模式对中国的启示［J］．世界农业，2016（8）：39－42.

［161］江诗松，龚丽敏，魏江．转型经济背景下后发企业的能力追赶：一个共演模型——以吉利集团为例［J］．管理世界，2011（4）：122－137.

［162］江涛．班主任核心素养及专业标准体系构建——基于德尔菲方法的研究［J］．教育科学研究，2018（12）：78－87.

［163］金帆．价值生态系统：云经济时代的价值创造机制［J］．中国工业经济，2014（4）：97－109.

［164］蓝莹．商业生态系统的演化［D］．北京工业大学硕士学位论文，2016.

［165］雷小清．如何构筑坚实的产品平台［J］．科技与管理，2000（3）：8－11.

［166］李春发，冯立攀，韩芳旭，程云龙．电子商业生态系统的动力演化博弈分析［J］．系统科学学报，2015（11）：75－78.

［167］李典漠，周立阳．协同进化——昆虫与植物的关系［J］．昆虫知识，1997，34（1）：32－35.

［168］李高勇，毛基业．案例选择与研究策略——中国企业管理案例与质性研究论坛（2014）综述［J］．管理世界，2015（2）：133－169.

［169］李广乾．尽早启动工业互联网平台项目抢占国际有利地位［N］．人民政协报，2016－11－29（006）．

［170］李海舰，郭树民．企业市场化研究：基于案例的视角［J］．中国工业经济，2008（8）：120－131.

［171］李海舰，原磊．基于价值链层面的利润转移研究［J］．中国工业经济，2005（6）：131－139.

［172］李怀政．我国连锁超市商业生态系统的构建与创新［J］．商业经济与管理，2000（4）：15－18.

［173］李金津，李春好．基于生态学视角的吉林省汽车生产种群发展研究［J］．社会科学战线，2014（11）：270－272.

［174］李坤洋，李新怡．网络社交型企业商业生态系统的演化分析——以Facebook为例［J］．企业管理，2018（17）：121－124.

［175］李平，曹仰锋．案例研究方法：理论与范例——凯瑟琳·艾森哈特论文集［M］．北京：北京大学出版社，2012.

［176］李维安，周建．网络治理：内涵、结构、机制和价值创造［J］．天津社会科学，2005（5）：59－63.

［177］李艳华，胡海霞．基于国际比较的我国低成本航空商业生态系统的构建［J］．经济问题探索，2011（4）：34－39.

［178］李怡靖．企业能力理论综述［J］．云南财贸学院学报，2003（19）：36－40.

［179］［美］理查德·R. 纳尔逊，悉尼·G. 温特．经济变迁的演化理论［M］．剑桥：哈佛大学出版社，1982.

［180］梁运文，谭力文．商业生态系统价值结构、企业角色与战略选择［J］．南开管理评论，2005（1）：57－63.

［181］林海芬，苏敬勤．管理创新效力机制研究：基于动态能力观视角的研究框架［J］．管理评论，2012（3）：49－56.

［182］林森，但斌．面向大规模定制的产品平台管理模型［J］．管理工程学报，2005（1）：51－55.

［183］林雪莹．企业平台商业生态系统评价模型构建及检验［J］．商业经济研究，2019（1）：111－114.

［184］刘广启．平台企业商业模式创新研究［D］．东华大学硕士学位论文，2014.

［185］刘江鹏．企业成长的双元模型：平台增长及其内在机理［J］．中国工业经济，2015（6）：148－160.

［186］刘力钢，邵剑兵等．从混沌世界走向另一个混沌世界——战略管理理论述评［M］．北京：经济管理出版社，2014.

［187］刘林青，雷昊，谭畅．平台领导权争夺：扩网、聚核与协同［J］．清华管理评论，2015（3）：22－30.

［188］刘启，李志明．双边市场与平台理论研究综述［J］．经济问题，2008（7）：17－20.

［189］刘强．基于商业生态系统视角的营销理论变革［J］．技术经济与管理研究，2010（7）：45－47.

［190］刘曦子，陈进，王彦博．互联网金融生态圈构建研究——基于商业生态系统视角［J］．现代经济探讨，2017（4）：53－57.

［191］刘曦子，王彦博，陈进．互联网金融生态圈发展评价研究——以蚂蚁金融和京东金融为例［J］．经济与管理评论，2017（3）：133－139.

［192］刘学．重构平台与生态：谁能掌控未来［M］．北京：北京大学出版社，2017.

［193］刘玉敏，郑敏娜，任广乾．商业生态系统治理机制的演化博弈分析［J］．商业经济研究，2017（5）：108－110.

［194］卢强．操作系统双边平台交叉网络效应实证分析［J］．求索，2008（5）：14－16.

［195］陆玲．略论企业生态学原理［J］．管理科学，1996（3）：44－46.

［196］陆晓菁，陈宏民．电子口碑虚拟社区平台定价策略［J］．上海交通大学学报，2014（2）：300－305.

［197］吕洪雁．商业模式创新、内部资源配置与乐视危机［J］．会计之友，2018（9）：111－113.

［198］［美］罗伯特·K. 殷．案例研究：设计与方法［M］．周海涛，史少杰译．重庆：重庆大学出版社，2017.

［199］罗珉，李亮宇．互联网时代的商业模式创新：价值创造视角［J］．中国工业经济，2015（1）：95－107.

［200］罗珉，赵亚蕊．组织间关系形成的内部动因：基于帕累托改进的视角［J］．中国工业经济，2012（4）：76－88.

［201］罗仲伟，李先军，宋翔，李亚光．从“赋权”到“赋能”的组织结构演进［J］．中国工业经济，2017（9）：174－192.

［202］［美］马可·扬西蒂，罗伊·莱温．共赢——商业生态系统对企业战略、创新和可持续性的影响［M］．王凤彬等译．北京：商务印书馆，2006.

［203］穆胜．释放潜能：平台型组织的进化路线图［M］．北京：人民邮电出版社，2018.

［204］穆胜．重塑海尔：可复制的组织进化路径［M］．北京：人民邮电出版社，2018：97－123.

［205］潘剑英，王重鸣．商业生态系统理论模型回顾与研究展望［J］．外国经济与管理，2012（9）：51－58.

［206］潘善琳，崔丽丽．SPS 案例研究方法：流程、建模与范例［M］．北京：北京大学出版社，2016.

［207］彭正银．网络治理理论探析［J］．中国软科学，2002（3）：50－54.

［208］钱丽娜．生态圈里的“道法自然”［J］．商学院，2016（9）：46－47.

［209］秦思思．复杂系统 DEMATEL 关键因素遴选方法及其在某物流企业中的应用［D］．昆明理工大学硕士学位论文，2017.

［210］尚秀芬，陈宏民．双边市场特征的企业竞争策略与规制研究综述［J］．产业经济研究，2009（4）：89－94.

［211］史晋川，刘晓东．网络外部性、商业模式与 PC 市场结构［J］．经济研究，2005（3）：91－97.

［212］宋湘宁．商业生态系统视角下的文化产业成长模式研究［D］．武汉大学硕士学位论文，2011.

［213］孙国强．西方网络组织治理研究评介［J］．外国经济与管理，2004（8）：8－12.

［214］孙武军，陈宏民，陈梅．基于网络外部性的市场结构动态演变分析［J］．管理科学，2006，19（1）：66－71.

［215］谭准．平台包络战略的机理与理论构建［J］．经营与管理，2018（11）：59－63.

［216］万兴，杨晶．从多边市场到产业平台——基于中国视频网站演化升级的研究［J］．经济与管理研究，2015（11）：81－89.

［217］汪旭晖，张其林．平台型网络市场“平台—政府”双元管理范式研究——基于阿里巴巴集团的案例分析［J］．中国工业经济，2015（3）：135－147.

［218］王浩伦，侯亮，王其亮．产品平台演化过程及影响因素分析［J］．科技进步与对策，2011（7）：1－4.

［219］王浩伦，侯亮，邹毅．产品平台演进模式及动力机制研究［J］．科研管理，2011（9）：117－124.

［220］王节祥．互联网平台企业的边界选择与开放度治理研究：平台二重性视角［D］．浙江大学博士学位论文，2016.

［221］王节祥，盛亚．平台赋能：提升复杂产品生产能力［J］．中国社会科学报，2017（9）：1－2.

［222］王举颖，赵全超．大数据环境下商业生态系统协同演化研究［J］．山东大学学报（哲学社会科学版），2014（5）：132－138.

［223］王千．互联网企业平台生态圈及其金融生态圈研究——基于共同价值的视角［J］．国际金融研究，2014（11）：76－86.

［224］王倩倩．商业生态系统的治理机制研究［D］．北京工业大学硕士学位论文，2012.

［225］王毅，范保群．新产品开发中的动态平台战略［J］．科学管理，2004（4）：97－103.

［226］王毅，袁宇航．新产品开发中的平台战略研究［J］．中国软科学，2003（4）：55－58.

［227］王玉瑶．互联网时代平台企业价值生态系统构建与治理机制研究——基于海尔集团的案例分析［D］．郑州大学硕士学位论文，2017.

［228］巫英．基于德尔菲调查法的能源领域技术预见研究［J］．武汉理工大学学报（信息与管理工程版），2017（6）：338－341.

［229］吴建才，谢永平．商业生态系统演化发展及其动力学分析［J］．企业经济，2017（11）：96－101.

［230］吴结兵，郭斌．企业适应性行为、网络化与产业集群的共同演化——绍兴县纺织业集群发展的纵向案例研究［J］．管理世界，2010（2）：141－155.

［231］吴义爽．平台企业主导的生产性服务业积聚发展研究［J］．科研管理，2014（7）：20－26.

［232］吴勇志．企业网络理论的四大流派综述［J］．技术经济与管理研究，2010（2）：106－108.

［233］武春友，丁振华．基于层次分析法的产品平台开发风险评价［J］．科学管理研究，2009（4）：56－60.

［234］武文珍，陈启杰．价值共创理论形成路径探析与未来研究展望［J］．外国经济与管理，2012（6）：66－73.

［235］奚欣明．互联网经济对经济增长影响研究［D］．东南大学硕士学位论文，2016.

［236］夏清华，陈超．商业生态系统“5C模型”与未来研究拓展［J］．经济管理，2015（10）：22－30.

［237］夏清华，李轩．乐视和小米公司商业生态构建逻辑的比较研究［J］．江苏大学学报（社会科学版），2018（2）：44－54.

［238］肖风劲，欧阳华．生态系统健康及评价指标和方法［J］．自然资源学报，2002（2）：203－209.

［239］肖慧玲，李孜孜，杜文康，吕玉航．电商平台企业生态系统及其战略演化研究［J］．电子商务，2017（7）：50－52.

［240］小米生态链谷仓学院．小米生态链战地笔记［M］．北京：中信出版社，2017：4.

［241］谢康，吴瑶，肖静华．组织变革中的战略风险控制——基于企业互联网转型的多案例研究［J］．管理世界，2016（2）：133－148.

［242］谢卫红，董策，李忠顺．基于Citespace的商业生态系统研究可视化分析［J］．现代情报，2017（2）：126－133.

［243］谢运博，陈宏民．互联网平台型企业的竞争与最优市场结构——基于双边市场理论视角［J］．社会科学研究，2017（2）：24－30.

［244］谢运博，陈宏民．互联网平台型企业横向合并的模式研究［J］．软科学，2016（9）：104－107.

［245］谢运博，陈宏民．互联网企业横向合并、价格合谋与反垄断监管建议［J］．工业工程与管理，2017（6）：142－147.

［246］熊炜烨．基于生态系统的我国宽带产业发展对策研究［J］．管理评论，2004（7）：34－42.

［247］胥莉，陈宏民．具有网络外部性特征的企业定价策略研究［J］．管理科学学报，2006（6）：23－30.

［248］徐大伟，王子彦，郭莉．工业生态系统演化的耗散结构理论分析［J］．管理科学，2004（12）：51－56.

［249］徐晋，张祥建．平台经济学初探［J］．中国工业经济，2006（5）：40－47.

［250］许晖，张海军．制造业企业服务创新能力构建机制与演化路径研究［J］．科学学研究，2016（2）：298－311.

［251］许开云，李丽．德尔菲方法在制定海战创伤急救卫生装备品类中的应用［J］．解放军预防医学杂志，2018（11）：1457－1459.

［252］许亮，王若．谈现代企业商业生态系统的建立［J］．昆明理工大学学报，1998（4）：38－41.

［253］闫安，达庆利．企业生态位及其能动性选择研究［J］．中国软科学，2004（1）：62－66.

［254］［澳］杨小凯．经济学——新兴古典与新古典框架［M］．张定胜，张永生，李利明译．北京：社会科学文献出版社，2003.

［255］［美］杨西蒂，莱维恩．共赢：商业生态系统对企业战略、创新和可持续性的影响［M］．王凤彬等译．北京：商业印书馆，2006.

［256］杨学成，涂科．出行共享中的用户价值共创机理——基于优步的案例研究［J］．管理世界，2017（8）：154－169.

［257］姚艳玲，惠清．生态系统健康评价的方法［J］．农业与技术，2004（2）：79－83.

［258］尹波，赵军，敖治平，张良．商业生态系统构建、治理与创新研究——以泸州老窖商业生态系统战略为例［J］．软科学，2015（6）：46－50.

［259］余东华，芮明杰．基于模块化网络组织的价值流动与创新［J］．中国工业经济，2008（12）：48－59.

［260］余东华，芮明杰．模块化、企业价值网络与企业边界变动［J］．中国工业经济，2006（10）：88－95.

［261］［美］詹姆斯·弗·穆尔．竞争的衰亡——商业生态系统时代的领导与战略［M］．梁骏等译．北京：北京出版社，1999.

［262］张蓓．构建我国零售业商业生态系统［D］．同济大学博士学位论文，2007.

［263］张露嘉．中国电动汽车商业生态系统的多种模式比较分析［D］．浙江工业大学硕士学位论文，2014.

［264］张梅芳，朱春阳．由支配主宰者到网络核心者——腾讯商业生态系统的角色演进［J］．编辑之友，2018（8）：56－61.

［265］张树义．协同进化（二）——传授花粉与传播种子生物学通报［J］．1996，31（12）：35－39.

［266］张树义．协同进化（三）——竞争、捕食、拟态生物学通报［J］．1997，32（1）：11－16.

［267］张小宁．平台战略研究评述及展望［J］．经济管理，2014（3）：190－199.

［268］张秀娥，张皓宣．社会网络理论研究回顾与展望［J］．现代商业，2018（20）：154－157.

［269］张园园，陈祥彬，王萌，张巨伟，赵斌．DEMATEL 算法在复杂安全系统关键因素识别中的应用［J］．辽宁石油化工大学学报，2018（5）：61－66.

［270］赵道致，李广．网络组织向商业生态系统的进化［J］．工业工程，2005（1）：24－28.

［271］赵梅．骨干型企业商业生态系统的构建和战略要点演变探析——基于阿里巴巴集团和苹果公司的案例分析［J］．重庆科技学院学报（社会科学版），2017（2）：43－46.

［272］赵云鹏．基于社会网络分析理论对产业集群创新的研究［J］．江苏商论，2018（5）：101－103.

［273］郑兴山，王莉．企业网络组织治理机制研究综述［J］．学术月刊，2004（6）：103－107.

［274］钟耕深，陈衡，刘丽英．企业发展与商业生态系统演进——基于奇虎360 公司和腾讯公司纷争的案例分析［J］．东岳论丛，2011（10）：159－164.

［275］钟宏志．价值链网络型和市场联结型商业生态系统的比较分析与构建［J］．商业现代化，2008（12）：37－39.

［276］钟志宏，刘振溪．价值链网络型和市场联结型商业生态系统的比较分

析与构建［J］．商业研究，2008（12）：37－39.

［277］周利华．网络平台演化机制研究［D］．浙江师范大学硕士学位论文，2010.

［278］周三多，邹统钎．战略管理思想史［M］．上海：复旦大学出版社，2003.

［279］朱良杰，何佳讯，黄海洋．互联网平台形成的演化机制——基于韩都衣舍的案例研究［J］．管理案例研究与评论，2018（4）：163－179.

［280］朱锐鹏．基于平台视角探究商业生态系统协同演化的动力和机制——以阿里巴巴生态系统为例［D］．东北财经大学硕士学位论文，2015.

［281］朱岩，须峰．网聚天下：互联网商业模式的进化［M］．北京：清华大学出版社，2013.

附录一　结构化访谈提纲

您好！

非常感谢您能抽时间接受我们的访谈！

为调查互联网平台企业构建商业生态系统的过程和战略要素，从而构建互联网平台企业商业生态系统的演化机制的理论框架，我们进行此次访谈调研。此次调研获得的企业信息，仅用于研究和撰写，请您放心回答。谢谢您的合作！

1. 了解企业的发展历程

以时间为脉络，了解企业的发展演变过程及阶段划分，每个阶段节点上企业的经营数据、子品牌数量等可反映企业规模的数据。

2. 针对企业的各个发展阶段，了解企业的战略布局和平台架构

通过企业描述自身在各个发展阶段上的战略要素与业务平台的连接要素，探讨企业打造核心竞争力的战略要素和平台架构的演变过程。

3. 企业的多平台业务及其背后的发展策略分析

企业从自有平台业务向多平台业务发展的战略思考是什么？

企业向多平台业务发展时，从自有业务中共享的优势资源与能力是什么？

企业的多平台业务之间的配合逻辑是什么？

4. 关注企业发展过程中，每个阶段上的两难决策

了解企业发展过程中面临的一些困难以及当前发展存在的突出问题。

5. 了解企业的商业生态化战略规划

从商业生态化视角关注企业未来的发展规划；

了解多个业务平台对商业生态化战略的助力作用。

附录二　第一轮专家意见征询调查问卷

尊敬的____________，您好！

本调查问卷意在借助您的专业经验和实践经验，对互联网平台企业构建商业生态系统的关键要素进行征集。下表是根据对互联网平台企业商业生态系统的静态和动态问题分析，得出的互联网平台企业商业生态系统优化要素汇总表（共19个优化要素）。请您根据我们提供的背景材料，在此基础上进行要素删除、扩充和修正，并给出解释说明。本调查结果仅用于本书的撰写，感谢您给予的关注和支持！

互联网平台企业商业生态系统优化要素汇总表

序号	问题	要素	序号
1	新系统的产品或服务有待创新	创新的产品或服务	1
2	缺少多样化的种群资源	多样化的种群	2
3	种群生态位需要分离	种群生态位分离	3
4	子系统需要区分和交互	子系统区分	4
		子系统交互	5
5	缺少用户流量入口	用户导流	6
6	缺少平台文化	平台文化	7
7	组织结构平台化困难	平台组织	8
8	基于交易平台或产品平台难以构建新的产品平台或交易平台	交易平台和产品平台有其一	9
		交易平台和产品平台兼具	10
9	平台边界的扩张与边界范围的确定	平台边界	11
10	平台界面的复制与整合难以形成交互的平台网络	平台封包	12
		平台网络	13

续表

序号	问题	要素	序号
11	连接多价值节点难以形成新价值创造路径	价值创造路径	14
		价值节点连接	15
12	从赋权到赋能的转变以及赋能力的提升	赋权向赋能转化	16
		赋能力升级	17
13	资源多样化后如何模块化与并行共享	资源模块化	18
		资源共享	19

互联网平台企业商业生态系统优化要素征集修改意见表

序号	要素	修改情况 删除、修正、补充	解释说明
1	创新的产品或服务		
2	多样化的种群		
3	种群生态位分离		
4	子系统区分		
5	子系统交互		
6	用户导流		
7	平台文化		
8	平台组织		
9	交易平台和产品平台有其一		
10	交易平台和产品平台兼具		
11	平台边界		
12	平台封包		
13	平台网络		
14	价值创造路径		
15	价值节点连接		
16	赋权向赋能转化		
17	赋能力升级		
18	资源模块化		
19			

续表

序号	要素	修改情况 删除、修正、补充	解释说明
20			
21			
22			
23			
24			
⋮			

附录三　第一轮专家意见征询背景材料清单

尊敬的专家，您好！

为了便于您更好地了解互联网平台企业商业生态系统的详细信息，更好地判断和阐释互联网平台企业商业生态系统的优化要素。我们将本研究的核心研究结论、详尽调研资料、相关文献资料一并发送于您，请您参考！以下是我们提供的相关背景材料清单，除此之外，如果您还需其他背景材料，烦请您邮件与我们联系。

1. 互联网平台企业商业生态系统静态机理研究内容。
2. 互联网平台企业商业生态系统动态演化研究内容。
3. 韩都衣舍的案例资料与访谈内容记录（文字版）。
4. 小米的案例资料与访谈内容记录（文字版）。
5. 海尔的案例资料与访谈内容记录（文字版）。
6. 互联网平台企业及其商业生态系统的相关研究文献。

附录四　互联网平台企业商业生态系统拟优化要素调查表

尊敬的____________，您好！

本调查问卷意在借用您的专业经验和实践经验，对互联网平台企业构建商业生态系统的优化要素进行必要性评价。经过第一轮专家意见征询，我们整理汇总了互联网平台企业商业生态系统的拟优化要素共31个。请您遵循“优中选优”的原则，依据“不纳入”“可纳入”和“须纳入”三个等级程度，对拟优化要素进行评价，请您在相应的等级中打“√”。本调查结果仅用于中国海洋大学博士论文的撰写，感谢您给予的关注和支持！

序号	优化要素	评价符合程度		
		不纳入	可纳入	须纳入
1	创新的产品			
2	创新的服务			
3	多样化的种群			
4	资源模块化			
5	资源共享			
6	生态占位			
7	导流入口			
8	子系统区分			
9	子系统交互			
10	交易平台和产品平台有其一			
11	交易平台和产品平台兼具			
12	平台边界			
13	平台封包			